韌性

不確定時代的精進法則

張曉萌、曹理達 著

專家推薦

在全球百年未有之大變局下，不確定性已成為常態。在不確定性中尋找確定性，是企業領導者共有的焦慮與擔當。因此，自新冠肺炎疫情爆發以來，「韌性領導力」就成為新的時代召喚。對絕大多數的中國企業家來說，「韌性」這一概念並不陌生，但是深究起來有很多似是而非的誤讀，對於提升韌性，也缺乏可靠易行的方法指引。曉萌教授在她的課程上，原創性地將韌性打造納入個人的認知升維和終身發展的框架，將西方心理學、管理學、行為科學的前沿理論和研究發現與中國的傳統文化淵源和中國企業家的經營實踐相互融合。這門課程受到了長江商學院幾千名在讀企業家學員的認可與歡迎，值得一提的是，企業家是一群原本就擁有超高韌性的人，這足以證明「韌性」課程的魔力。我很欣喜看到《韌性》的出版，希望每位讀者都開卷有益，在不確定性的磨礪中成長為高韌性的領導者，積極影響身邊的人，從危機中受益，推動社會經濟的快速復甦和強勢反彈。

傅成玉 中國石油化工集團公司原董事長

對改革之後迅速崛起的中國企業來說，當下無疑是一個非常艱難的時刻。我曾經營企業四十年，歷經種種艱難險阻，不斷破局突圍。我認為，要想把企業做到極致，卓越的企業家都應該是馬拉松選手，既要有速度，也要有耐力。想讓企業行穩致遠，比「贏得了」更為重要的底層能力是「不怕輸」，即能夠走出逆境，越挫越勇，這就是「韌性」。我所提倡的「三精管理」，需要看得懂、可實操、有成效。個人層面的學習和提升，也需要一套易於理解、切實可行、效果可見的系統。曉萌教授的「韌性飛輪」模型裡不僅有對理論和研究的深入梳理，還有原創工具和方法的巧妙融合，相信每個成長中的領導者，都能從中獲益。

宋志平　中國上市公司協會會長

基業長青是許多創業者和CEO（首席執行長）的理想，但能夠真正踐行長期主義的企業少之又少。同樣，能做到堅持、堅守、堅韌的個人更是少數，可見知易行難。堅持是必需的，但它需要勇氣，需要智慧，更需要時間的考驗，不僅包括突如其來的大起大落，還包括在平凡日子裡的久久為功。人的自我改變和昇華是最難的。如何在長期奮鬥中學習、創新、突破和超越自己？曉萌教授這本書的獨到之處在於將韌性的歷練落實於日常和當下，轉化成每天觸手可及的微小習慣，積小贏，成大勝。由此，持之以恆不再是一成不變的苦熬，而是做樂觀主義者，做深入的思考者，做積極的實踐者，做持久的奮鬥者。

張文中 物美集團創始人、多點 DMALL 董事長

我常常被認為是一個有韌性的人，新東方一直以來在積極探索並轉型，也被認為是一個有韌性的企業。韌性是什麼？英文是 resilience，《簡明牛津詞典》的解釋是 resuming its original shape（恢復原狀），或者指人 readily recovering from shock，depression etc（從打擊絕望中快速恢復），也就是指一樣東西、一個人、一個組織從壓力、挫折中復原的能力，或者說愈挫愈勇的能力。這種能力對於一個人或者組織的成功和發展有著非凡的意義。那它是怎樣產生的？我們又應該如何獲得這樣的能力？曉萌教授的這本《韌性》給出了最好的回答。全書以「韌性」為核心，從覺察、意義、連結三個方面，講述了一個人和組織多維度認識韌性並訓練韌性的過程，其中提供的方法論具有很強的實操性。也許你不能一次全部學會，但只要有意識地不斷訓練，你就能夠成為一個高韌性的人，由此開啟你的人生幸福之旅。

俞敏洪 新東方教育集團創始人

面對紛繁複雜、飛速發展的現代社會，怎樣建立良好的自我認知是每個人都要面對的重要問題。大腦是我們形成自我意識、成為萬物之靈的中樞。從腦科學研究者的角度看，「解碼」大腦的工作原理，進而揭示人們行為背後的神經作用機制，攻克長期困擾人類的精神疾病和心理問題，是令人心生嚮往又考驗重重的艱巨歷程。尤其是在每個人都面臨多重心理挑戰的當下，怎樣積極應對挑戰，提升自身的韌性已成為關乎身心健康乃至社會經濟復甦的重要課題，需要跨學科、跨領域學者的共創與協作。曉萌教授在長期的研究和教學中提鍊出的「韌性飛輪」模型，結合了腦科學、管理學和心理學的前沿研究、經典理論和方法工具，為我們在日常生活中持續打造心理動能提供了可實操的路徑。基於「神經可塑性」原理，我相信行動具有改變認知的力量，期待更多讀者走上向內探索的旅程，開啟「韌性」成長。

仇子龍　中國科學院腦科學與智能技術卓越創新中心高級研究員

目錄

第二部分　韌性飛輪之覺察

引言

逆光中的掃帚

一縷陽光從破舊陰暗的平房的那扇窄小的窗戶中射到冰冷的、坑窪不平的地面上。在逆光中，掃帚碰擊地面激起的灰塵群魔亂舞般地飛揚著。蜷縮在角落裡的小女孩被嚇得尖叫著大哭。我沒想到的是，多年之後我還會再次「遇見」那個小女孩。

清晨，又到了要出門上「幼兒園」的時間。一個不滿三歲的小女孩，雙膝著地，跪坐在走廊的水泥地上，死命地扒著家裡的門框。門框上除了小女孩最愛的貓磨爪子時留下的一道道長長的抓痕，就是她的手印。

外婆沒能明白為什麼每天外孫女回到家裡就會破涕而笑，和外婆、外公沉浸在歡聲笑語中，用銀鈴般的嗓音唱著歌入睡，而為了抵抗去「幼兒園」，每天清晨都會死命抱住她能抱住的一切東西：外婆的腿、門口的樹、電線桿……外婆以為每個小朋友都不喜歡去幼兒園，卻不知道小女孩的「幼兒園」裡有一個老奶奶模樣的怪獸。

小女孩每天躲在自己的「安全城堡」裡，那是「幼兒園」裡由一個四方桌、一個置物高架子和一個牆角構成的狹小空間。外婆一走，怪獸老奶奶就會露出猙獰的面孔，操起掃帚，抓住小女孩的一隻腳，一邊把她從桌子底下拖出來，一邊用掃帚頭往裡捅。小女孩撕心裂肺地哭著，而怪獸老奶奶每天只重複一句話：「你不哭我就不打你，你要再哭我就一直打你。」而後，掃帚頭隨著無法停止的哭聲落在身體各處。怪獸老奶奶有魔力，因為她總是能很有分寸地不留傷痕，讓小女孩沒法回家「告狀」。「不到三歲的孩子能告什麼狀，即便你告狀了，又有誰會信呢？」想必怪獸老奶奶是這樣想的，所以打完小女孩，她往往心情很好。

而下一個清晨，一切還會重演……

這個小女孩其實就是我。小時候，父母都在遙遠的南方當兵，我和外婆、外公一起生活。外婆和外公給了我童年最溫暖的疼愛，但那時他們還沒到退休年齡，所以每個工作日的白天，他們不得不把我送到一個別人介紹的奶奶家讓她幫忙照顧，跟我說是去上「幼兒園」。在上學前很長的一段時間裡，怪獸老奶奶都是我噩夢的主角，後來這段黑暗的童年記憶被我封存了很久。按照心理學中童年創傷的分析路徑，我的早期經歷完全可以讓我的人生沿著這樣的方向進行：童年被虐待——安全感喪失——低自尊——自暴自棄。而我的人生、我的研究、我追逐的生命意義，不是按照這樣的走向發展的。多年後，當我專注於行為學、心理學和心理韌性研究時，我勇敢地觸碰了這段記憶，用好奇、仁愛、積極的態度面對並接納了它。無論經歷過什麼樣的挫折和低谷，就像奧地利著名心理學家維克多．法蘭克說的那樣，「人們一直擁有在任何環境中選擇自己的態度和行為方式的自由」。

在你的一生中，有過幾次這樣的至暗時刻？什麼，你沒有被擊倒？你憑藉什麼度過了這些逆境？

從讀博士開始，我在美國和中國從事了二十年的研究和授課工作，接觸了數以千計的企業家，他們來學習的首要訴求就是：讓企業在劇烈波動的市場環境中穿越週期，基業長青。我一直在思考，是一種什麼樣的力量，讓他們在各種逆境中依舊堅韌不拔地勇往直前。在對若干企業家進行訪談的過程中，我發現：這些企業家並不是因為商業上的成功而成就了自我，恰恰相反，他們首先成就了自我，然後這個不斷成長的自我令他們在商業領域中綻放光彩。因此，當把這些叱吒風雲的企業家還原為「人」的本質時，答案便逐漸清晰——韌性的力量。在人生的起起落落中，韌性對每個人來說，無論年齡、職業和身分如何，都是我們持續從不確定性中受益，一生向上生長的力量。

二〇一九年，麥家的作品讓一句閩南方言人盡皆知——「人生海海」，它是對人生的感嘆，意思是人生像大海一樣茫然，總是起起落落，有很多不確定因素。從二〇一九年年底開始，全人類都被新冠肺炎疫情拖入了不確定性的深海。疫情不僅給人們的生命健康造成威脅，還帶來了一系列影響：生活方式的改變，旅行和探親受阻，業務和工作發生重大變化等。可以說，疫情讓每個人的韌性都直接或間接地遭遇挑戰。不僅如此，由戰爭、空難、自然災害、經濟下滑等一系列因素引起的心理漣漪效應[*i]給人們的內心帶來巨大的驚慌、焦慮、茫然和沮喪。面對層層打擊，每個人都需要內在的力量幫助我們在空前的不確定性中不斷前行。

二〇一五年，我從美國回到中國，在長江商學院全職任教，本書的主要框架源自我在長江商學院的課程——「韌性的打造：認知迭代與行為延展」。每年我的課程會有千餘名來自不同項目的企業家和高階主管學員參與，這些學員無疑是擁有卓越能力的菁英，但同時，他們在經歷創業的艱辛和商海的浮沉時，也承受著超乎尋常的壓力和考驗，可以說是高韌性金字塔尖端的人群。他們在開課前面對「韌性」這個概念，有時會不以為然。從我的教學經歷來看，也確實有不少人在課堂上流露出了疑惑的神情，還有一部分企業家學員把韌性等同於大碗的高濃度心靈雞湯。然而每次課程結束後，我能看到學員眼中有光，可以真正地敞開心扉，很多人還在朋友圈發布或者私訊我他們可愛的「韌性小作業」，身體力行地進行自我改變。更有學員圍在我身邊，希望得到允許，把課堂中的一系列測評、工具包和專門為課程設計的韌性手冊分享給自己的下屬、同事、家人和朋友。線下授課覆蓋的人群是有限的，因此很多長江商學院的企業家學員多次建議我把課程內容整理成書，讓更多人從中受益。這就是本書的緣起。

從開始有寫書的想法，到本書最終成型，歷時一年多。在長江商學院，「韌性的打造」是一門互動性非常強的課程，為了更有針對性地進行個性化教學，我會在課前和課上對大家進行多次測評，整個課程形式是富媒體的：我將小組深入討論和分享、觀看影片、聆聽音樂、互動練習融為一體。轉化成書籍之後，很多內容並不適合以圖文的方式展開，因此本書絕不能是課程內容的簡單記錄。傳播學者麥克盧漢曾說過：「媒介即資訊。」媒介的形式本身就決定了內容。我和我的團隊決定跳出課程內容的桎梏，重新整理全書的框架，拓展並查閱了大量經典的和最新

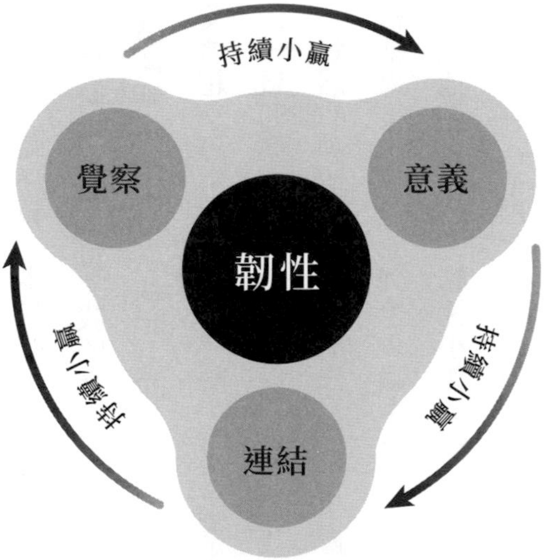

▲ 韌性飛輪模型

的文獻，結合自主研究的發現和我的親身經歷，提出了「韌性飛輪」模型。全書圍繞該模型展開，共分成四個部分。

本書的第一部分是韌性飛輪的核心──「韌性」。第一章以「戰疫同行」作為切入點，這項系列調查覆蓋了自二〇二〇年二月新冠肺炎疫情爆發以來為期兩年多的心理韌性研究，根據其結果和過往的韌性研究來闡述心理韌性的概念、心理韌性的作用，以及韌性飛輪模型的構成。第二章將探究提升心理韌性的阻力，介紹構建心理韌性的理論基礎和相關研究，並向大家介紹突破阻礙的行動利器──「持續小贏」。

從第二部分開始，本書將逐個介紹韌性飛輪的三個「葉片」──覺察、意義和連結。在第二部分「覺察」中，第三章和第四章引入了「後設認知」的概念，將帶領大家開啟一場對自己內心的覺察之旅：解碼人類積極和消極情緒的根源，並呈現兩個覺察訓練的神奇力量──思維重塑和記錄。在第五章中，我會分享自己十餘年對冥想的踐行，並以親身經歷為線索，展現正念冥想如何從博大精深的信仰傳統的一部分，成為一種科學的覺察練習，也希望透過自己的故事讓更多人了解這個看似玄而又玄但融入我們日常生活的一項修行。「道不遠人」，期待能有更多的人因此受到啟發。

本書的第三部分聚焦於連貫性目標系統的建立，即韌性飛輪的「意義」葉片。第六章強調「熱愛」對於我們終身成長和韌性提升的價值，並對熱愛的發掘和深化給出具體的指引。在第七章中，根據對經典的時間管理理論和工具的回顧，我們研創出「熱愛四象限」和「意義樹」行為導圖。在這一部分，三個不同角度的真實案例將為大家展示「意義體檢」如何幫助我們建立高度整合且一致的目標系統，以及可視化的工具「反思彈窗」如何讓我們發現那些「對不齊」的目標和行為背後的隱祕寶藏。

第四部分是韌性飛輪的最後一個葉片——連結。作為社會化的人，我們在關係中強化自我認知和目標系統。大量研究表明，高品質的關係與人們的幸福感和健康高度相關。第八章將探討如何與他人建構信任，並著重分析利他對韌性提升的作用。在第九章，我們根據個人韌性的模型框架，並基於對七十多萬字訪談和研究記錄的梳理，將對組織在建立人才韌性*2過程中遇到的共性問題進行提鍊總結，並為打造組織韌性提供建議，也為韌性研究拓寬更多可能性。韌性飛輪的三個葉片相輔相成、相互促進。第十章是韌性之旅的終點站，也是個人韌性飛輪的啟開啟，將回顧全書的要點，你將找到自己的初始動力，從而轉動飛輪，一往無前。

決定策劃並撰寫本書之前，我有兩個顧慮，除了上文提到的形式上的全新轉換，從研究嚴謹性的角度來說，我希望我們的數據可以積累更長時間，做更多干預實驗，讓研究發現更具證偽性。但經過反覆斟酌和討論，我的同事和研究團隊的小夥伴們說服了我：這本書可以是一個不完美的起點，我們嘗試著以書為載體，探索更多互動性和陪伴式練習的可能性，在此過程中追蹤讀者的體驗和反饋，從而不斷進行迭代，逐步完善。這正如韌性的打造過程，在持續性的小贏中不斷前進。本書中講述的韌性工具以及各種練習是非常有科學性的，並且得到了充分的驗證。更有趣的是，其中不少工具和練習我自己也持續實踐了十多年的時間。也正是在這些系統性工具的帶領下，我再次「遇見」那個曾經蜷縮在角落裡哭泣的小女孩，直面那段封存已久的記憶。在多年的實踐中，我關懷並復原了自己，也點亮了身邊的很多企業家學員和朋友。因此，那個曾經的小女孩歡迎並衷心感謝你，一起踏上這場打造韌性的旅程吧！

張曉萌

*1「漣漪效應」也稱為「模仿效應」，是由美國教育心理學家雅各布·庫寧提出的，指一群人看到有人破壞規則，而未見對這種不良行為的及時處理，就會模仿破壞規則的行為。如果破壞規則的人是人群中的領導者，那麼波及人群的效應就更加嚴重。

*2人才韌性是指員工處理某些影響工作的問題的能力大小。高韌性人才除了具備心理韌性，還能夠在工作場景中有效應對意外事件，對工作環境的不利因素做出迅速反應。

第一部分

飛輪中心：韌性

看到「韌性」兩個字，你會想到什麼人或者事物？你會覺得韌性是一種你渴望具備的能力嗎？在第一章中，我們將一起探究韌性到底是什麼，我們為什麼需要韌性，以及提高韌性的認知和行為框架——「韌性飛輪」。在第二章中，我們會直面提升韌性的阻力，理解韌性的反面——放棄心理和行為背後的產生機制。我們將啟開啟一場跨越半個多世紀的時光之旅，去看看韌性如何發展成為心理學的一個重要研究領域，理解「持續小贏」為什麼是提升韌性的關鍵行動原則。韌性是飛輪模型的中心，深入其中我們才能明白三個葉片將會和韌性產生怎樣的連動。

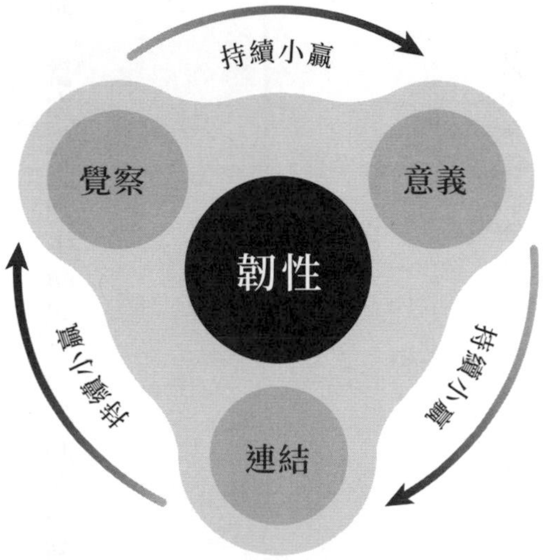
持續小贏
覺察
意義
韌性
持續小贏
持續小贏
連結

▲ 第一部分飛輪圖

第一章 何為韌性，何以堅韌

每個人有兩次生命，當你意識到生命只有一次的那一刻，第二次生命就開始了。

——佚名

另一場心理疫情

在我們身處的時代，甚至是我們的往後餘生，二〇二〇年都將成為一個不平常的起點。有人戲稱世紀沿用下來的紀年將從公元前和公元後變成前疫情時代和後疫情時代。[1]

在新冠肺炎疫情大爆發前夕，你最深刻的記憶是什麼？讓我記憶猶新的是二〇二〇年春節之前我最後一次出差，我和研究團隊一起在深圳做企業調查，那家企業的負責人是一位非常虔誠的佛教徒。在企業調查完成後，剛好趕上她的上師從西藏回到深圳。

我個人雖然沒有宗教信仰，但任何多維度的思想碰撞總是能極大地激發我的興趣。於是，那天下午我們有幸和上師就人們非常關心的一個世紀經典問題——「什麼是幸福，怎樣才能幸福」進行了將近四個小時的閉門交流。上師從他多年佛法修行的角度，而我從研習行為學和心理學的角度，進行了諸多討論，令我受益匪淺。讓我印象最為深刻的是上師最後總結的一句話，只有當人們真正發自內心去相信並接受這樣一個事實的時候，才能對幸福有更深的領悟和感受，這個事實就是：無常即恆常。

那次出差回北京一週後，武漢封城，新冠肺炎疫情在全國爆發。時間一晃，如今疫情已經在全球蔓延了兩年多的時間，不確定性已成為新的常態，與疫情長期共存是我們不得不面對並接受的事實。在兩年多的起伏不定中，我們從每天關注新冠肺炎病例數的驚心動魄，逐漸過渡到對數字的麻木倦怠。當下一個非常值得我們每個人反思的問題是：你的心理狀態在這場持久戰中真的禁受住考驗了嗎？

研究顯示，類似二〇〇一年「九一一」事件、二〇〇三年中國非典這樣的災難性事件，會對事件的親歷者造成較大的心理影響，持續時間要遠遠長於我們的預期。[2] 研究者根據多年的數據，追蹤了當時親歷「九一一」事件的三萬六千多名紐約市民，以及當時參加救援的消防人員和救護人員的心理狀態變化。結果表明，即便在「九一一」事件發生後的數年中，親歷者創傷後壓力症候群[*1]的患病率依然高達百分之十四，憂鬱症的患病率達到百分之十五。而在沒有重大災難性事件發生的前提下，正常人群的患病率為百分之五～六。[3]由此可見，重大災難性事件對親歷者心理影響的持久性不容忽視。

新冠肺炎疫情給全世界各國人民帶來了普遍的心理影響。美國人口普查局的數據顯示[4]，截至二〇二〇年十二月，超過百分之四十二的美國民眾出現明顯的焦慮和憂鬱傾向，相比二〇一九年的百分之十一有顯著增長。[5] 美國心理學會在二〇二〇年十月發布的報告中指出，美國正在經歷由新冠肺炎疫情帶來的嚴重心理危機，其影響將持續到未來數年之後。[6] 類似的情況在英國也有體現。相較於二〇一九年七月—二〇二〇年三月百分之十的占比，英國民眾出現焦慮和憂鬱症狀的人群占比在二〇二〇年六月飆升至百分之十九。問題不僅發生在歐美國家，全球各國的類似數據比比皆是。二〇二一年一月，《自然—人類行為》雜誌對日本自殺率進行了研究，對比全球自殺率，日本在二〇二〇年七至十月的自殺率上漲了百分之十六，以女性和青少年尤為明顯，日本女性的自殺率在半年內上升了百分之三十六，而青少年自殺率的增長達到百分之四十九。[7] 縱觀全球，權威醫學學術期刊《柳葉刀・精神病學》在二〇二一年四月刊發的文章顯示，牛津大學的研究人員梳理了超過二十三點六萬名新冠肺炎患者的電子健康記錄，發現約有三分之一的患者在感染後的六個月內出現了心理健康問題或者精神系統疾病。[8] 隨後，《柳葉刀》於二〇二一年十月刊發了首個新冠肺炎疫情對心理健康影響的全球性研究。這項覆蓋二百〇四個國家和地區、二十二萬三千四百二十一個受試者的研究顯示，二〇二〇年全球新增了五千三百萬例憂鬱症病例（同比二〇一九年增長百分之二十八）和七千六百萬例焦慮障礙病例（同比二〇一九年增長百分之二十六）。[9]

聚焦到中國，由首都醫科大學、武漢金銀潭醫院、中國醫學科學院、中日友好醫院聯合組成的研究團隊對武漢金銀潭醫院的一千二百七十六名新冠肺炎患者在康復出院後的六個月和十二個月的身體與心理狀態進行了跟蹤對比調查，結果顯示：部分康復者在發病一年後仍然存在至少一項異常症狀，包括疲勞或肌肉無力（百分之二十）、睡眠困難（百分之十七）、關節疼痛（百分之

新冠抑鬱地球

十二）、掉髮（百分之十一）等。康復者出院一年後的健康狀況相比，出院六個月後有明顯改善，但仍未恢復至基線健康水準[*2]。值得一提的是，更多的患者出現焦慮或者憂鬱的症狀。出院六個月後約有百分之二十三的患者出現了憂鬱和焦慮問題，到十二個月後，這一占比升至百分之二十六。[10] 除感染者以外，新冠肺炎疫情引起的中國公眾的長期心理問題同樣值得關注。北京大學陸林院士團隊的研究顯示：在疫情開始前基線檢查無症狀的人群中，有四分之一的人出現了心理健康問題，而在有心理健康問題的人群中，有十分之七的受試者出現持續的精神健康症狀。在疫情防控進入常態化階段，心理疾病的易感人群更加廣泛，包括新冠肺炎患者的家庭成員、有隔離經歷的人群、有新冠肺炎職業暴露風險的人群、生活在疫情大規模爆發地區的人群，以及復工後工作負擔大幅增加的人群等。

作為長江商學院教授，我帶領研究團隊在疫情暴發期（二〇二〇年二至三月）、疫情持續期（二〇二〇年七至十二月）和疫情平穩期（二〇二一年一至十二月），對企業家學員的心理狀態組織問卷調查[*3]。企業家和高階主管作為大眾認知中心理韌性、抗壓力和自我調節能力較高的群體，他們的心理狀態對於我們理解疫情帶來的心理衝擊具有一定的啟發意義。

隨著疫情的不斷發展，相較於疫情爆發期，企業管理者在二〇二〇年下半年的整體輕度焦慮、中度焦慮和較重焦慮傾向占比都顯著增高。進入二〇二一年，企業管理者的整體

圖 1-1 不同時期企業管理者焦慮行為傾向追蹤分析

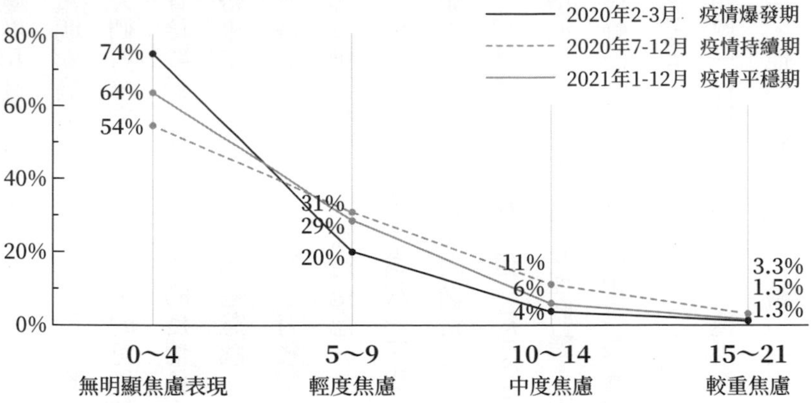

圖 1-2 不同時期企業管理者抑鬱度與焦慮度對比分析

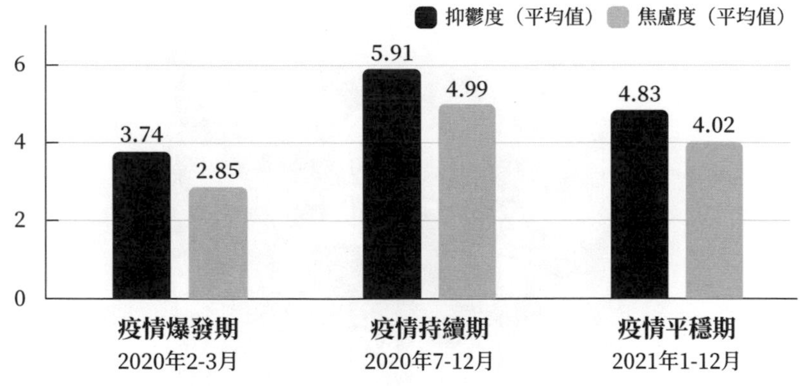

* 需要注意的是，調研資料僅僅顯示焦慮和抑鬱行為傾向，並非實際患病值。三個不同時期的調查人群樣本是從不同企業的管理者中隨機抽取的。

焦慮度和憂鬱度的平均值雖然有所回升，但依舊明顯高於疫情剛暴發時的平均水準，這與人們對未來不可預知事件的可控性的高低有直接關係。持續兩年多的疫情給人們的心理帶來了明顯的疲憊感和倦怠感。《紐約時報》發布的一項研究將數字背後衍生出來的心理疲憊感稱為「大流行倦怠」，並把二〇二一年的主導情緒定義為「languishing（頹廢）」[11]，這與國內網路流行概念「躺平」有異曲同工之妙。但「languishing」更精準地描述了一種心理狀態：因感到非常無聊而陷入成長危機和意義危機，因此「languishing」代表了「頹喪」。深受「頹喪」侵擾的人們過著一種平靜又絕望的生活。他們很難興奮，但精力尚未耗盡，每

languishing（頹喪）

天處於停滯不前、彷彿被掏空的低落狀態。

為了更好地理解「languishing」，這裡需要引入心理健康連續體（MHC）的概念。它將人們的心理健康狀態分為心理繁榮、心理健康、頹喪和心理不健康四個區間。其中心理繁榮是比心理健康更加積極的一種狀態，意味著個體在大多數情況下能夠體驗到正向的情緒、心理功能和社會功能。[12]常常被人們忽視的「頹喪」狀態介於心理健康與心理不健康（指被診斷出各種心理疾病）之間。換言之，沒有心理疾病並不直接意味著心理就處於健康狀態。即便沒有精疲力竭，你也有可能掙扎於煎熬中。研究表明，在未來十年內最有可能經歷嚴重憂鬱症和焦慮症的人群，並不是當下已有這些症狀的人，而恰恰是這些苦苦掙扎於「頹喪」狀態的人。[13]與此相關，二〇二一年經濟領域出現的新現象——大離職潮也給企業和員工帶來了巨大的壓力。自二〇二一年七月以來，美國的辭職人數創歷史新高，平均每個月有四百萬以上的人辭職，甚至在九月達到四百四十萬人的歷史高峰值。根據美國勞工部發布的職位空缺勞動力流動調查報告，二〇二二年一月有近四百三十萬人辭職，這一水準已經接近二〇二一年九月創下的紀錄。[14]二〇二一年第三季度，近四十萬英國人在遞交辭職信後跳槽，創下歷史最高水準。

在疫情長期持續的背景下，全球都更加關注人們的心理健康。根據市場研究機構

（Research and Markets）的報告，由於新冠肺炎疫情對全球經濟的衝擊，二〇二〇年全球抗憂鬱藥物市場總銷售額從二〇一九年的一百四十三億美元猛增至二百八十六億美元，二〇二一年這一數字回落至一百五十八點七億美元，預計到二〇二五年將增至二十二點八億美元，年複合增長率達百分之七點六。世界衛生組織的預測顯示，到二〇三〇年憂鬱症將比癌症、中風、心臟病、戰爭或意外事故引發更多的過早死亡和多年殘疾。因此，每個人都需要進行心理狀態的修復和治癒，如同提高免疫力來對抗病毒一樣，心理免疫力的提升刻不容緩。我們越來越意識到強大的心理能力的重要性，這種心理上抗打擊和恢復的能力就是心理韌性。疫情雖然已經延續了兩年多的時間，但相較於我們每個人漫長的一生，它只是一個片段，也只是我們需要面對的各種不同逆境中的一種。對於人生，雖然我們最希望的是無風無浪、平安順遂，但人生的本質並不是一帆風順。現實就像大海，時而疾風驟雨，時而安寧如鏡，起落才是常態，我們要做的就是當風浪來臨時仍能乘風破浪。因此，心理韌性的打造，不僅是我們戰勝疫情和逆境的必備武器，更是人生持久精進的動能所在。

韌性的定義

對很多人來說，韌性是一個既熟悉又陌生的概念。從常識和經驗的角度出發，我們會覺得韌性和堅毅、毅力、堅韌、柔韌等品格有一定的相關性。實際上，在學術領域，韌性已經成了心理學體系中發展迅速的研究領域。韌性（resilience）原本出自物理學的概念，表示材料在塑性變形和破裂過程中吸收能量的能力。韌性越好，發生脆性斷裂的可能性越小。在材料科學及冶金學中，韌性是指材料受到使其發生形變的外力時對折斷的抵抗能力，其定義為材料在斷裂前所能吸收的能量與體積的比值。「resilience」的常見中文翻譯有「韌性」、「恢復力」、「復原力」、「彈性」，本書中統一使用「韌性」這一術語。

美國心理學會將心理韌性定義為「個人面對逆境、創傷、悲劇、威脅或其他重大壓力的良好適應過程，即對困難經歷的反彈能力」。[15] 二十世紀六〇年代，對人們日常生活的研究主要有兩大主流派系：一個流派關注的是社會問題（比如種族歧視、貧窮等）對大眾健康的影響，另一個流派則關注人們日常的生活方式（比如抽菸、酗酒、藥物濫用等）對公眾健康的影響。而韌性的重要作用，就是在這兩大研究流派的互相碰撞中脫穎而出的。

提到逆境，我們會很自然地關注早期經歷對兒童產生的影響。當代心理學對韌性的系統性研究源自諾曼・加梅齊。[16] 加梅齊是明尼蘇達大學榮休教授，他的研究尤為關注處於劣勢地位的兒童，比如在極度貧困的家庭中長大的兒童、城市中的黑人兒童，或是父母雙方都患有嚴重精神類疾病的兒童。加梅齊的研究結果顯示，儘管這些孩子在惡劣的環境中成長，但其中有一定比例的兒童在成長過程中或者在成年後，從未患上過任何類型的精神疾病，反而在遇到各種挫折和困難時展現出超出平均水準的樂觀心態與極度強大的抗挫折能力。

對兒童期經歷的研究，是心理學的一個主要研究領域。假設有一個孩子出生在一個貧窮的家庭，童年期間經受了很多苦難，他長大以後會變成什麼樣？一種可能是，這個孩子會就此沉淪，在心裡埋下仇視社會的種子。還有另一種可能，「窮人的孩子早當家」，他會早熟、懂事，長大之後上演草根逆襲的傳奇。對於兩種截然不同的結局，心理學似乎都給出了合理的解釋。但當我們無法改變外界客觀條件時，我們更希望讓孩子擁有後一種結局。

根據哈佛大學兒童發展中心的研究，兒童心理韌性的形成，可以用平衡板來做類比，幫助我們更為直觀地理解經歷和韌性的關係。[17]平衡板的右邊代表著各種正面經歷帶來的積極正面的結果，左邊代表的是各種負向經歷帶給我們的消極體驗和負面的結果。要想得到更多的正面結果，可以積累更多的正向經歷，也可以透過挪動支點的位置去提升應對逆境的能力。值得注意的是，正面和負面的體驗對於打造人們的心理韌性都至關重要。支點的初始位置和每個人的基因、生長環境、樂觀或者悲觀的解釋風格*4等息息相關，但支點的位置在人的一生中會不斷移動。隨著時間的推移，積極和消極的生活經歷的不斷積累，以及應對逆境的技能的提升，人們整體的身心素質會得到提高，從而有能力將支點移向負面經歷這端。從槓桿原理的角度我們不難理解，支點越靠近負面經歷這端，平衡板的這一端越難壓下來，我們就越能夠控制逆境對我們的負面影響。

對成年人來說，由於根深蒂固的思維模式和慣性習慣，移動支點的難度相對於童年時期會變大，因此持續的干預和改變是韌性提升的重點。我們提升心理韌性的目標是汲取更多的積極影響，減少負面經歷帶來的消極影響。隨著心理韌性的提升，個人從逆境中恢復的速度會更快，同時能夠收穫更多的正向體驗，並將兩種體驗都轉化為促進個人心智成熟的不竭動能。

在瞭解了韌性的定義之後，深入地理解這個概念需要從韌性的特性出發。

韌性不止於「減負」。大量過往的文獻和我們的研究都發現，韌性越高的人，越能夠快速從負面情緒中走出來，恢復到平和與積極的狀態。但韌性絕不僅僅是負面情緒的調節器。人們心理狀態的構成和變化機制非常複雜，因此不能用二分法簡單地把心理狀態分成「健康」和「不健康」或「積極」和「消極」，也不能把良好的心理健康理解為沒有或少有負面情緒。一個高韌性的人是一個整合的個體，是一個有高度協調能力的人，是一個能和壓力共處的人。高韌性人群同樣會有很強烈的消極情緒，但是他們擁有更加強大的調節能力讓消極情緒釋放、舒緩並消解，同時他們也能夠自我激發和深化更多的正向體驗，不僅能自我紓壓，還能享受快樂。從這個角度來看，韌性像是我們心理層面的免疫力，不僅幫助我們從疾病中恢復，也為我們的健康保駕護航。

韌性不止於「歸零」。在遭遇挫折之後，人的狀態大致分為三種，我們可以用墜落的雞蛋、紙團和乒乓球來做比喻。墜落的雞蛋是最脆弱的，掉到地上就碎了，全無恢復的可能；紙團從高處落到地面並不會受損，而是仍保持原狀，但也就此「躺平」；乒乓球被摔向地面後，反而會彈得更高。在不利事件面前，我們都不希望自己的狀態是碎成一地的雞蛋，至少要成為紙團，最好是像乒乓球那樣越挫越勇。心理學中有一個概念叫做「創傷後成長」[18]，與創傷後壓力症候群相對應。如前文所述，在經歷過重大創傷的很多年後，一些親歷者會一直活在陰影之中無法走出來，但是也有不少人從艱難中站起來，收穫了重生般的生命體驗。

韌性不止於「品格」。堅韌、堅毅、毅力在我們的文化中一直受到褒揚，每個人都能列舉出諸多歷史人物和英雄楷模的故事。當下，各領域傑出人士的傳奇經歷可能會讓我們見賢思齊，但是其中有關韌性的部分並不討喜，我們更願意關注那些外顯出來的風光無限的能力，而韌性往往被看作一種邊緣特質。作為一種心理潛質，韌性有它的怪異之處：一個人的韌性高低是不能隨意評判的，只有當人們經歷過重大挫折回過頭來復盤這段經歷的時候，才有資格評判自己韌性的高低。因此逆境同時也是心理韌性最好的試鍊場。換言之，逆境既是對心理韌性的檢驗，也是最重要的磨礪，這意味著韌性的提升在一定程度上離不開「吃苦」，而人都是趨利避害的。大量的心理學研究和我在長江商學院的教學研究經驗表明，個人職業的成就、滿意度和忠誠度都與韌性密不可分。韌性根植於我們的傳統文化，在大多數人眼中，韌性並沒有被看作一種天賦，而是可以透過後天訓練來提升，但是對於提升韌性，人們也有很多迷思，因此我們首先需要進行「祛魅」。

提升韌性不等於死扛，而是主動地應對。對已經步入職場的成年人來說，我們更想要那些能夠助力我們順風順水、平步青雲的能力，比如「領導力」「決策力」「溝通力」，而「韌性」和大眾提到的「抗壓力」、「抗造」、「耐撕」一樣，似乎和人生中的不幸與挫折相關，卻與核心能力相去甚遠，甚至有的人還會不屑地說：「不就是忍，不就是死扛嗎？時間會治癒一切。」然而，研究告訴我們，打造韌性不是被動地等待，讓時間沖淡一切，而是人們從逆境中快速恢復，主動利用自己的可用資源，向內重拾信念，向外尋求社會支持的過程。同時，在日常生活中，在看似無風無浪的日子裡，我們都需要持續不斷地進行韌性訓練，只有這樣，我們才能夠從容地應對未來可能發生的極端情境，從不確定性中獲益。

提升韌性不等於吃苦，而是科學地「尋樂」。苦難對於人的磨礪，在古代經典故事中就早有描述。我們熟知的有「艱難困苦，玉汝於成」，「欲成大業，必有痛失」，「天將降大任於斯人也，必先苦其心志……」。在日常生活中，我們也常常聽到「吃得苦中苦，方為人上人」，「寶劍鋒從磨礪出，梅花香自苦寒來」的表述。然而對於韌性的打造，「大道理」並不足以指導實踐，特別是在大量「成功學」、「雞湯文」充斥著媒體的當下。以往的大量文獻和自主研究的結果顯示：盲目吃苦不僅不能提高心理韌性，反而容易導致負面情緒，使得心理資本[*5]衰竭，甚至成為心理問題的根源。因此，心理韌性的打造不但不是自找苦吃，反而是要「尋樂」，積累更多積極的體驗。具有韌性的人不僅能夠讓自己在遭遇逆境時從負值反彈回零度，以確保在不利事件或災難中不受傷，更為重要的是，他們能迅速恢復正確的心智認知，使自身達到一種積極向上的心理狀態。由此而言，韌性的打造是激發我們個人成長和發展的能量之源。

提升韌性不等於習慣養成，而是系統地改變認知和行為。很多有追求的職場人士都希望養成良好的習慣，比如健康飲食、持續閱讀、定期鍛鍊、早起等。認知和行為的改變並非一日之功，我自己也有多項堅持了十餘年的習慣，令我持續獲益。在本書中梳理出來的有關提升韌性的思維模型和工具包中你會發現，韌性的提升是一個系統性工程。某個或某幾個單一習慣的養成儘管能夠讓我們獲益，但是如果我們沒能建立起系統性的框架，不同的習慣就如同各自發力的零件，很容易造成效率的損耗和目標的失焦。我們常說「繩鋸木斷，水滴石穿」，能有這樣的變化，在於連貫性目標的恆定，如果多個微小的習慣不能形成合力，其結果就會是要麼難以堅持，要麼在堅持中流於形式，為堅持而堅持。

更重要的是，認知和行為的改變是相輔相成的關係，在沒有想清楚某個行為習慣的底層邏輯時，行動上的一味堅持往往會適得其反。就像華盛頓商學院組織行為學教授亞當・格蘭特在《逆思維》一書中論述的那樣，堅韌不拔的人更容易深陷險境，並且更願意在注定失敗的任務中堅持到底。[19] 研究結果進一步表明，堅毅的登山者更有可能在探險中喪生，因為他們下定決心不惜一切代價到達頂峰。英勇的堅持和愚蠢的固執之間有時只有一線之隔。因此，行為改變離不開認知改變，提升韌性和認知升維是相輔相成的。儘管提升韌性可以從單一習慣切入，但是我們需要保持對系統性機制的覺知，這樣才能讓「韌性飛輪」持續轉動，在人生的航程上行穩致遠。

提升韌性不等於自修，而是在關係連結中共同精進。我們往往容易將從痛苦中恢復、身心靈的修練看成純粹個人的事情。很多企業家每年會選擇到與世隔絕的地方進行閉關修練。當然，遠離塵世的紛擾確實能夠激發人們新的感悟和思考，但是韌性的提升絕不僅限於個人心理層面的自修。人有很強的社會屬性，我們一天中主要的時間都是在與他人無處不在的互動關係中度過的。在後疫情時代，人們熱切地盼望著經濟生活盡快恢復和回彈，韌性的提升不應是少數人的修練。在關係連結中提升韌性是必經過程，也是韌性從個人傳導給他人和組織的價值所在。高韌性的領導者不僅要不斷提升自我，也要持續激勵他人、培養團隊，從而共同精進。從這個意義上說，一個高韌性的組織必然是一個高凝聚力的組織，一個高韌性的人也會讓其身邊的家人、朋友、同事等受到積極的影響。

「韌性飛輪」模型

心理韌性的打造是一個系統性的行動，是長期、有意識的認知和行為的改變。儘管每個人都會受到基因、成長經歷、身體狀況等一系列因素的影響，造成各自韌性水準的差異，但從成長型思維的角度看，心理韌性的提升是持續一生的歷程，每個人都可以在科學框架的輔助下，不斷地自我精進，促進心智成熟，並激勵和影響周圍的人。

就像企業家在為企業尋找基業長青的「飛輪」一樣，每個人都希望開啟自己的人生「飛輪」。根據管理大師吉姆・柯林斯的「飛輪效應」概念，我們提出了個人「韌性飛輪」模型。

該飛輪以韌性為軸心，三個重要的「葉片」分別是覺察、意義和連結。其中「覺察」指的是自我意識層面的綜合認知，即個人與自己的關係，包括對自身心理狀態、歸因模式等可見和不可見特性的認知、覺察和改變；「意義」指的是個人與世界的關係，包括對自身目標體系（意義樹）的梳理，發掘、培養和深化專注的「熱愛」等；「連結」則是指個人與他人的關係，包括對社會性的認識、溝通、信任和利他等多個方面，側重於在關係中與他人共同提升韌性。

讓韌性飛輪轉動起來的動力來自行動，這種行動叫作「持續小贏」，強調在日常生活中不斷積累小的成功，積少成多，滴水穿石。無論是深化自我覺察、探尋意義，還是加強與他人的連結，都離不開持續小贏的行動。與此同時，覺察、意義和連結是相互關聯的：自我的覺察有助於意義的探究，而意義的探究也會促進覺察的深化，洞見更深層的自我；自我的覺察離不開與他人的連結，他人的視角有助於我們跳出認知的盲區，排除各種偏見的干擾，多維度地認知自我；同樣地，意義的發掘也需要與他人共振，「獨行快，眾行遠」，他人在我們的人生目標設定和熱愛發掘中扮演著至關重要的角色。由此，飛輪的三個葉片共同連動且相互促進，這意味著無論從哪個環節進入，只要使用正確的方法助推，每個要素的精進都會啟動韌性飛輪的一個葉片，同時讓其他兩個葉片也轉動起來。三個葉片之間形成無縫協同，共同助推韌性的持續精進。

韌性飛輪模型可以理解為我們終身成長的動能系統。我們透過梳理經典理論，提鍊最新研究成果，以及萃取自主研究成果，提出了認知和行為改變的一系列觀點和方法。韌性飛輪模型是在過去多年研究的基礎上，和在課程設計的過程中不斷完善和迭代的結果。其框架並不是一個固化的指南，而是一個動態的系統，包含理論和工具包，讓你可以根據自己的航向和節奏自行選擇和組合，設計出屬於自己的定制化韌性飛輪。在我看來，心理韌性的打造和健身訓練有相似之處，都需要長期的系統性規劃，都需要按照自身狀況選擇、堅持、調整、再堅持。在這個過程中，我們也許會遇到各種意外，阻礙計畫的有序實施。當任何不利事件發生時，我們只需記得「無常即恆常」，然後抱著平和、開放的心態，用科學的方法動態應對，突破自我，透過一個又一個階段性小贏目標的達成，最終擁有健康和充滿活力的心智。讓自己的韌性飛輪轉起來，在這個系統化工程中，哪怕只是一個小小的認知改變和習慣養成，也會積累成巨大的能量，成就更好的自己。

*1 創傷後壓力症候群，是指個體經歷、目睹或遭受創傷性事件後（比如戰爭、交通事故、家庭暴力、實際死亡、嚴重受傷或其他生命威脅）所導致的個體延遲出現和持續存在的精神和行為障礙。

*2 基線健康水準，指的是在該研究開始前受試者展現出的健康水準。基線是進行實驗處理前的時間界限。

*3 問卷調查主題為「復工前後企業家及員工心理復原力的打造」，深入了解不同行業、不同類型、不同規模的企業管理者和員工當前的心理狀態和復原力水準。在線問卷發放對象主要為長江商學院高層管理教育（EE）、長江商學院工商管理博士（DBA）、高級管理人員工商管理碩士（EMBA）、金融管理碩士（FMBA）企業家學員，歷屆校友及其企業員工，採取匿名形式。同時，問卷連結透過長江商學院公眾號和自媒體矩陣面向公眾開放。調查自二〇二〇年二月二十六日至二〇二〇年二月二十九日截止，三天時間共蒐集到有效問卷五千八百三十五份，共計五十萬七千七百三十二項數據。

*4 解釋風格是指個體如何向自己解釋生活中發生的事件的心理屬性。解釋可以是積極的，也可以是消極的，最終會對個人的人格產生深遠的影響。

*5 心理資本，是指個體在成長和發展過程中表現出來的一種正向心理狀態，是超越人力資本和社會資本的一種核心心理要素，是促進個人成長和績效提升的心理資源。

韌性認知

- 心理韌性不僅能幫助個體應對危機，也是終身成長的不竭動能。
- 心理韌性的打造不等於盲目吃苦，而是要激發和深化更多的正向體驗，走向豐饒的人生。
- 每個人都會受到基因、成長經歷、身體狀況等一系列因素的影響，每個人都可以在科學框架的輔助下，不斷地自我精進，促進心智成熟並激勵和影響周圍的人。
- 提升韌性不等於習慣養成，而是系統地改變認知和行為，每個人都能啟動自己的「韌性飛輪」。

韌性練習

1. 測測自己的心理韌性水準（請掃描下方QR CODE進行測評）。
2. 請試著回答表1-1中的問題並記錄你的答案，梳理自己對韌性的理解。

心理韌性測評

表 1-1 韌性思考

韌性思考	閱讀本書前 你的回答	閱讀完本書後 你的回答
你認為人們為什麼要提升韌性		
你傾向於認為韌性是一種天賦還是可以後天培養的		
你在什麼情況下希望擁有更強的韌性		
哪個人物或角色在你眼中是高韌性的代表		
你認為韌性對於實現人生目標發揮了怎樣的作用		
你認為提升韌性需要多長時間 你計畫投入多少時間和精力去提升自己的心理韌性		
你希望從「韌性飛輪」模型中獲得什麼		
你認為韌性的打造會給你的人生帶來什麼變化		

* 當你寫下每個問題的答案時，思考一下自己在目前階段對於打造韌性的理解和期望是什麼樣的。不做任何判斷或者深入的解析，帶著好奇和開放的心態去閱讀接下來的每一章節，去探索韌性飛輪中每一個葉片的潛在含義，去嘗試韌性工具包中的不同方法。在你閱讀完此書後，再回來反思上述問題，感受一下你的答案是否會發生改變。

第二章　提升韌性的阻力和原力

> 涓滴之水終可磨損大石，不是由於它力量強大，而是由於晝夜不捨的滴墜。
>
> ——貝多芬

在第一章中，我們了解了何為韌性，釐清了人們對韌性的錯誤認知，並透過韌性飛輪模型，對提升韌性所需的認知和行為的改變有了初步的認識。透過調查結果我們看到，韌性是一項稀缺的品質，儘管隨著職級和年齡的提升，韌性整體呈上升趨勢，但哪怕在企業家人群中，持續的高韌性仍然是少數人擁有的一種特質。過往的生活經歷也告訴我們，在同樣的逆境中，能夠始終堅持不放棄的人依舊為數不多。本章要回答一個問題：為什麼人們會選擇放棄？這背後的心理機制是什麼？不放棄有時候並不是最佳方案，也可能是我們掉進了自己的思維模式陷阱，到底什麼樣的思維和行動模式對韌性的提升才是有益的？

溫水煮青蛙

今年新年，你許下了哪些願望？這些願望和去年的願望有區別嗎？日復一日，年復一年，我們的人生單向行駛，時間一去不回。你會不會有這樣的感嘆——似乎自己在歲月中只是徒增了年齡，其他並無二致？日本作家村上春樹曾寫道：「我一直以為人是慢慢變老的，其實不是，人是一瞬間變老的。人變老不是從第一道皺紋、第一根白髮開始，而是從放棄自己的那一刻開始。」[1] 我在參與企業調查時，和很多負責人力資源的高階主管進行過交流，他們表示，在面試中，一些看似背景非常資深的候選人，和工作經歷只有一兩年的新人並無太大區別。有人曾這樣犀利地總結道：「他不是有二十年的工作經驗，只不過有一年的工作經驗，重複了二十年而已。」佛教的一位上師也有類似的說法：「很多人一生中只活過一天，餘生只不過是在重複這一天。」

「溫水煮青蛙」，我們也許會很自然地想到這個描述。這是一個眾所周知的故事：如果把青蛙放在滾燙的熱水中，牠馬上就會跳出來；但如果是放在溫水中，逐漸提高溫度，青蛙就會漸漸適應直到被煮死。我們就此認為，青蛙不會反思自己的狀況，意識不到生命受到了威脅，直到為時已晚。在這裡，我們並不是要危言聳聽地強化「舒適區」的威脅，引發你的焦慮，而是要告訴你：我們的思維模式是無比強大的。因為，「溫水煮青蛙」的假設是錯的。

反覆驗證的科學實驗早已推翻了刻在我們頭腦中的，對「溫水煮青蛙」根深柢固的認知。真實的實驗結果是，當青蛙被扔進滾燙的水中，其腿部會被嚴重燙傷，青蛙有逃出去的可能，但更有可能發生的是青蛙因嚴重的燙傷而動彈不得，就此死掉。[2] 而在溫水中青蛙的「表現」更好：當溫度上升到讓牠不舒服時，青蛙馬上就會跳出來，反而不會太費力氣就活了下來。沒有調查就沒有發言權，我們想像中對青蛙致命的「適應性」其實並不存在。但是對我們人類來說，這種對思維模式的「適應性」是更大的威脅。因此，應該重新評估危險的並不是青蛙，而是我們。人們一旦對聽來的故事信以為真，就不再質疑。這似乎是一個意味深長的反諷：我們用一個錯誤的故事來揭示不改變的風險，這個故事本身反而揭示了我們對慣性的依賴。

近十年來，無論是在管理學和心理學界，還是在公共政策、職場討論或者媒體報導中，「人的終身學習和成長」越來越受到關注和提倡。然而讓人挫敗的是，個人的積極改變，哪怕只是養成一個小的習慣，都並非易事。如果把每個人的成長驅動力都比作一個飛輪，我相信不少人的飛輪已經在離開學校之後逐漸減速乃至鏽蝕停滯了，所以再度啟動需要很大的初始動力。與之相比，另一些人的飛輪似乎在高速轉動，他們看上去很忙碌，自我感覺很充實，但可能在原地打轉，或者駛往錯誤的方向。因為思維模式的存在，「破舊」往往比「立新」更加艱難。

溫水煮青蛙的故事非常形象地解釋了為什麼打造心理韌性是一個艱難的過程。韌性的基礎是豐富的生活經歷，而經歷本身是一把雙刃劍。一方面，正面經歷和負面經歷的積累能夠幫助我們不斷發展應對逆境的技巧和能力；另一方面，經歷也會讓我們更有依賴性。波士頓市哈佛醫學院成人發展研究中心主任喬治・瓦利恩特經過六十年的研究發現，隨著閱歷的增長，有些人的復原力會越來越強。但與此同時，我們不能忽視這樣一個事實，經歷也可能成為路徑依賴的慣性殺手。具有高韌性的人並不是因為逆境本身，而是因為具備有效處理逆境的能力並掌握正確的方式才變得強大。其中，成長型心態便是心理韌性的關鍵因素。如果我們能夠從自己所面臨的境遇和曾經犯過的錯誤中汲取經驗教訓，隨時學習並進行調整，那麼我們不僅能在遭遇逆境後快速復原，還能從逆境中獲得新的認知。

賓夕法尼亞大學心理學教授安琪拉・達克沃斯對二千名高中生進行了成長型心態的研

究。她發現，具有成長型心態的學生的堅韌程度要顯著高於那些持有固定心態的學生。學生的堅韌程度與他們的學習成績和能否堅持讀完大學均成正相關關係。成長型心態與堅韌度並肩而行的結論不僅體現在學生群體中，在企業家、藝術家、運動員等不同職業人群中都已得到充分的驗證。[3] 但在現實中，很多人的內心深處藏著一個擁有固定心態的悲觀主義者，他時不時會跳出來對成長型心態指手畫腳，最典型的表現就是把改變掛在嘴上，高談闊論，而不會付諸任何實際行動。如果我們不能夠對自己的思維模式進行反思和改進，就會永遠生活在既定的節奏中，這就是很多人的人生陷入「循環播放」模式，從而放棄改變、無法成長的原因。

人們為什麼會選擇放棄

心理學和社會科學領域長期存在著先天決定論和後天養成論之爭。從經驗來看，一定程度上我們把人的心理狀態部分歸因於天性使然，比如人們常說的「天性樂觀」、「生性敏感」。在命運的衝擊面前，一方面我們承認個人的主觀能動性——「我命由我不由天」，但在戰爭、疫情、地震等巨大災難面前，我們不得不正視個人的渺小——「時代的一粒灰，落在個人就是一座山」。當逆境反覆出現時，為何有些人表現出來的是堅韌不拔的意志，能夠做到不斷破局，有些人卻被無力感挾持，陷入無助的狀態，甚至最終選擇放棄？為了理解兩者的本質區別，我們要追溯到被美國心理學會評為「二十世紀的里程碑理論」的經典實驗：習得性無助實驗。

行為心理學家馬汀・塞利格曼教授被稱為「正向心理學之父」。自一九六五年開始，塞利格曼和史蒂文・梅爾在美國進行了一系列具有劃時代意義的實驗，這些實驗成為支持其理論的重要研究依據。首先，他們進行了一項三元實驗。該實驗的受試對象為二十四隻雜交犬，牠們被分成三組，每組八隻，第一組是「有控制力的可逃脫組」，第二組是「無控制力的不可逃脫組」，第三組是「無束縛的對照組」。前兩組的狗都被單

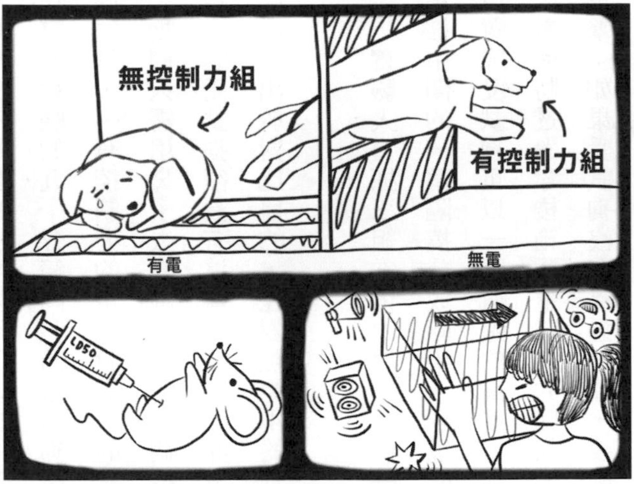

習得性無助實驗

獨放在實驗裝置中並被套上「狗套」（狗的活動會大大受限），但並不是完全不可移動。接下來，第一組和第二組的受試狗將遭受無法預測的電擊。電擊的強度並不足以給狗帶來身體上的傷害，卻會讓受試狗承受很大的痛苦。在整個實驗的九十分鐘內，前兩組狗所承受的電擊強度與次數（六十四次）均相同。但不同的是，「有控制力的可逃脫組」的受試狗可以透過自己的努力逃避電擊，在遭受電擊時，牠們只需用鼻子去觸碰牆上的一個按鈕板，電擊就會即刻停止；「無控制力的不可逃脫組」的受試狗卻沒有這樣的按鈕面面板，無論牠們如何掙扎，只能一直承受電擊。在此環節中，出於對比目的，在對照組中的八隻受試狗不會遭受任何電擊。

實驗的關鍵階段是在電擊的預設環節結束之後，實驗人員把三組狗依次放入一個「穿梭箱」，這次所有狗都沒有任何束縛裝置。穿梭箱被中間的一個隔擋分成兩半，隔擋的一側會有電流通過，而另一側是安全區域。擋板被設置成受試狗可以一躍而過的高度。穿梭箱通電一側裝有一盞燈，在燈光熄滅的十秒鐘後，電流將透過穿梭箱通電一側的底部。如果受試狗能夠在十秒鐘內跳過隔擋，牠便能逃脫電擊；如果受試狗沒有跳過隔擋，要麼一直遭受電擊，要麼熬到六十秒後電擊結束。三組狗都要在穿梭箱中經歷十次電擊實驗。在這輪電擊中，可逃脫組和對照組的狗沒有明顯的差異，牠們在穿梭箱通電後，都快速跳過擋板逃脫。而不可逃脫組的八隻狗，有六隻狗在九次甚至十次電擊中都沒能跳過隔擋，一直忍受六十秒的電擊。七天後，這六隻狗被帶入穿梭箱內進行重複實驗，其中的五隻狗在十次電擊中沒有一次成功逃脫。

根據實驗結果，塞利格曼提出了基於「習得性無助」的個人控制理論，其核心是「掌控感」和「無助感」這一對概念。導致受試狗發生放棄行為的並不是電流本身，而是對電擊的不可控性，也就是掌控感的缺失。可逃脫組的狗並沒有在穿梭箱中放棄努力，是因為牠們在第一階段的實驗中習得了對電流的控制，因此在第二階段遭受電擊時會選擇用自主的行為去改變命運。而不可逃脫組的狗在第一輪電擊中逐漸失去掌控感，導致了習得性無助。塞利格曼認為，在實驗中狗對控制的認知是從經驗中習得的，一旦經過多次嘗試但仍然失敗，牠們對某種情境和對象的控制努力就會停止，並且將這種放棄心理泛化到其他的情境中，儘管牠們在新環境中是有控制力的。

在以上實驗的基礎上，塞利格曼的學生麥德隆・維森泰納升級了習得性無助實驗，採用電擊老鼠的方式，探究掌控感對健康的直接影響，並將成果發表於一九八二年的《科學》雜誌上。根據三元實驗原則，「有控制力」的第一組老鼠受到六十四次輕度但可以逃脫的痛苦電擊，「無控制力」的第二組老鼠受到同等程度、同等次數但無法逃脫的電擊，而第三組的老鼠用於對照，沒有接受電擊。和狗的習得性無助實驗不同的是，所有老鼠在實驗的前一天被注射了具有百分之五十致死率的腫瘤細胞。在沒有外界刺激的前提下，這樣的注射量會使得百分之五十的老鼠患上癌症，而剩餘一半老鼠的自身免疫系統可以將癌細胞殺死，使其不受傷害。三十天後，第三組老鼠的死亡率恰好是百分之五十，無控制力的第二組老鼠由於無法逃避電擊，死亡率高達百分之七十五，有控制力的第一組老鼠的死亡率只有百分之二十五左右。升級版的習得性無助實驗告訴我們：長期處於失控的狀態對於我們身心的影響都是巨大的，而掌控感的習得可以有效促進健康。

習得性無助現象並不是動物的專屬。奧勒岡州立大學的研究生裕人在一九七一年首次將習得性無助實驗應用於人類。[4] 在實驗第一階段，受試者進入噪聲很大的房間並被告知，只要把擺在面前的一排按鍵用正確的排列組合方式按下，令人難以忍受的噪聲就會停止。在同等噪聲量的房間裡，可控組和無助組的區別在於，擺在可控組面前的按鍵能夠停止噪聲，但無助組的按鍵是無論如何按都不起作用的。在實驗第二階段，研究者讓每一位受試者把手放在一個「穿梭箱」中。當他們的手在穿梭箱的一端時，房間就會發出很大的噪聲，而僅需把手向另一端移動十公分的距離，噪聲就會立刻停止。來自可控組和對照組的受試者（他們在實驗第一階段沒有受到過噪聲的干擾）均會以非常快的速度學會透過移動手的位置來控制噪聲的停止。但對無助組來說，發生在狗和老鼠身上的情況在人的身上再現了。來自無助組的受試者只是無奈地坐在那裡，不做任何嘗試，直到噪聲自己停止。第一階段的實驗令他們習得了無助感，內化成了做什麼都沒有用的想法，因此他們直接選擇了放棄，而不會主動嘗試去停止噪聲。

上述一系列習得性無助實驗，解釋了為什麼很多人在面臨人生挑戰或者逆境時會選擇中途退出或放棄。這種退出或放棄的行為源自「無論怎麼努力都於事無補」的經驗，當這種經驗不斷重複，以至固化為思維模式時，人們便會預期在未來新的情境中，自身的行為依舊是無效的，從而選擇放棄。相應地，獲得掌控感則是改變放棄行為、提升韌性的關鍵。當然，對於外在事物、情境和其他人的掌控是一把「雙刃劍」。對掌控的過度追求會帶來新的問題，比如焦慮（第三章將做詳細闡述）。個人控制理論對「掌控感」的定義是：你覺得自己對於不利事件的掌控有多少？我們需要注意，這裡的關鍵詞是「覺得」。在絕大多數情況下，我們在某個特定情形中的實際掌控力是很難被準確測量的，因此你是否感覺到自己擁有掌控力即「掌控感」就變得尤為重要。

有關「掌控感」的經典研究

個人控制理論揭示出了一項心理機制：人們對於掌控感懷有某種激情。在研究了被人們稱為好的事物和體驗，並探討了它們到底好在哪裡之後，我們發現，它們之所以被稱為好，是因為這些事物和體驗能讓我們感覺到快樂和幸福。在過去若干年中，針對人們對於「掌控感」的渴求，心理學和行為學的研究者在不同環境背景下做了各種各樣的實驗。

養老院中的植物和探訪者。一九七六年，心理學家艾倫・蘭格教授和她耶魯大學的學生朱迪思・羅汀，在美國康乃狄克州的一家養老院裡開展了一項實驗，探究決策和責任對老人的影響。[5] 其中四十七位老人為實驗組，四十四位老人為對照組。研究人員鼓勵實驗組的老人對生活有更多自主權，包括選擇接待探訪者的地點，決定是否要看電影，以及何時觀看。這些老人還能選擇是否養植物，並選擇一盆自己喜歡的植物在房間自主照料，自己決定何時澆水、澆多少水，可以挪動花盆的位置，選擇給植物晒太陽或是放到陰涼處。對照組的老人則被告知，護理人員會幫忙照顧這些花草，所以他們無須親自動手。研究者不鼓勵對照組的老人自己做決定，而是讓護理人員全權負責他們的生活。

這項實驗持續了三週，在實驗開始前和結束後，研究者分別對兩組老人的行為和情緒進行了測評。結果發現，實驗組的老人在自我報告中更為快樂、更有活力。護理人員（對老人的分組並不知情）的評估結果顯示：實驗組百分之九十三的老人整體狀況有積極變化，而對照組的這一比例只有百分之二十一。實驗結束十八個月後，蘭格教授和羅丁再度回到養老院，他們在對老人的行為和情緒進行追蹤測評後發現，儘管在實驗開始時兩組老人的健康水準是相同的，但在過去的十八個月中，實驗組（有控制力組）老人的死亡率為百分之十五，而對照組（無控制力組）老人的死亡率是實驗組老人的兩倍，高達百分之三十。這一結果讓蘭格教授和羅汀非常震驚，但經過仔細對比和核查後，兩人得出結論：掌控感給老人生活帶來的變化似乎對延長壽命有所作用。結合其他早期研究，學者認為，對類似養老院老人這樣被迫失去自我決策權和控制力的人，如果能夠給予他們更強的自我責任感，他們的生活態度將會更加積極，生活品質也會提高，這就是掌控感的積極作用。

無獨有偶，一九七六年理查德・舒爾茲在另一項有關養老院的研究中發現了類似的結論。[6]研究者讓養老院中的老人在大學生探訪期間有程度不等的自主權。那些被隨機分在高控制組的老人，可以自行決定大學生來探訪的時間、次數和時長，而被隨機分在低控制組的老人只能被動地等待大學生探訪者的光臨。相比低控制組，高控制組老人在實驗結束後個人狀態有明顯提升，變得更加快樂、健康和積極，而且更少接受治療，這與蘭格教授和羅丁的研究相當一致。然而，又過了幾個月後，完全出乎研究者意料的戲劇般的結果出現了：隨著研究的結束，大學生不再繼續拜訪老人，相對於對照組，有控制力的實驗組老人反而衰老得更快。研究團隊驚訝地發現，實驗組的老人一旦失去這種曾經被外在賦予的掌控感，他們的死亡率要遠遠高於對照組的老人！

因此，掌控感的缺失導致心理韌性的喪失，外在環境只是一部分誘因，內在的失控往往是習得的。這樣的結果沒有在蘭格的實驗中出現，原因可能是對日常生活決策的控制力已經被培養出來了，能夠持續地產生積極的結果。一系列後續研究的結果清楚表明：人擁有的控制力越多，老年化的過程就越快樂、健康、平穩。無論是不是受到上述實驗的啟發，現在很多國家的養老機構都意識到了這一點。在中國，應對老齡化的政策中特別強調了「老有所為」，不斷鼓勵老年人自主選擇，給予其更多的機會和資源，提高他們的掌控感。

安全按鈕實驗。[7] 在以上實驗中，無論是綠色植物，還是大學生探訪者，都與受試者有著真實的互動。實際上，人們的掌控感甚至還可以來自「控制錯覺」。實驗人員招募了一批受試者，他們要按照要求執行一項需要專注力的任務——文字校對，在安靜、專注的狀態下，絕大多數受試者都能發現文字錯誤。但在校對的過程中，實驗人員給受試者不定時播放令人煩躁的巨大噪聲，不少受試者由於受到噪聲的干擾出現注意力不集中、心煩意亂的情況，以及一些體徵反應，比如心跳加快、流汗等，從而嚴重影響了他們的校對表現，還有一些受試者甚至選擇了放棄任務。為了降低他們的焦慮程度，提高掌控感，研究者在後續的實驗中為每一個受試者提供了一個「按鈕」，告訴他們：如果噪聲變得讓人心煩，可以按一下按鈕，噪聲會立刻停止。果然，在第二階段的實驗中，受試者的校對工作表現大幅提升，安全按鈕大大降低了他們的焦慮程度，使他們變得平靜。但有趣的現象是：在實驗過程中，沒有受試者真正按下了按鈕。僅僅是知曉「按鈕」的存在已經給受試者帶來了一種實實在在的掌控感，即「我能控制噪聲」。

事實上，實驗中的「按鈕」是假的，它只是一個沒有任何操控功能的「擺

「掌控感」實驗

設」。由此研究者得出結論：噪聲的消失並不是令受試者減輕焦慮的真正原因，知道自己可以隨時按下按鈕停止噪聲的掌控感才是真正原因。哪怕是一個假按鈕，也可以給我們帶來控制錯覺。換言之，真正令我們戰勝焦慮的，是內心的「掌控感」，而不完全是對外界施加的「掌控力」。

在我們的日常生活中，處於痛苦中的人們也需要有一個「安全按鈕」。當我們身邊的人遇到重大挫折的時候，我們可以透過提升掌控感來幫助他們。給他們提供一個可選擇的按鈕，雖然他們不一定去按，但按鈕的存在就能給對方帶來安全感和自信心，讓他們多一個選擇。華頓商學院的亞當・格蘭特教授在《擁抱B選項》一書中提到，他曾因為自己的一位學生自殺陷入悔恨和自責，甚至一度要放棄教師生涯。[8] 後來，他的朋友和家人幫助他從陰影中走了出來，為了避免悲劇再次發生，他在開學第一課時都會在黑板上寫下自己的手機號碼，鼓勵學生向自己求助。這個號碼就是一個讓學生感到心理安全的「按鈕」。

嬰兒玩具實驗。對於掌控感的情懷不是成年人獨有的，甚至嬰兒也喜歡自己能夠掌控的感覺。約翰・華生是加州大學柏克萊分校的發展心理學家，他曾在嬰兒身上進行了掌控感的實驗。[9] 他把參與實驗的八週大的嬰兒分成三組，每天有十分鐘的時間讓嬰兒躺在床上看床邊懸掛的玩具。三組嬰兒對玩具的控制力不同。A組（掌控組）的嬰兒只要把頭壓在枕頭上，嬰兒床上掛著的玩具就會旋轉；B組（無助組）的嬰兒不管是否壓枕頭，玩具一直都在旋轉；C組（對照組）的嬰兒床頭的玩具則是固定的。實驗結果顯示：掌控組的嬰兒在透過控制枕頭讓玩具轉動時，他們會笑並發出聲音，而無助組的嬰兒在玩具旋轉時沒有表現出任何情緒的轉變。

研究者後續曾用不同的玩具和對嬰兒講話的方式重複進行實驗，實驗結果都類似。由此推斷，掌控感能夠激發嬰兒積極、喜悅的情緒，從而增加其主動行為，無助感則會造成他們的負面情緒和被動行為。因此，我們可以在給孩子選擇玩具時，以激發掌控感為指標，選擇那些需要孩子打擊或是按按鈕才會動的玩具，或者觸碰到人物才會發聲的圖書。相反，那些自動發出聲音的玩具不會幫助孩子產生掌控感。同理，不讓孩子長時間看平板電腦和手機也是部分出於這樣的原因。在這些活動中孩子處於「被動」接受的狀態，無益於掌控感的養成。

和其他能力一樣，掌控感的早期培養是有先發優勢的，越早增強孩子的掌控感越好，掌控行為和感受是形成學齡前兒童樂觀心態的重要心理資源。其中，掌控感增強的重要方法是給予孩子清楚的安全信號。很多父母為了避免孩子的哭鬧，在帶孩子做讓他們感到恐懼的事情（比如補牙或是打針）之前都會隱瞞。但當孩子到了最後一刻才發現時，這種沒有事先預警的恐懼打擊是巨大的。很多實驗都證實了這一點，動物在實驗中遭受到沒有任何信號的隨機電擊時，會一直嚇得縮成一團並保持恐懼狀態。但同樣的電擊如果在發生之前有一定時長的聲音提示，動物只有在聲音出現時突然蜷縮成一團，在其餘時間裡則像平日一樣沒有恐懼表現。這些研究告訴我們：沒有可靠的危險信號，也就等於沒有可靠的安全信號。對孩子來說，如果在壞事發生之前就得到清楚的警告，那麼他們會知道沒有警告的時候，自己便是安全的、有掌控感的。因此，當有可預見的不利事件要發生時，如果父母為了避免短期的麻煩而不對孩子進行預警，那麼長期代價是巨大的，這可能成為孩子無助狀態的起點。

個人控制理論和習得性無助為我們揭示了人們面對不利情境時選擇放棄的根源。既然無助是可以習得的，掌控感和韌性是否也能夠被習得呢？塞利格曼的後續實驗提供了可參考的例證。在第二次針對狗的習得性無助實驗中，實驗人員首先將狗置於可逃脫的情境下學習掌控，其次讓牠們經歷不可逃脫的電擊，最後再讓牠們進入穿梭箱遭受電擊。與第一次實驗相比，受試狗並沒有那麼快放棄，牠們還是學會了跳過擋板逃脫電擊。這表明，一旦動物習得了有效的行為，後續的失敗嘗試並不能夠抵消牠們改變命運的動機。[10] 因此，如果在動物尚未對「無法逃避電擊」有任何經驗之前，讓牠們學會如何「逃脫」或停止被電擊，無論是在幼年期還是成年期習得這種「掌控」的經驗，牠們便都具備了免疫性。即使在其他情境中再次遭受不可避免的電擊，牠們依舊不會輕易向無助屈服。

多年的研究成果已經積累了大量的證據，失敗後能否重新振作不是天生的人格特質，它是可以透過學習後天習得的。換言之，即便是悲觀的風格也是可以被改變的，只是很多人並沒有意識到自己正處於悲觀的狀態。實際上，塞利格曼在後續的實驗中發現，人們可以選擇他們想要的思考模式，即便是「不可逃脫組」的受試狗同樣也可以透過後期干預提升牠們的掌控感。當「不可逃脫組」的受試狗無助地忍耐著電擊的痛苦時，我們用手拽住牠們的腿反覆在穿梭箱中間的隔板兩側拖動，直到受試狗自己開始主動跳躍為止。[11] 一旦受試狗意識到自己跳到穿梭箱的另一側能夠幫助牠們逃脫電擊，這種無助感就被治癒了，而且這種治癒性是可以複製到其他情境中的。塞利格曼強調，這種「治癒」百分百有效，而且具有永久性。

但這裡有一個非常重要的概念需要被強調，掌控感的習得依靠的是微小改變的持續積累。如果我們首次把實驗中的受試狗從通電的一側拽到安全區域，再把牠們扔回去，我們就會發現受試狗依舊選擇忍受電擊，而不會採取任何主動性的行為去逃脫電擊。這樣的結果不難理解，習得性無助是在無論怎麼努力都無濟於事的長期打擊中形成的一種放棄性行為。因此，習得性掌控也不是一蹴而就的，需要不斷重複微小的行為來改變，直到我們能夠撼動已經根深柢固的思維模式。我們可以充分利用的大腦的神奇功能「以彼之道，還施彼身」。

大腦的作用機制在於，它能夠接受反覆踐行的想法和行為，並將這些想法和行為固化且連結到潛意識，形成一種「自動駕駛」模式。這個過程始於個人首次有意識的認知改變，經過反覆踐行之後，這種習慣就開始轉移到潛意識區，個人做起事來就會相對順暢。在腦科學領域，科學家將這種能力定義為「經驗依賴性神經可塑性」。[12] 我們的神經系統被設計成跟隨經驗而改變，而每個人的經驗又取決於我們關注的事情。我們不斷重複的觀念和行為「塑造」了自己的大腦。因此，透過持續性的微小行為改變的積累，我們可以獲得習得性掌控，從而提升韌性。

持續小贏

我們在生活和工作中都偏愛重大的決定性時刻。小時候在寫作文時，我們選擇的題目經常是「一件難忘的事情」、「最重要的改變人生的經歷」、「第一次……」。我們的記憶結構決定了很多人都是戲劇愛好者，偏愛反轉、高潮迭起和大團圓的結尾。在個人實現目標時，很多人也有這樣的認知，只有重大的行動才能帶來重大的改變。企業推崇的「大力出奇蹟」的成功案例，更讓很多人覺得只有「大幹一場」才能有驚天動地的變化發生。然而，不可忽視的認知偏差是：人們往往容易高估某個決定性時刻的重要性，卻忽視每天進行微小改變的價值。

「持續小贏」的概念由哈佛大學的泰瑞莎·艾默伯教授[13]提出，並在後續的專著[14]中進行了深入闡述。在她看來，「日常工作生活中使得員工達成目標的最佳內在激勵是幫助他們持續進步——即使是微不足道的勝利」。持續小贏原則的背後，是人們內心對意義感的追尋，而這種追尋需要落實在每一天微小的進步中。重大的勝利固然很好，但在我們的人生中太過罕有。好消息是，即便是微小的勝利，也能夠給我們的內心世界帶來巨大的改變。艾默伯對小贏的研究更多地聚焦在工作場景中，但對提升掌控力和打造韌性來說，工作和生活密不可分，兩者是一個整體，因此持續小贏這一原則應該一以貫之，成為我們終身成長的重要行動指南。

支撐「持續小贏」理念的是強化效應理論，雖然任何小勝利的效應微不足道，但只要小勝利持續地發生，這些效應就不會消失。從單一目標的角度看，持續小贏就像滴水穿石，水之所以可穿石，是因為經年累月水都持續地滴落在同一位置，如果一年中每天我們都能進步百分之一，到年底我們將會積累三十七倍的進步（一．〇一~三十七．七八）。持續朝著一個方向堅定地積累，你才會收穫幾十倍的「複利」回報。從目標系統的角度看，持續小贏可以實現「邊際效益的聚合」。在《原子習慣：細微改變帶來巨大成就的實證法則》一書中，作者列舉了英國自行車隊教練戴夫．布萊爾斯福德的事例。[15]布萊爾斯福德奉行「邊際效益的聚合」戰略，將自行車騎行的全部過程進行分解，在每個環節上追求百分之一的微小改進，將各個環節匯聚之後，整體會有顯著提高。在此理念之下，他將曾經默默無聞的英國國家自行車隊發展為自行車霸主。二〇〇七至二〇一七年這十年間，英國自行車運動員共奪得一百七十八次世界錦標賽冠軍、六十六枚奧運會或殘奧會金牌和五次環法自行車賽的勝利。小贏不怕「小」，只要能夠和意義感、目標建立連結，再微小的勝利也值得肯定，只要永不為零，就會帶來巨大的改變。

成年人往往會錯誤地認為，只要我們理解了某件事，就代表我們已經學會了這件事，然而事實並非如此。這樣的錯誤認知正是提升心理韌性的障礙。了解不等於學會，明白道理不一定能做到。學了不做等於沒學，知道不做相當於不知道。就像一個修車的工具包擺在我們面前，讀了再多的工具使用說明書，在資訊層面有很強的獲得感，但是如果不真正動手實踐，學習怎麼用這些工具來修車，我們仍是一無所知。因此，比「明白」更重要的是持續的練習和改變。

同樣，持續性改變也是一把「雙刃劍」，如果一年中你每天退步百分之一，你現有的任何成就都會降到幾乎為零（〇・九九～〇・〇三），甚至是負值。艾默伯在研究中總結發現，負面事件積累的消極影響大於正面事件，因為人類的大腦天生就會更多地關注負面事件。因此，作為容易被負面情緒挾持的人類，持續小贏就更為珍貴並值得我們堅持。

在韌性飛輪模型中，持續小贏是三個飛輪葉片的動力原則。無論是覺察、意義和連結都需要持續小贏。從覺察的角度看，觀念的改變和自我認知的迭代都是持續性的「漸悟」過程，而改變認知也需要落實在一系列的行為訓練中，比如在接下來的韌性工具包中會詳細講到的記錄和冥想，就是每一天甚至每一時刻都進行自我觀照；從意義的角度看，持續小贏是目標分解、連貫性目標和意義強化的重要方法，在我們梳理出個人的意義樹之後，持續小贏能夠幫助我們更高效地分配時間、管理優先級和提升專注力；從連結的角度看，我們與他人關係的深化也是在日常生活的持續性互動中發生的，信任、親密關係的建立，都是「久久為功」的過程。持續小贏讓我們更好地體會溝通的價值，在交往的細節中提升共情力和關係品質。如同本章開頭所說，韌性飛輪的啟動並非易事，尤其是在長期休眠、停滯的情況下。對掌控感相關理論和研究的回顧，讓我們知道重啟飛輪應該從何處發力，持續小贏則是具體行動的原則和方法。韌性飛輪的三個葉片都可以作為行動的起點，下一章將重點講述飛輪的第一個葉片—覺察，讓另一個「自己」去觀照內心的思維和情緒，從而更深入地認知自我。

韌性認知

- 根深柢固的思維模式是我們改變認知和行為的最大敵人。
- 理解放棄背後的心理機制，有利於我們提升韌性。
- 人們對於掌控感懷有某種激情，適度的掌控感是諸多正向情緒的根源。
- 透過持續性的微小行為改變的積累，我們可以獲得習得性掌控，從而提升韌性。

韌性練習

1. 為自己創建「發現清單」（見表2-1），在閱讀和與他人交流時，嘗試更新自己的觀念，或者填補認知空白。
2. 嘗試開啟自己的「小贏記錄」，無論你是希望記錄自己的讀書小贏、運動小贏、減重小贏，還是任何你希望實現的贏。每天完成後在表2-2的大拇指中畫上一個大大的對號，這便是一個重要的視覺提示符號。每一個對號都是下一個行動的觸發器。不要小看手寫記錄的力量，持續標注的對號能夠給我們的視覺帶來最直接的刺激和強化，讓我們在獲得內在激勵和滿足感的同時，獲得持續進步的動力。打卡無須過度追求完美，小小「復活」是為了更好地持續下去。不要忘記「小贏」的真諦，微小的獎勵都有無窮的力量。我們有學員用小贏記錄實現了自己人生中第一個半程馬拉松和堅持每天讀書的目標，還有學員透過小贏記錄戒掉了「每天要吃一個大冰淇淋」的成癮習慣！

表 2-1 發現清單

時間	地點	誰或什麼啟發了你	舊認知	新發現	還有什麼新發現
2020 年 5 月	家裡	媽媽、蘿蔔	蘿蔔只會長葉子	蘿蔔會開花（詳見第五章）	白蘿蔔會開出粉色的花，種種胡蘿蔔試試
2021 年 9 月	飛機上	《逆思維》	溫水煮青蛙，青蛙不會逃，會被煮死	溫水裡的青蛙才能逃走	思維牢籠的力量非常強大（詳見第十章）
2022 年 1 月	餐廳	一位同事的個人經歷	星座只是人們生活中的消遣	有多家知名企業把星座作為招聘和晉升標準，甚至用於任命重要高管	領導者的非理性重大決策還有很多，需要進行研究和自我反思

表 2-2　小贏記錄

我要實現的目標						
第 1 天 日期	第 2 天 日期	第 3 天 日期	第 4 天 日期	第 5 天 日期	第 6 天 日期	第 7 天 日期
第 8 天 日期	第 9 天 日期	第 10 天 日期	第 11 天 日期	第 12 天 日期	第 13 天 日期	第 14 天 日期
第 15 天 日期	第 16 天 日期	第 17 天 日期	第 18 天 日期	第 19 天 日期	第 20 天 日期	第 21 天 日期
第 22 天 日期	第 23 天 日期	第 24 天 日期	第 25 天 日期	第 26 天 日期	第 27 天 日期	第 28 天 日期
第 29 天 日期	第 30 天 日期	第 31 天 日期	復活卡 日期	復活卡 日期	完成情況：　／ 31 自我獎勵： 1. 2.	

第二部分

韌性飛輪之覺察

在我授課和與企業家交流的過程中，他們總說自己想要擁有一項超能力——「看透人心」。我在課上會進行很多有意思的測試，讓他們判斷自己和別人的行為類型，結果能夠全都猜中的人寥寥無幾。這揭示了一個殘酷的真相：很多情況下我們既不了解別人，也不了解自己。「知人之明」和「自知之明」都是很難修練成功的。在這一部分我們先從第三章的「後設認知」開始，一起面對自我認知的障礙，洞悉自己內心真實的需求。因為需求影響情緒，情緒影響決策和行為，因此我們有必要去解碼一種廣泛的情緒——焦慮，而焦慮的產生恰恰和第一部分所論述的掌控感密切相關。

情緒作為一種心理活動，我們比較容易對其進行自我觀察和感知。在第四章中，我們要向更深層的意識去探險，認識決定我們悲觀和樂觀的歸因模式。歸因模式的絕妙之處在於，哪怕只是對歸因模式有了認知，都會降低我們悲觀歸因的頻度，並逐漸發生改變。行為改變離不開行動，我們將體驗心理療法中最有效也是最簡單的練習之一——記錄。

在第五章中，我將講述自己人生中的幾個至暗時刻，這些時刻裡的種種因緣際會，讓我對冥想從懷疑、了解、嘗試、深入研究走向了踐行，並且持續從中受益和成長。這是我在課堂上無法深入展開的一段重要經歷，在此以文字為載體，真誠地分享給你。

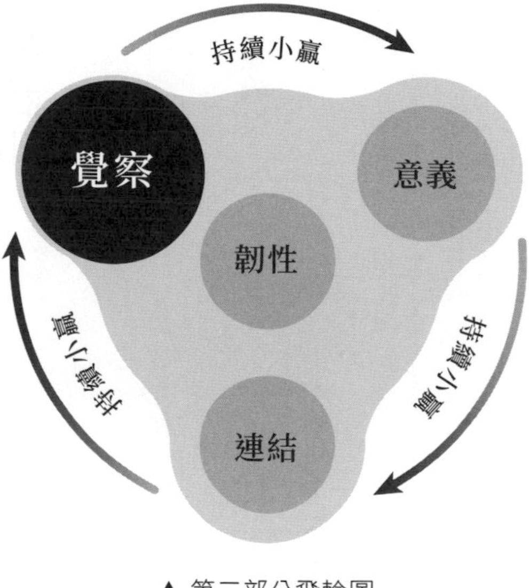

▲ 第二部分飛輪圖

第三章 後設認知——對認知的認知

君子博學而日參省乎己，則知明而行無過矣。

——《荀子・勸學》

打開你的俄羅斯娃娃

可能對很多人來說，俄羅斯娃娃只是一種帶有俄羅斯風情的旅遊紀念品，但是對我來說，它深化了我對自我認知領域的研究興趣。二〇一七年，我帶領長江商學院校友會的幾十個會長和祕書長，去莫斯科和聖彼得堡進行為期十天的訪問。此次訪問給我留下最深記憶的是在課程的最後，合作方的商學院教授作為東道主送給我們每位學員一組俄羅斯娃娃，並由此展開她的分享內容。很多人並不知道的是，俄羅斯娃娃的原產國並不是俄羅斯，而是日本。根據教授的介紹，俄羅斯娃娃是從日本來到俄羅斯，成為俄羅斯的特產也只經過了一百二十多年而已。出於學者的習慣，我對此做了進一步的研究。俄羅斯娃娃最早起源於日本的七福神。七福神之一為福祿壽爺爺，日本人把它做成了可以層層打開外殼又能套在一起的木偶，這就是俄羅斯娃娃的創意原型。俄羅斯的第一組俄羅斯娃娃，是俄國企業家薩瓦・馬蒙托夫的兒媳婦在十九世紀末從日本本州島帶回來的。

這個木質娃娃的形象正是日本福祿壽小神像，由九個大小不同的一個套一個的小神像組成。俄羅斯人因此受到福祿壽俄羅斯娃娃的啟發，開始製作具有自己民族特色的俄羅斯娃娃。在一九〇〇

俄羅斯娃娃

注：這就是 2017 年我在俄羅斯訪學時拿到的那組娃娃。

年法國的萬國博覽會上，俄羅斯娃娃獲得了銅獎，從此以後風靡全球，並開始被大量生產，成為俄羅斯的代表性旅遊紀念品。

在開始分享前，合作方院校的教授留給我們一些時間觀察俄羅斯娃娃。出於多年研究行為學和心理學的經驗，我習慣性地觀察著大家拿到俄羅斯娃娃後的反應。幾乎每個人的第一反應都是拆俄羅斯娃娃，一層一層拆開，直到拆到最裡面的內核——那個實心的最小的娃娃。有些學員依次將俄羅斯娃娃擺成一排，有些則拿著那個最小的實心娃娃仔細觀察，似乎是在確認裡面會不會還有一個更小的娃娃。在大家擺弄了幾分鐘俄羅斯娃娃後，接下來幾乎每個人又做了一個相同的動作，那就是再一層一層地把俄羅斯娃娃套回去進行還原。在俄羅斯，人們用俄羅斯娃娃來比喻自我認知的過程。每一個人都會有一個本我，即最真實、最本質的自我。隨著年齡的增長、閱歷的增加，每個人在社會、家庭中會有各種各樣的角色。不同的角色，就像俄羅斯娃娃一層一層的外殼。時間長了，外殼多了以後，可能自己也不清楚哪一層是真實的本我，哪一層是在情境中扮演的角色。所以自我認知就像是一個一層一層地打開俄羅斯娃娃，不斷接近本我內核的過程。但在向內探索和覺察的過程中，一定會有不適感。

自我認知的過程甚至被比喻成剝洋蔥。大家都熟知，當把洋蔥皮一層一層地剝開的時候很多人會流淚。同樣，當我們逐層剝掉自我俄羅斯娃娃外面的保護殼時，就如同把長期存在的心理和生理面具揭開一樣，我們會感到不適，甚至恐懼。每個人都有其自身的舒適區，其中包含習以為常的思維模式、行為習慣，以及在關係中與他人的互動模式，給我們帶來了確定感和掌控感。但如果我們不能定期對自己的這些思維和行為的模式進行回顧、反思、挑戰和改變，就非常容易陷入自我循環的既定節奏中，無法實現真正的突破和成長。還記得前面提到的「溫水煮青蛙」的故事嗎？我接觸的很多企業負責人都有這樣的切實感受：企業發展的天花板就是領導者本身的自我認知，而自我認知的突破是最難的。當我們在進行自我覺察的時候，很多人下意識的反應是自我防衛，趕緊回到某一層殼中，回到那個能讓自己感到最舒服的適應區。因此，自我覺察是一個充滿挑戰的向內探索之旅。很多人都把找到自己、遇見更好的自己掛在嘴邊，但他們終其一生仍然和自己形同陌路。

在學術界，一九九九年發表於著名心理學期刊《人格與社會心理學》上的一篇研究論文成了自我認知研究領域的轉折點。美國康乃爾大學的心理學教授大衛・鄧寧和他的研究生賈斯汀・克魯格透過一系列的心理學實驗讓受試者評估自己的邏輯推理能力，預測在能力測評中的分數以及相較於其他受試者自己可能的排名。

反覆實驗的結果顯示，在能力測試中得分較低的個體往往會高估自己的得分和排名，甚至超過平均水準。相反地，在能力測試中得分較高的個體則會低估自己在邏輯推理能力測評中的分數和排名。在後期的實驗中，被隨機抽選的一半受試者接受了邏輯推理能力的訓練，另一半受試者在相同時間內被要求完成一些和此次研究不相關的任務。結果表明：能力訓練可以相對提升個體自我評價的準確性，能力測評得分較低的個體在經過訓練後，能夠顯著降低自己的排名預估，而未經訓練的個體，無論能力高低都不能改變對前序實驗中的排名預估。

根據這樣的結論，鄧寧和克魯格在一九九九年提出了享譽全球的自我認知理論——「達克效應」。[1] 達克效應折射出人們的認知偏差，生動地揭示出這樣的現象：能力欠缺的人往往沒有能力正確認知自身的不足。達克效應的曲線刻畫了人們對自我能力認知的不同階段。當人們對某個領域從完全無知過渡到有少量認知的時候，最容易出現自負的表現，這一階段被稱為「愚昧之巔」。而後，隨著對該領域知識經驗的積累，人們的自信水準會經歷一個回落再上升的U形過程，從「知道自己不知道」到「知道自己知道」，最後才有可能成為這個領域的專家。而對某個領域的一知半解最為危險，因為人們在這個階段處於「不知道自己不知道」的狀態。

這裡有必要強調「後設認知」的概念。根據鄧寧和克魯格的研究，個體對於某一領域的認知能力有兩層涵義：第一層含義指的是個體在該領域中的實際能力水準，第二層含義是指個體能否客觀認識到自己在這一領域的能力水準。後者便是後設認知能力。後設認知（metacognition）[2]由美國心理學家約翰·弗拉維爾於一九七六年提出，指的是人們對自己認知的認知，即對自己的感知、記憶、思維等認知活動本身的再感知、再記憶、再思維。後設認知主要包括後設認知知識、後設認知體驗、後設認知監控等成分。

弗拉維爾在一九八一年對後設認知做了更簡練的概括：「反映或調節認知活動的任一方面的知識或認知活動。」可見，「後設認知」這一概念包含兩方面的內容，一是有關認知的知識，二是對認知的調節。也就是說，一方面，後設認知是一個知識體系，它包含關於靜態的認知能力、動態的認知活動等知識；另一方面，後設認知也是一種過程，即對當前認知活動的意識過程、調節過程。作為「關於認知的認知」，後設認知被認為是認知活動的核心，在認知活動中起著重要作用。在某一領域能力較低的個體之所以容易陷入達克效應，是因為他們缺乏後設認知能力。換言之，當他們無法對自己的能力做出準確、客觀的評價時，低能力者沒有能力高品質地完成自己所面臨的任務，更可怕的是，他們還無法認識到自己缺乏這樣的能力，反而還會對自身能力表現出自負。

達克效應在日常工作和生活中的實例比比皆是。哈佛大學的心理學教授丹尼爾·吉爾伯特指出，大眾通常並不認為自己是普通的。研究顯示，絕大部分學生都認為自己的聰明程度高於平均水準，而大部分商人也都認為自己比一般商人技高一籌。[3]這是因為人們很容易高估自我的獨特性。即便我們沒有那麼特別，我們認知自己的方式也是特別的。更有趣的是，通常情況下，認為自己是特別的可以讓我們感覺良好。吉爾伯特特別強調，人們在看待情感時會對自身的特殊性和與他人的差異性表現出尤為強烈的信念。其中的認知偏差在於我們能感受到自己的情感，但只能透過外在訊號（比如對方的表情、語調、肢體語言等）推測他人的感情，因此我們經常會覺得自己的情感比其他人強烈。這樣的認知偏差導致我們時常認為其他人不具有同理心，不能換位思考，這是因為我們會在沒有充分考慮其他人感受的時候卻要求對方來照顧自己的感受。

我們在生活中可能都接觸過「半瓶醋」專家，這些人的自大可能更容易辨別。而實際上，達克效應也會在高成就人群中發生。美國馬里蘭大學的會計學教授尼古拉斯・塞伯特在分析了標準普爾500指數中四百家企業的六〇五位CEO在他們年度報表上的簽名大小和形態後，揭示出領導者的自信水準以及企業盈利狀況和業績表現的關係。[4]這項研究發現，相比CEO簽名字體較小的企業，那些簽名字體較大的CEO所在公司的業績表現較差。塞伯特認為，大簽名往往反映出CEO本人的自戀型人格的特徵——過強的控制欲和過度自我的膨脹感。簽名大小也和過度花費、低資產回報率，以及CEO的薪酬高於行業同類企業成正相關關係。簽名很大的CEO，其管理風格往往是「一言堂」，屬於自信心「爆棚」的狀態，這樣的企業在未來三至六年中銷售收入和銷售增長率都有較差的表現。此外，研究還發現，CEO的簽名越大，其創新能力越低，表現為所在企業的專利發明和專利認證數量較少。

以上研究顯示了企業領導者的認知偏差對企業業績的影響。回到個人世界，自我認知的重要性不言而喻。在多變的外部環境中，我們每個人都是自己的領導者，每個決策都受到認知的影響。我們經常聽到這樣的說法：人們只能賺認知範圍內的錢。比獲取物質回報更重要的是，我們不能讓認知偏差限制了自身的持續精進和成長。在第二章中，各種心理學實驗和理論為大家揭示了韌性的原力是掌控感，而持續不斷地失去掌控感會使人們陷入習得性無助。擁有客觀認知的能力並持續訓練自我的覺察，是提升掌控感的根基。這是因為苦難很多時候源於無知，人生並非要不斷經歷苦難才能改變，從而獲得幸福。

提升認知能力和探究自己的真實需求密不可分。需求會影響人們的情緒，而情緒又會作用於我們的行為，人們展現出來的行為往往只是冰山一角。我們的深層需求經常被一層一層的情緒掩蓋，因此我們時常混淆情緒和客觀事實，從而無法客觀地認知自己。情緒的失察和失控會帶給身邊人諸多的傷害。人們本能的情緒發洩對象，一定是身邊比自己弱小的人。[5] 在家庭中，體現為父母對子女；在組織中，則是上級對下級。我在進行企業調查的時候，不斷聽到高階主管和員工對於主管「壞脾氣」的吐槽，覺得自己得不到主管的認可。而主管往往處於不自知的狀態，或者覺得自己的情緒是內心「恨鐵不成鋼」的表達，是「刀子嘴，豆腐心」的好意，應該被理解和包容。情緒源於想法，但想法和事實在很多時候相差甚遠。當我們迷失在各種複雜的想法中而看不到事實真相時，我們便陷入了認知混亂，相伴而來的是強烈的失控感。因此，覺察到我們的想法和情緒以進行認知改變是啟動韌性飛輪很重要的一步。

與掌控感息息相關的一種最常見的情緒來源就是焦慮。如果我們能夠把不可控適度轉化為可控，這種確定感便會在一定程度上降低人們的焦慮。看到這裡，你頭腦中冒出來的問題可能會是：焦慮和掌控感之間到底有什麼關係？如何才能把不可控轉化為可控感，從而讓焦慮這種我們每個人幾乎每天都要經歷的情緒真正得到緩解？回答這些問題需要我們揭開焦慮的面紗，了解一下焦慮的本質，以及它對人們認知提升和打造韌性的影響。

解碼焦慮：進化的遺產

二〇二〇年七月至二〇二一年十二月，我和研究團隊每個月都會收集企業主要負責人和高層管理者焦慮行為傾向的數據，共積累有效問卷三千五百四十五份。如圖3-1所示，在七項定義焦慮的行為指標中[6]，百分之六十六・二二的受試者表現出不同程度的「對各種各樣的事情擔憂過多」的傾向，百分之六十三・一二的受試者經常性地感到緊張、不安或者煩躁，甚至有百分之五・七八的受試者幾乎每天都很難放鬆下來。整體而言，在這三千五百四十五名受試企業家中，以受試者填寫問卷為時間基點的過去兩週中，有輕度焦慮表現的受試者占比約為百分之二十九・八（一千〇五十八位），而具有中度焦慮表現和重度焦慮表現的受試者占比分別約為百分之八・九（三百一十四位）和百分之二・五（八十八位）。從數據中可以看出，企業家受到各種焦慮行為傾向的影響是非常大的。其實，不僅僅是企業家，我們每個人都會受到焦慮這種情緒來源的干擾。焦慮已經成為精神疾病中的普通「感冒」，而且趨於年輕化。到底何為焦慮？為何焦慮與我們每個人心心念念的掌控感有密切的關係？

焦慮是指對未來發生的事情不可預測和不可掌控。當我們總是擔心自己無法應對未來可能發生的事情時，焦慮就會油然而生。焦慮反應最主要的特徵是對恐懼的預期，與對某件事的恐懼本身相比較，對恐懼的預期是更顯著的壓力來源。在很多人看來，預測並掌控未來是一個令人愉悅的過程，這不僅僅是因為掌控對未來能產生影響，更重要的是掌握行為本身。一項研究實驗充分證明了這一點。這項實驗使受試者接受不會對身體造成傷害但會令人不太舒服的電擊，每一位參與者在受到電擊前的三秒鐘會收到提示。高電壓組的受

圖 3-1 企業管理者焦慮行為傾向分布

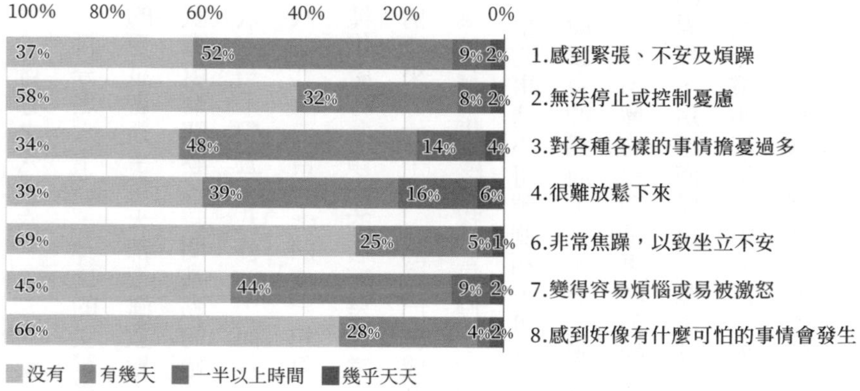

---

* 研究採用廣泛性焦慮量表評定受試者的焦慮症狀。數據僅在測評焦慮行為傾向，而非焦慮症的診斷。量表根據二〇〇六年羅伯特・斯皮策、庫爾特・克倫克、珍妮特・威廉姆斯和貝恩德・勒韋在《內科學文獻》發表的論文限定了衡量時間，追蹤的是「過往十四天」，這是由於心理狀態會受到環境和事件的即時影響，短期內可以產生很大的波動。[7]

試者會在整個實驗中接受二十次高壓電擊，而低電壓組的實驗對象會接受隨機出現的三次高壓電擊和十七次低壓電擊。實驗結果和研究者預料的完全一致：低電壓組的受試者表現出了更強烈的恐懼感，伴隨著更劇烈的心跳和更多的流汗，雖然他們接受的電擊總電伏要低於高電壓組。很明顯，對低電壓組的受試者來說，無法預測的三次高壓電擊要比一成不變的二十次可以預見的高壓電擊還要可怕。[8]

在日常生活中，我們對掌控感的「迷戀」同樣體現在熱衷於做一件「明知不可為而為之」的事情上，那就是人們喜歡預測未來，在行為上五花八門的表現形式包括常見的占卜、算命、八字、星座、塔羅牌等，其背後都是對掌控未來的深層情結。研究發現，人們日常思考的內容至少有百分之十二是和未來有關的，也就是每八個小時的思考中，我們會花至少一個小時在想和未來相關的事情。在《別讓猴子控制你的情緒大腦：打破焦慮迴圈，找回人生掌控權》[9]一書中，作者珍妮佛・夏農是一名有著二十多年豐富臨床經驗、專治焦慮症的心理治療師。她將人們普遍的焦慮思維模式概括為三種預設。最常見的焦慮思維預設就是無法忍受不確定性：「我必須百分之百確定。」人們普遍都有想要知道未來會發生什麼的傾向，比如我這次大考的成績會不會得A，我今年能否被升遷，公司的上市計畫能否如期順利進行。當下也許我們最想預測的，莫過於知道「新冠肺炎疫情到底什麼時候才能結束」。人類雖然對掌控感情有獨鍾，而大量研究也證實獲得掌控感能夠對一個人的健康和福祉產生深遠的積極影響，但當人們對任何事情擁有過度的掌控感時，這把「雙刃劍」的另一面劍刃就會使得我們處於時刻保持高度警備的狀態，壓力重重，並出現各種行為表現，比如很難放鬆、過度計畫、強迫性傾向、很難隨機應變等。我在學員中就曾見過「列表控」的重度成癮者，他們凡事都要列個清單，工作、生活甚至旅遊時的計畫都要按部就班、一絲不苟。更有甚者還要在所有的表格之外列出一個所有清單的總表目錄。如果想要萬事萬物都盡在掌控的話，這一定是給自己憑添煩惱，最終就連自己的焦慮都無法掌控。倘若所計畫的日程因為任何內在或者外在的原因無法如期進行，我們就會感到沮喪，而當一系列計畫因為某件不可預測的事被徹底打亂時，失控感就會將我們層層包圍，壓得我們喘不過氣來。

人們時常認為自己能夠控制我們根本就控制不了的事情。斯多葛學派中最著名的哲學家愛比克泰德指出，人類容易犯兩種致命的錯誤。第一種是人們試圖全面控制我們無法控制的事物，第二種就是我們沒有在自己能夠掌控的事情上下足夠的功夫，從而推卸責任。[10] 還記得在第一章中我曾提到，一個偶然的機會我和一位上師切磋，上師總結道，只有當我們能夠相信並接受「無常即恆常」時，才能充分感受到當下的美好和快樂，從而獲得更深層次的幸福感。因此，當你因不確定性而感到失控時，不妨按下暫停鍵，嘗試在自己亂成一團的思緒和接下來的行為中間創造一個空隙（如何拆彈焦慮，詳見第四章）。與其不停地預測未來，不如嘗試活在當下（如何訓練自己活在當下，詳見第五章）。從「我必須百分之百確定」轉變為「我願意接受不確定性」，能夠幫助我們打破第一種常見的焦慮思維模式。

第二種焦慮思維預設是完美主義：「我絕對不能出錯。」過度謹慎使得完美主義者選擇迴避任何超出自己能力和經驗範圍的嘗試。其在行為上的表現是：拖延症，因害怕失敗而不願嘗試創新，過度工作，過度反思過去、人和關係等。在工作中，完美主義似乎給拖延症找到了一個頗具優越感的藉口。而事實上，在快節奏、多線程的工作模式中，完美主義傾向會以效率和協同為代價給團隊帶來災難性的影響。對於完美主義引發的焦慮，能夠緩解的觀念是「我可以犯錯」，將出現的錯誤和他人的建設性批評視作成長的機會。放棄與他人的過度比較，接受這樣的事實：某件事情我們做得好與不好，並不能反映出作為一個人的真正價值。我們還要嘗試學會自我接納與自我關懷（詳見第五章），否則總是無法進入自己的最佳狀態，即便已經在最佳狀態中，我們也不能夠客觀地自我覺察。

第三種焦慮思維預設是過度負責：「我要對所有人的幸福和安全負責。」這種思維模式的行為表現是：關心別人比關心自己多，過度為他人著想或承擔責任，有時甚至因為過多的建議把別人嚇跑，莫名其妙地因為他人的錯誤而陷入自責，缺乏自信而很難堅持自己的觀點和想法。過度負責的思維預設也是導致老闆忙到昏天黑地，下屬閒著沒事幹的原因之一。當我們總是對所有事情都抱有要負責的態度時，潛意識中我們會選擇代替下屬去解決問題。而實際上，每個人都應該為自己的工作和選擇負責，我們可以感同身受，但不應該越俎代庖。

這種過度負責在親密關係中也非常普遍，尤其是父母對子女，每一個「雞娃」[*1]的家長都或多或少地把孩子的學習成績當成自己的「業績」。更常見的現象是，為了讓孩子取得好成績，父母親自上陣，代替孩子完成他們自己無法做到的事情。這樣的行為只能傳遞給孩子一個清晰的訊號：當事情發展到你自己不能掌控的時候，可以直接放棄讓別人來替你完成。反覆踐行過度負責的行為反而是幫助孩子「習得」無助，喪失掌控感和堅毅的品質。

此外，過度負責者總是擔心和別人的關係受到負面影響，因此在與人相處時非常容易忽略自己，對自己的關愛不足。這種思維模式有時甚至會被利他的社會性強化，即大家會盲目地認為，只要幫助他人，自己就會幸福。雖然過往的研究告訴我們幫助他人是給自己帶來持久幸福感的最高階元素，但我們不能斷章取義。有關利他的研究表明，最科學的幫助他人的方法是自利並利他。[11] 如果我們在幫助他人的過程中耗盡了自身的心理資本，長此以往，這將會給全社會帶來更大的負擔（有關如何與他人建立連結，詳見第四部分；有關利他對於韌性打造的關鍵作用會在第八章中做詳盡闡述）。大家最為熟知的常識是，在高空飛行中如果遇到危難事件，你首先需要給自己戴上氧氣面罩，其次才能幫助身邊的孩子。因此改變過度負責的觀念，首先要關注「我要對自己負責，我有沒有照顧好自己的需求」，因為當關心別人比關懷自己還要重要的時候，我們以為自己是出於愛，其實往往是我們焦慮而導致的結果。

以上三種焦慮思維模式的預設，都建立在「不現實」的標準之上。其導致的結果是我們越想要去追求目標，就越焦慮，也越不敢冒險。無論對焦慮症患者還是容易陷入焦慮的人來說，他們至少具備三種思維預設之一。有些人是兩種焦慮思維模式的組合，而有些人甚至是三元模式的結合體。著名心理學家、「理性情緒療法之父」阿爾伯特．艾利斯認為，焦慮的背後有著三種非理性的「必須」信念：一是針對我自己的必須信念，以上三種焦慮思維模式都是關於「我」的，它的形成源自整個人類早期的原生威脅經驗；二是針對他人的必須信念，例如別人必須對我言聽計從，別人必須喜歡我、認可我等等，如果他人違逆了自己的期待，人們就會生氣、發怒，進而演化為仇恨和暴行；三是針對客觀世界和環境條件的必須信念，比如工作環境必須舒服，同時工資待遇必須好，天氣必須符合我的心意。

這些必須信念會降低人們對挫折的忍耐力，導致焦慮、憂鬱、拖延和其他不良後果。[12]

人類大腦天生傾向於關注負面情緒，心理學家克莉絲汀・聶夫指出，這種傾向是人類在進化中繼承的生物技能，對人類生存至關重要。[13] 從進化的角度來看，對比遠古人類和現代人類的腦容量的變化，遠古人類的腦重量從五百六十七克左右，經過兩百多萬年的演化，變成現代人的腦重量，大約是一千三百六十克，增長了一倍多。[14] 但從腦容量*2即體積的角度看，令人吃驚的是，現代人的腦容量竟然比祖先小。研究表明，生活在兩萬年前的成年男性腦容量大約為一千五百立方公分，現代成年男性平均腦容量為一千三百五十立方公分，「縮水」比例為百分之十，體積相當於一個網球大小。女性腦容量「縮水」比例與男性相當。[15] 但不容忽視的是，人類在進化過程中，頭顱形狀從前額向後傾斜發展成現在人的模樣，最大的變化集中在被稱為「額葉」的部分，而更為發達的額葉位於前額部位，即眼睛的正上方。人類大腦前額葉的皮質面積占到總面積的百分之三十，比其他靈長類的比例都高。研究發現這一區域主要與人的複雜認知相關，是工作記憶的主要區域。[16]

然而，在十九世紀相當長的一段時間裡，神經科學家一直認為額葉是沒有實質作用的，它對我們的行為沒有什麼太大的影響，這樣的結論源自一八四八年發生的著名的「美國鐵棍事件」。一八四八年九月十三日下午，美國大西部鐵路公司爆破工頭菲尼亞斯・蓋奇接受了一項任務：負責炸開掉在鐵軌上擋住去路的大石頭。工人們因為分心，未鋪上防炸的泥土，蓋奇用自己隨身携帶的長一百一十公分、半徑一・六公分的鐵棍點燃引線，因為缺少防炸設置，鐵棍直接被炸飛，從蓋奇的左臉頰穿入並從頭頂貫穿而出，並帶著被擠出的蓋奇的額葉掉落於二十五公尺外。蓋奇馬上倒在地上，失去了知覺。在被工友送到醫院後，受當時醫療水準的限制，醫師使用大黃和蓖麻油對蓋奇進行醫治，這種情況下，人們覺得他生還的可能性微乎其微。但完全出乎人們的意料，蓋奇奇蹟般地活了下來，頭上的傷口慢慢癒合，三週之後即可以自由行動。

事故發生兩個多月後，蓋奇又回到了鐵路幹線繼續工作，和工友一起清理炸藥。工友們非常驚訝地發現，這個人和常人並無太大區別，並且他所擁有的工作和生活技能跟受傷之前是一模一樣的，只是他的脾氣、個性、處事風格等發生了巨大的轉變。蓋奇原本是一個認真負責、做事有始有終、人緣良好的工頭，在意外受傷之後，卻變得粗魯不雅、不聽勸導、自以為是、虎頭蛇尾。蓋奇在嚴重的腦損傷後奇蹟般地存活了十三年，成為世界上最著名的腦損傷患者之一。美國鐵棍事件似乎佐證了「破壞額葉不會對人的行為能力造成影響」這一事實。然而到二十世紀，外科醫師用更加精準的科學實驗推翻了「額葉對人類行為無關緊要」這一結論。

二十世紀二〇年代，葡萄牙醫師埃加斯・莫尼斯透過最初在猴子身上進行的額葉切除手術[17]找到了能夠幫助精神病患者平復激動情緒的辦法。正常情況下，如果我們一把奪過猴子手裡吃得正香的香蕉，猴子會非常生氣，甚至要攻擊搶牠香蕉的實驗者。但是在把猴子的部分額葉或者全部額葉摘除掉之後，重複進行搶香蕉的實驗時，研究人員發現，猴子居然很平靜，不會有任何憤怒和過激的反應。研究者由此推斷出額葉能夠產生很重要的情緒調節作用。

進入二十世紀三〇年代，莫尼斯大膽地將額葉切除手術（或者破壞額葉的某些組織）應用到使用其他治療方法均宣告無效的焦慮症和憂鬱症患者身上，發現了類似於出現在猴子身上的平復情緒的作用。額葉切除手術的首位對象是一名患精神疾病的婦女，醫師在患者頭顱上鑽了兩個洞，並向她的額葉皮質泵入酒精，破壞額葉和大腦其他區域的連結。之後的手術則是用空心針頭「掏空」額葉的幾個區域，也就是用空心針頭吸走大腦的某部分以達到切斷神經連結的目的。醫師驚訝地發現，這些患者的額葉被摘除之後，他們的焦慮和憂鬱症狀都消失了，會持續處於開心的情緒中。

莫尼斯和參與手術的醫師隨後在權威的科學刊物上發表了研究論文，揭示了手術效果。一九四九年，莫尼斯因額葉手術獲得了諾貝爾生理學或醫學獎。[18]當然，醫學界對額葉切除手術的爭議從未停止，尤其是在當時的條件下，這些手術的過程都是不可視的，醫師幾乎很少打開病人的頭蓋骨進行手術，只是在頭骨上鑽孔然後進行切除，具體的位置全憑醫師的估測。但也有學者為此辯護說，在當時沒有其他替代方案的情況下，採取額葉切除手術是不應受到指責的，而莫尼斯的貢獻是值得獲獎的。[19] 當時，額葉切除手術的費用高昂，是只有富裕的病人才能享受到的「奢侈品」。

然而，故事的高潮還沒有來到。當人們想方設法希望透過切除額葉以免除自己飽受焦慮和憂鬱之苦時，研究者發現了額葉被切除後的副作用。雖然額葉受損患者在標智力測試和記憶測試中通常表現良好，而且在一般情境中也能做出正常行為，但是他們在任何涉及與計畫相關的最簡單的測試中，都會表現出嚴重的受損症狀。換言之，額葉切除者雖然在日常工作生活中表現出正常的行為模式，但他們喪失了「做計畫」的能力。假如我們問一個沒有額葉的人「你今天下午準備做什麼？」他們的大腦中會出現一片空白，無法體會時間的延伸，因此無法預想自己未來的行為。這個現象引起了學者很大的關注。

經過長期研究，科學家最終發現了焦慮和計畫之間的關係——焦慮源自對未來的失控。這是因為做計畫要求我們預測自己的未來，而焦慮是我們在預測未來之後可能產生的反應。因此預測和掌控未來就是焦慮和計劃之間的概念性關聯。

從遠古到現代，人類對世界的掌控感是不斷增強的，在科技的助力下，我們對未來可以實現越來越精準的預測和規劃。伴隨著能力的增強，我們的「消極偏見」也在被強化。人的大腦本來就對壞消息更為敏感，它會不停掃描來自外界和自身的壞消息，我們會密切關注壞消息而忽視了全局，對壞消息過度反應，並且快速將不良體驗印刻在身體、情緒和記憶中，這樣的反覆行為造成了惡性循環，我們會不斷反思過去、規劃未來，並不斷回憶起過去的負面經歷。[20] 網路帶來的資訊爆炸使我們可以隨時同步全球的最新資訊，這使得危機、災難、犯罪和其他負面社會新聞更容易形成病毒性傳播，讓人們更加擔憂不確定的未來，陷入焦慮。

現在，我們瞭解了焦慮的本質、引起焦慮的常見思維模式，以及焦慮是如何與人腦在進化過程中對未來掌控的傾向相關聯的。然而，就像人類對掌控感的偏愛是一把「雙刃劍」一樣，焦慮也有兩面性。雖然過度焦慮會給我們帶來影響深遠的身心傷害，但適度的焦慮是一種健康的表現，它有助於我們避免盲目樂觀。威斯康辛大學的一項研究發現，相比實際承受的壓力，認為「壓力有害」的想法對健康產生的影響更大。研究者對三萬名美國人進行了調查，詢問他們在過去一年中經歷了多大的壓力，以及他們是否認為壓力會損害他們的健康。研究者發現，與那些認為壓力是有益的人相比，承受大量壓力並認為壓力有害的人的死亡風險要高出百分之四十三。更有趣的是研究發現，那些對壓力有積極看法的人的死亡風險最低，甚至低於那些沒有承受實際壓力的人。[21]因此，適度焦慮所產生的合理壓力，能夠促進我們高效完成工作任務。

我和研究團隊在一個學員的企業所做的研究也驗證了適度焦慮的有益性。我們分析了這個企業所有銷售員工的業績與他們各自焦慮度之間的關係，在考慮了不同銷售團隊之間的差異性、團隊管理者的領導風格等因素後發現，排名前五的銷售冠軍都有輕度的焦慮傾向，而墊底的十名銷售員工既不焦慮，也不憂鬱，但遺憾的是，他們的銷售業績長期低迷。

人是有趣的複雜矛盾體，我們雖然對掌控感有種特殊的情懷，但如果沒有了不確定性，生活中的一切都周而復始、按部就班，很多人又會覺得無聊乏味。幸運的是，除了焦慮，不確定性還附贈了另一項進化的禮物，讓無數人趨之若鶩，那就是當我們對未來發生的事情在一定程度上不可預測且不可掌控時，我們還會感到驚喜。

驚喜背後的祕密

近年來，在心理學家對毒品、酒精等成癮者的行為治療中，有一個分支領域叫做權變管理[22]，即透過物質獎勵的方式對戒斷者進行激勵，以不斷強化正向的行為改變。比如在每次尿檢合格後，獎勵戒毒者食品券，隨著戒毒治療的深入，獎券的數額越來越高。儘管這樣的做法提高了完成戒斷治療的患者比例，但是激勵成本相當高。相對地，另一個被稱為魚缸激勵法的實驗則嘗試透過低成本的獎勵，擊中人們對預測未來的心理需求，從而幫助毒品成癮者成功戒毒。[23]

在實驗中，所有來戒毒的受試者隨機被分為實驗組和對照組。兩組戒毒者都被告知他們要進行為期十二週的治療，雖然治療過程無疑是痛苦的，但只要堅持下來就能成功戒毒，重新開始美好的生活。對照組沒有任何激勵，而實驗組的戒毒者清楚地知道，只要堅持完成十二週的訓練，就可以獲得一次抽獎的機會。

在治療過程中，實驗組每天能看到一個巨大的透明魚缸，魚缸裡沒有水也沒有魚，而是裝滿了對摺起來的小字條，就像一個抽獎箱。其中一半的字條上面印有中獎金額，如一美元、二美元、十美元，只有一張字條上印的是一百美元。魚缸中另一半的字條上印的是一些勵志的語句，比如「做得好，再試試」等。也就是說，魚缸裡的「大獎」只有一個一百美元，我們知道這樣的獲獎機率是非常渺茫的，更何況，一百美元又能做什麼？

但就是這樣一個看似沒有太大力度的干預，最後的結果非常顯著：在沒有抽獎獎勵的對照組中，只有不到百分之二十的戒毒者能夠堅持下來，而有抽獎獎勵的實驗組中有百分之八十以上的人「完賽」，而且他們目標明確，只為有機會抽中那張印有一百美元的「大獎」。這個實驗聽上去似乎不是那麼合情合理，很多人也許會覺得，金額如此之小，機率如此之低，怎麼能夠發揮這麼大的作用？大量的相關實驗在不同年齡層的成癮人群中重複進行，最終研究者發現了人們如此喜歡驚喜的原因。

驚喜背後的祕密是我們每個人都逃不掉的心理模式——賭徒心理[24]，科學家把人們這種對驚喜的期待稱為「獎賞預測誤差」。也就是說，在人們預期之外的好消息會帶給我們強烈的興奮感，比如當人們拿到了比自己預估的要多的獎金時，或者當我們發現自己最愛的巧克力還剩下三塊而不是一塊時，我們會獲得強烈的興奮感。這種強烈的興奮感並非全部源自多出的獎金和巧克力，而是實際獎賞和我們預期獎賞之間的差異。

一系列研究向我們揭示了一個非常有趣的心理現象，那就是想像未來是件令人很愉悅的事情。[25]也就是說，當我們在做白日夢的時候，絕大多數人會想像自己達成了心中的目標或者取得了嚮往的成功的情景，卻很少想像我們以失敗告終的模樣。甚至很多時候，想像一件事比真正體驗更讓我們欣喜若狂。其後果是，我們會因此對真正可能出現的結果做出過高或者過好的預估，從而導致我們對未來懷有不切實際的盲目樂觀與期待。其實賭徒心理在消費領域被巧妙地應用著，最為明顯的例子就是近年來如火如荼的「盲盒經濟」。

盲盒形式的產品遍布生活的方方面面。從價格上來說，一個小小的玩偶動輒幾十元，是什麼讓年輕消費者趨之若鶩？答案就是拆開盲盒那一瞬間的興奮感，即對期待的那款玩偶或者是隱藏款的渴望，但開盒的結果往往令人失望。這類現象越來越普遍，例如電商平臺設置了很多盲盒抽獎和福袋商品，都是對消費者賭徒心理的洞察和激發。

不確定性似乎給我們帶來了一種矛盾的感受，既焦慮又驚喜。焦慮是因為不可預測和不可掌控，而一定程度的不確定性又給我們帶來了驚喜，驚喜背後是賭徒心理。究其本質，賭徒心理是一種更為虛妄也更有野心的掌控感——我們都希望成為小機率有利事件的贏家，當勝利在望時，我們會對事件的有利結果和自身建立連結，從而獲得「高階」的掌控體驗。儘管這種掌控感的本質是虛幻的，但我們仍然會覺得是自己掌控了結果。

心理學家曾經做過這樣一個實驗：他們對一家公司的內部員工發放了一批彩票，員工可以花1美元購買一張彩票，並有機會中得百萬美元的巨額獎勵。彩票號碼可以機選，也可由員工自己選擇。等員工挑選完畢後，心理學家讓公司和員工協商，希望可以購買他們手中的彩票。結果機選彩票的轉讓價是一・六美元，而自選彩票的轉讓價是八・六美元。原因就在於，人們相信自選號碼的中獎率一定會高於機選號碼。

不僅如此，在生活中，我們也自覺或不自覺地被賭徒心理控制，影響著情緒和決策。

我做過一項有關賭徒心理的實驗，研究的是一款叫做「猜延誤」的飛行管理軟體。這款App（應用程式）的一項功能是在航班起飛之前的一定時間內，用戶可以使用積分下注，來猜一猜航班會不會延誤。根據航班的時間與飛行距離，用戶每次可以下注的點數不同，相對應的「盈利」也會不同。比如，一趟從北京飛上海的航班需要下注二百點，飛機延誤了二十分鐘後可以回本，用戶會隨著延誤時間的增加獲得更多的點數。每個用戶積累的點數不能提現，但可以在網上商城裡兌換禮品和權益。

從實用的角度來說，很多人和我一樣，可能從未實際使用過這些點數。作為研究者，我將自己作為實驗對象來觀察自己心態的變化。不得不坦白的是，即便我知道這只是一個實驗，我也發現，凡是我不下注的時候，我一定會希望航班正點起飛，但只要我一下注，飛機的延誤就會讓我感到興奮。當然，我不會因為要賺取更多的點數而希望航班無限期延誤。但在這個過程中最有趣的發現是，延誤時間的長短對我的興奮度的影響是不一樣的。

還是以北京飛上海的這趟航班為例，最讓我興奮的時間點就是在飛機延誤二十分鐘左右的時候，如果恰巧當時飛機開始滑出跑道，我會特別激動。為什麼是這個時間點呢？儘管贏得點數對我來說沒有實質意義，但是「勝利在望」的這種感覺足以讓我興奮無比，這就是多巴胺帶給人們的生理反應。人類和動物一樣，都是喜新厭舊的物種。我們的大腦會對新鮮的事物產生興奮感，新鮮的東西帶來驚喜，多巴胺的大量分泌會使我們感到開心，由此會讓我們產生更多的欲望。但對多巴胺的上癮往往會把我們帶入一個不斷追尋驚喜的迷思，因此我們需要了解這個既熟悉又陌生的老朋友（多巴胺）是如何運作的。

多巴胺的迷思

當前人們對焦慮的探究都避不開一個核心議題：金錢、焦慮與幸福之間的關係。金錢能不能讓我們快樂？是不是越有錢越快樂？有沒有收入轉折點？對很多企業家來說，在已經實現了財務自由之後，繼續增加財富還會不會帶來快樂？

過去幾十年的研究告訴我們，收入與幸福之間的關係會遵循邊際效益遞減的原理：隨著收入的增加，幸福程度一開始會增加得很快，但在我們的收入超過「幸福轉折點」以後，邊際遞減效應就會很明顯，再多的錢也不會讓人感覺到強烈的幸福感。越來越多的證據表明，世界上非常富有的人，不一定比普通人幸福。心理學家塔斯尼姆・阿克巴拉利的調查指出，很多人的憂鬱症是由於過度的生理滿足而產生的不愉快所造成的。而且研究也表明，當一個國家變得越來越富有的時候，焦慮症、憂鬱症和其他類型的精神疾病也會增加。

從國民經濟指標的角度來看，我們可以看到很多已開發國家的國民幸福指數堪憂。比如美國、日本、韓國的GDP（國內生產總值）和人均GDP排名都很高，但在這些國家中，憂鬱症患者的比例反而高於其他經濟排名靠後的國家。清華大學心理學教授彭凱平特別提到「幸福轉折點」這個概念。研究數據顯示，當一個國家的人均GDP達到三千～四千美元時，隨著國家GDP的增長，國民的幸福感會呈現出明顯的上升趨勢。[26]但當一個國家的人均GDP達到了八千美元，即跨過幸福轉折點後，國民幸福感與經濟發展水準的相關性就消失了，取而代之的是人際關係、平等、公正等一系列指標。同理，歐美國家多年追蹤性研究給出了人均年收入的幸福拐點——當人均年收入達到七萬五千美元，折合人民幣約五十萬元時，收入帶給人們的幸福效益就趨於飽和，即收入帶來的幸福邊際效益趨近於零。[27]

然而，幾十年的研究成果在二〇二一年迎來了新的挑戰。二〇二一年年初發表在《美國國家科學院院刊》上的最新研究否認了這一轉折點的存在，這項研究分析了三萬三千三百九十一名美國成年人收入變化和幸福感之間的關係，發現七萬五千美元這一幸福轉折點並不存在，即便在超過這一轉折點之後，家庭收入和人們的幸福感以及對生活的滿意度依舊呈現上升趨勢，從而直接駁斥了超過某個臨界點，金錢帶來的幸福感邊際效益遞減的結論。[28]這個研究成果一經發表，引來很多人的關注。大家由此無比興奮，認為原來真的是越有錢越快樂。當然，這個研究成果剛剛發布，其研究樣本僅有美國一個國家三萬多人的數據，與過往在多個國家針對幾十萬甚至幾百萬人口進行研究的樣本量相比還比較少，我們可以期待後續研究帶來的新的發現。但與此同時，多巴胺的迷思還是需要被解開。

真的是越有錢越快樂嗎？我遇到過的讓我覺得最不可思議的一項研究是：在一項覆蓋了兩千名美國人的匿名調查中，大約百分之二十五的受訪者願意為了得到一千萬美元，而放棄他們的整個家庭；還有百分之二十五的受訪者會為了這一千萬美金離開自己加入的教會。[29] 我們暫且先不去質疑以兩千人為樣本的調查結果是否具有普遍性，但我們的確知道，很多人由衷地嚮往財務自由。也有人會說，金錢並不是快樂的源泉，讓人快樂的是奮鬥，而金錢是奮鬥的結果，因此很多中外企業家即便在早已實現財務自由的前提下，仍然持續奮鬥。無論哪一種情境，都和影響情緒的一種重要神經化學分子——多巴胺有關。

多巴胺是我們非常熟悉的一種化學分子，與預期和可能性相關，其常被稱為「興奮素」。雖然我們的大腦中只有二十萬分之一的腦細胞生產多巴胺，但這些腦細胞會對人類的行為產生巨大的影響。在我們產生欲望，並開始憧憬欲望得到滿足的情景時，多巴胺會大量分泌，比如當你看到了喜歡的人或想到馬上能吃到自己最喜歡的食物時，都會刺激多巴胺的分泌，相當於給自己拋出了甜蜜的誘惑。多巴胺雖然美妙，但它有兩個讓人困擾的特性。

第一個特性是「來得有點早」。羅瑞塔・葛蕾吉亞諾・布魯寧博士在《創造快樂大腦的習慣》一書中向我們揭示出，當人們期待收穫，期待被獎勵、被肯定，尤其是感到「勝利在望」的時候，身體的多巴胺會急劇增多。以晨跑十公里為例，多巴胺在整個跑步過程中都會分泌，但在最後的一公里即將到達終點之前會達到巔峰。相信大家都有過這樣的經歷，在長時間為了實現某個高難度目標而艱苦奮鬥時，原本以為自己達成這個期待已久的目標之後一定會特別興奮，但實際的情況是，在我們真正達成目標之後，興奮程度往往沒有自己預想的那麼高，有時反而覺得很平靜，甚至感到空虛。這正是因為多巴胺已經在目標即將達成的時候，讓我們感受過了最高程度的興奮。

第二個特性是「去得有點快」。由多巴胺帶來的興奮並不持久。新鮮的事物會刺激多巴胺的分泌，但多巴胺會被迅速代謝掉。因此人們需要尋找新的驚喜和刺激。這裡要特別注意的是，多巴胺有很強的適應性。從某種程度而言，多巴胺的適應性也反映出人類進化過程中所形成的較強的適應能力。比如人進入黑暗的環境，眼睛可以迅速適應，觸覺會變得更為敏銳。有些盲人在很長的一段時間內，心理上並不認為自己失明，只是覺得自己所處的環境光線不好，他們還可以繼續持有和自己失明前同樣的生活技能。[30]

與此類似的心理學實驗發現，一個因車禍腿部骨折的人，與一個中了一百萬元彩票大獎的人，在事件發生後的三個月，兩者感受到的幸福指數並沒有太大區別。[31] 遺忘是人類的天性，時間確實能夠平撫傷痛，但也會沖淡幸福。研究發現，通常情況下，人類除了至親亡故的幾乎所有不幸遭遇，包括挫折和失敗給人們帶來的負面影響，在三個月之後都有可能消失。人們往往會高估不幸事件對人的影響。同理，強大的適應能力也讓我們通常會高估自己從某一外部事物中持續獲得快樂的可能性。

既然多巴胺有適應性，如果人們貪戀多巴胺帶來的愉悅體驗，想要產生同樣程度的興奮和快樂感受，應該怎麼辦？方法有二。第一個方法是加量刺激。假設某人今年拿到了十萬元的獎金，興奮程度是一百，如果明年想保持同等水準的興奮程度，他就要掙更多的錢，從這個意義上說，多巴胺的特性支持了「越有錢越快樂」的結論。因此，多巴胺給我們大腦的主要指令就是「我想要更多」。但問題在於，我們不可能持續不斷地掙更多的錢以保持同等的興奮度。一旦金錢增長的幅度沒有達到預期，我們不但不會滿足，反而會有失望的感覺。這也說明，很多企業單純依靠獎金留人的機制為何無法激發員工的持續忠誠度，除非企業能提供源源不斷且與日俱增的獎金。受多巴胺驅動的欲望會使人們有永不知足的想法。

既然加量刺激的方法有侷限性，那麼多巴胺工作機制中還有第二個方法，就是「喜新厭舊」。人類天生就是喜新厭舊的，我們喜歡盯著自己沒有得到的東西，因為大腦只對新鮮事物產生興奮感，這些欲望對象會刺激多巴胺的分泌。但如上所述，多巴胺很快會被代謝掉，所以人們渴望各種各樣的驚喜，尋找新的刺激。因多巴胺的適應性而造成的快樂衰減是無法避免的，因為人的大腦天生傾向於關注短期的生存，而不是長期的幸福。

由此看來，無論是加量刺激，還是喜新厭舊，都涉及多巴胺的一個核心問題，那就是「適度」。多巴胺不僅是人們欲望的來源，也是韌性的來源，適量的多巴胺為我們提供了達成目標的意志力。意志力如同肌肉，過度使用後如果沒有能夠及時得到補充，就會被消耗殆盡。在實驗中，老鼠在被注射了抑制多巴胺產生的藥劑後，牠們努力按動實驗裝置中的槓桿以獲取食物的意願，比體內正常分泌多巴胺的老鼠顯著降低。也就是說，多巴胺的適量分泌驅動了努力這種行為。在人們不斷體驗勝利在望、不斷達成目標的過程中，我們每一個微小的勝利都會刺激多巴胺的分泌，從而促使人們更願意相信自己能夠取得最終的成功。從這個層面來看，適量的多巴胺也是持續小贏，是推動韌性飛輪不斷運轉的重要動力。

但是，多巴胺從適量到過量的代價也顯而易見。這和心理學家發現的矛盾現象不謀而合：人們越是看重幸福，生活就越不幸福。甚至有證據表明，過度重視幸福感是導致憂鬱症的一個風險因素。這就是為什麼在《逆思維》一書中，亞當．格蘭特對此進行了分析，他給出了四種解釋：一是西方社會普遍把幸福作為個體狀態的觀念，讓人們感到孤獨；二是當我們在追尋幸福時，我們忙於評判生活而沒有真正地體驗生活；三是當我們追求幸福時，我們以犧牲目的為代價，放棄意義感而過分強調快樂；四是我們花了太多時間追求幸福感的峰值，而忽視了一個事實─幸福更多地取決於正向情緒的頻率，而不是它的強度。

因此，外部物質刺激的兩面性在於，適量的多巴胺讓人們體驗到快樂的感覺，但是完全透過改善外部環境或者依賴外部物質以增進幸福，被「正向心理學之父」塞利格曼比喻成「幸福跑步機」。這個比喻指人們只有不斷遇到好事（比如更多的錢或者更新鮮的刺激），才能維持原來的幸福水準。

就好像我們在跑步機上不停地奔跑，看似跑了很遠，卻一直停留在原地。「欲壑難填」，一味地向外尋找，追求即時幸福的滿足，結果只會是驚喜越來越少，無聊和焦慮越來越多。

幸福跑步機

要想跳出欲望和焦慮的無限循環，更好的選擇是追求持久的意義（有關「持久意義」的內容將在第三部分詳盡闡述）。

透過本單元後設認知的啟發，我們開始意識到複雜的心理過程是「分層」的，有些機制和模式是表層的，有些則深埋在心中。在這當中，情緒就是表層的心理狀態。面對普遍彌漫的焦慮情緒，我們發現了掌控感對焦慮的緩解作用，也找到了驅動幸福跑步機和驚喜的動力。自我覺察的層層深入，有助於我們擺脫表層情緒的影響，探尋內心長久幸福的源泉。這也是我們提升韌性、持續成長的根本動力所在。在下一章，我們將進一步發掘不常被我們覺察的心理過程——歸因模式。

*1 「雞娃」是網路流行詞，指的是父母給孩子「打雞血」，為了孩子能讀好書、考出好成績，不斷給孩子安排學習和活動，不停讓孩子去拚搏的行為。

*2 腦容量也稱「顱容量」。顱骨內腔容量大小，即通常所說的腦容量，以立方厘米為單位。

韌性認知

- 自我認知就像是一個一層一層地打開俄羅斯娃娃、不斷接近本我內核的過程。
- 不確定性似乎給我們帶來了一種矛盾的感受，既焦慮又驚喜。對多巴胺的上癮往往會把我們帶入一個不斷追尋驚喜的迷思。
- 因多巴胺的適應性而造成的快樂衰減是無法避免的，因為人的大腦天生傾向於關注短期的生存，而不是長期的幸福。
- 追求即時幸福的滿足，結果只會是驚喜越來越少，無聊和焦慮越來越多。要想跳出欲望和焦慮的無限循環，更好的選擇是追求持久的意義。

韌性練習

1. 你焦慮嗎？

掃描焦慮度測評 QR Code，不論你測出的焦慮行為傾向得分高低，需要提示的是，在心理狀態的測評中，時間的限定是「過往十四天」，這是由於心理狀態會受到環境和事件的即時影響，短期內可以產生很大的

焦慮度測評

波動。當你進行問卷測評時，在安靜的環境中作答和在演唱會現場，或者在追悼會的現場作答，分數會有很大的不同。即便是在同樣的環境或同一天中，我們的心理狀態也會存在差異。更值得注意的是，自填量表的目的是篩查和評估，而不能作為診斷和臨床的工具。因此，你看到的測評結果顯示的只是行為傾向，並不能成為診斷、治療或放棄治療的依據。一般情況下，當心理狀態是可以理解的，特別是當自己清晰地知道是什麼引起了現在的焦慮傾向，這種傾向已經持續了多長時間，在可預見的未來是否會得到改觀時，你就不必過度擔心。但如果目前的這種焦慮傾向是原因不明、不可理解的，而且在未來七至十四天內，不但沒有任何緩解的跡象，反而還在不斷加重，我們鼓勵你到專業機構進行諮詢和求助。

2. 嘗試拆開自己的俄羅斯娃娃，回答表3-1中的問題。

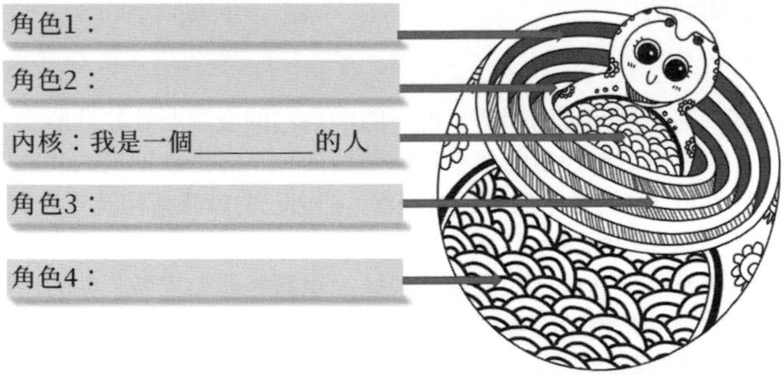

自我套娃角色分析

表 3-1 自我俄羅斯娃娃拆解

問題	你的回答
你能清晰定義自己的內核嗎（你的自然本我是一個什麼樣的人）	
你的內核外目前有幾層外套 每一層外套代表了一種什麼樣的角色	
哪些角色是你可以掌控的 哪些角色令你非常被動	
你有不為人知的保護層——心理防禦外套嗎 如果有，它是怎麼形成的	
還有哪些外套和角色是你可能沒有認知到的	

* 在你嘗試回答每個問題的同時，把下圖中自己的俄羅斯娃娃分解出來，思考一下，哪一層的自己最能代表目前階段的你？這是你期望的狀態嗎？是與不是都不重要，這是一個覺察的過程。把自己的俄羅斯娃娃先放置於此，繼續下面各章節的閱讀。記得等你讀完第七章，構建出自己的意義樹雛形後，再回來反思一下自己的俄羅斯娃娃，重新審視和思考：你的內核是什麼？目前的外套是過於臃腫還是太過單薄？哪些外套應該被改變或是被去除？當你再次回顧時，或許你現在的認知都會發生很大的變化。

3. 請回顧過去一年中讓你感覺「成癮」的事情，思考一下，你有被多巴胺「奴役」嗎？各種驚喜和增加多巴胺的分泌都不是持久快樂的根本，向內看才是關鍵。如何向內看？讓我們來開啟下一章。

第四章　你為何經歷這一切

> 自暴者，不可與有言也；自棄者，不可與有為也。
>
> ——《孟子・離婁章句上》

個人控制理論為大家揭示了韌性的原力是掌控感。人類天生就帶有強烈的控制欲，並會自然地將這種欲望帶入日後的工作和生活。研究表明，如果人們在某個時期失去了控制能力，就會變得鬱鬱寡歡、焦躁不安。持續不斷的失控感會使人們陷入習得性無助，從而在面對人生困境時選擇放棄。但這裡需要重申的是，人們對於掌控感的認知是從過往的經驗中習得的。也就是說，無助可以習得，同樣掌控感也可以在不斷訓練自我覺察和提升客觀認知能力的過程中習得。

提升認知與探究自己在想法和事實之間的覺察能力息息相關。我們時常將自己的想法與事實混為一談，認知混亂產生於人們陷入自己的想法而無法覺知事實的過程中。情緒源於想法，進而作用於我們的行為。與認知混亂結伴而行的是強烈的失控感。在上一章中我們詳細闡述了與掌控感息息相關的一種最常見的情緒——焦慮，同時了解到焦慮的三種思維模式，即無法忍受不確定性、完美主義和過度負責。人類大腦在進化過程中為了適應生存，天生傾向於關注負向事件和負面情緒。一定程度的焦慮幫助我們在合理範圍內產生壓力，從而避免盲目樂觀並促進目標的達成。但過度關注負面事件給我們身心帶來的影響是長遠的，焦慮、憂鬱和其他類型的精神類疾病只是不同形式的表象，究其根本，更深層次的原因是人們面對任何有利或者不利事件時習慣性的思維和解釋方式。

心理學在過去幾十年的研究中最重要的發現之一，就是：人們可以選擇自身想要的思考模式。然而，其中一個非常重要的前提是，我們首先需要意識到自己目前處於什麼樣的思維模式。正如塞利格曼所強調的，即便是悲觀的風格也可以被改變，但遺憾的是很多人並沒有意識到自己正處於悲觀的狀態。

現在讓我們回憶一下在第二章中講述的一系列有關習得性無助的實驗。受試者（無論是狗、老鼠還是人）在第一階段的實驗中經過多次嘗試，逐漸喪失了對電流或者噪聲的掌控感，這種不斷重複的經驗內化成「無論做什麼都無濟於事」的固定思維模式，從而習得無助並停止嘗試。即便在其他情境中，當無助的受試者可以有控制力的時候，他們也同樣輕易選擇放棄。

但是，實驗中有一個不可忽視的事實，那就是無助組中的受試者並沒有全部都表現得很無助。在最初的實驗中，不可逃脫組的八隻狗中只有六隻狗在第二階段的電擊中選擇忍受，沒能跳過隔板。同樣地，七天後在重複第二階段的穿梭箱電擊實驗時，這六隻狗中的五隻在十次電擊中沒有一次成功逃脫，但還有一隻狗逃脫了電擊。一九七一年，裕人首次在人類身上嘗試的噪聲習得性無助實驗中也發生了類似的情況。裕人發現，在無助組平均每三個人中會有一個受試者從未表現出無助，而在從來沒有經歷過噪聲干擾的對照組，平均每十個人中也會有一個人從一開始就採取放棄的態度。也就是說，即便從來沒有受過挫折，無須任何實驗誘發，他們也會直接表現出無助，從而放棄嘗試。為什麼面對同樣的不利事件，人們會做出不同的解釋，從而導致巨大的行為差異？這就是對於我們發展深層次自我認知中一個非常重要的概念——歸因模式。

歸因模式

為了更好地理解本章內容，建議你在閱讀下文之前先完成「解釋風格測評」[*1]，這樣不僅不會影響你的思維預設，還能得到更加準確的測評結果。

歸因模式是指當事情發生時一個人習慣性的思維和解釋方式。這種思維和解釋方式通常是在童年時期或青少年時期形成的。人們的歸因模式反映出這個人是樂觀主義者還是悲觀主義者。歸因模式包括永久性、普遍性和個人化三個維度。當一件好事或者壞事發生的時候，永久性代表的是你會覺得這件事的發生是永久性的還是暫時性的；普遍性代表的是你會認為它將影響到生活和工作的方方面面，還是僅僅是單獨的事件；個人化則代表了你是否會將其歸因於個人因素。

根據塞利格曼的理論，如表4-1所示，當好事發生的時候，樂觀主義者的思維模式是這樣的：他們會認為好事時常會發生（永久性），同時會發生在工作和生活的不同領域（普遍性），但好事並非天上掉餡餅，好事的發生與自己的能力等個人特質有關（個人化）。因此，好事的發生在不斷加強樂觀主義者對所做的每一件事情的信心。與之相反，當好事發生的時候，悲觀主義者會認為好事是暫時的，不會再發生（非永久性），好事是特定情境的結果，不會在其他領域發生（非普遍性），同時好事的發生與自身沒有關係，都是他人和環境造成的（非個人化）。

反之，當不好的事情發生時，樂觀主義者通常認為導致挫折或者不利事件的原因是暫時的、可變的、局部的，他們不會輕易感到無助，也不會把工作中遇到的挫折、問題和不愉快帶回家。但悲觀主義者會認為導致挫折或者不利事件的原因是永久的、不能改變的、全盤性的，因此非常容易陷入無助的境地。壞事可大可小，小到因為忘記繳費而被停機這樣的生活

解釋風格測評

表 4-1 解釋風格[2]

三個維度	樂觀的解釋風格		悲觀的解釋風格	
	G（當好事發生時）	B（當壞事發生時）	G（當好事發生時）	B（當壞事發生時）
永久性 時間維度	**永久性** 好運與永久性因素如人格特質、能力相關 「總是」	**暫時的** 壞事是短暫且可改變的 「有時候」「最近」	**暫時的** 好運與暫時性因素如情緒、努力相關 「有時候」「今天」	**永久性** 壞事是永久存在並會不停發生 「永遠」「從」
普遍性 空間維度	**普遍的** 好事發生在方方面面	**特定的** 失敗後繼續堅持	**特定的** 好事的發生都是有特定原因的	**普遍的** 失敗後放棄
個人化 如何看待自己	**個人的** 相信自己帶來好運	**非個人的** 他人或者環境原因造成的局面	**非個人的** 好運都是別人帶來的或是環境造成的	**個人的** 是自己導致現在不利的局面

瑣事，大到任何災難性事件，包括重大意外、嚴重侵害、自然災害，以及疫情或重大疾病等。

相較於樂觀主義者，悲觀主義者更容易沮喪，無論在工作中、學習中還是在賽場上都不能充分發揮他們真正的潛力。在三個維度中，永久性代表的是時間維度，普遍性代表的是空間維度。塞利格曼指出，悲觀的歸因模式是人們無法提升心理韌性的原因，因為悲觀主義者對不利事件的永久性歸因將無助感延伸到了未來，對不利事件的普遍性歸因將無助感擴散到生活中的各個層面。此外，悲觀主義者習慣性地對不利事件進行不可改變的與個性有關的解釋，從而將自己禁錮在固定型心態中。比如考試不及格，悲觀主義者會歸因為自己的人格特質——「我就是這麼笨，每次都考砸」，而不是「我這次沒有努力」、「沒有準備好」這些特定的原因。歸因的持續強化導致悲觀主義者一旦失敗就輕易放棄，這就是典型的「習得性無助」。

需要說明的是，在解釋風格領域，前幾十年是以西方人為主要研究對象的，因此個人化的維度容易被過度重視，也由於文化差異，在應用中容易產生一定程度的質疑。在以歐美受試群體為主的研究中，樂觀主義者認為壞事應該更多地歸因於外部因素。在這一點上，中國研究者傾向於自我批評。很多人看到樂觀主義者把不幸歸結為外在因素的第一反應就是：這不是典型的推卸責任嗎？其實，是否追究個人的責任，需要掌握程度和優先級。當壞事發生的時候，我們應該客觀地分析原因，找到解決的辦法，而不要過度責怪自己。因為「事實最大」，後悔已經來不及，找到更為積極的應對方式並重新開始才是正確的解決途徑。

我們知道，不同國家的文化、歷史、教育、社會思潮都不相同，文化的不同決定了個人在思維模式上的顯著差異。所以，即便是在塞利格曼的完整版測試[1]中，個人化維度的分數我們也可以暫時忽略。也就是說，如果從個人化維度測出來的結果是悲觀，我們也不用大驚小怪。由於上述原因，塞利格曼指出在歸因模式的三個維度中，永久性和普遍性的解釋風格是人們應對失敗後得以復原的最重要的兩個維度。因此，在本章開始時你填寫的解釋風格測評是塞利格曼原始量表的簡易版本，只涉及永久性和普遍性這兩個維度。而這兩個維度的分數相加被稱為一個人的「希望水準」，即當你面對不幸事件的時候，是不是還能對未來抱有希望，這是人們心理狀態和心理韌性的重要預測指標。

悲觀是一種心理上的防禦性習慣，悲觀使人們容易陷入無助，從而導致掌控感的喪失。悲觀主義者習慣性地在遭受挫折時將自己滯留在最具毀滅性的原因中不能自拔。因此，盲目悲觀和適度樂觀分別是習得性無助和掌控感的放大器。在與掌控感相關的一系列概念中，悲觀帶給我們的影響也同樣是非線性的。具體而言，輕度悲觀和輕度焦慮一樣，不一定是壞事。輕度悲觀可以幫助人們用正確、客觀的判斷，避免做愚蠢的決定，在諸如審計、法律、財務、成本控制等領域尤為重要。我們每個人都需要學會在樂觀和小心謹慎的現實主義之間達成平衡。

這裡我想和大家分享一個小故事。在一個修改書稿的晚上，我到了一直幫我治療頸椎的針灸醫師那裡，為了緩解因為長時間以一個姿勢敲擊鍵盤而導致的肩頸僵硬。但是，我的針灸醫師是位盲人。很多人看到這裡也許非常吃驚，不知道如何把針灸和盲人建立起聯繫。是的，這位趙醫師是個盲人，他不僅手法高超，而且在我接觸到的人中，他是非常樂觀的。每次去到他的診所（那個開在一個老舊小區底商的、只能擺放三張治療床的地方），我都會覺得我不僅是去治療身體上的不適，也是讓他在幫我做心理療癒。趙醫師非常樂觀，我總會和他嘮叨一些我思考的問題，而每次他都能用他獨有的方式幫我解開思緒的結節，就像他能神奇地把我脖子和腿部的一個又一個肌肉僵硬的部位全都舒緩開來一樣。

那天晚上，我是到診所進行治療的最後一個人，我一邊接受治療一邊小心地詢問：「趙醫師，你介意我再問問你眼睛的事情嗎？」其實很久以來，我早已知道趙醫生的一隻眼睛天生眼盲，另一隻眼睛有百分之四十的視力。後來由於視網膜剝離，他選擇做手術搏一把，如果手術成功，他就能保住一隻眼睛，而且說不定視力還能提高。但遺憾的是，手術失敗了，他變成了全盲。我一直以為趙醫師天生就是樂觀的，但其實他也經歷過生死的考驗。

「完全不介意，」趙醫師說，「在手術失敗後，其實我有幾個月挺難過的。有兩件事我記得特別清楚。一件是做完手術後的第一場大雪，我突然意識到自己再也看不到雪了，當時心裡難受到不行。但更讓我難受的是第二件事，手術做完一段時間後我晚上做夢在看《西遊記》，等醒來的時候突然想到，完了，我再也看不到孫悟空了，一下子我就覺得沒勁了，消沉了挺久。後來我就告訴自己，要不就算了，但要活，就必須好好地活！」

我非常驚訝地問趙醫師：「你曾經想到過結束生命嗎？」他說：「當然了，孫悟空都看不見了，還怎麼活？但後來我回到醫院，又工作了兩個月，發現我還能扎針，只不過原來幾秒鐘能完成的事現在要慢一些，但不影響我的準確度。」說到這裡，趙醫師把最後一根針扎到我的膝蓋上，一股痠脹感瞬間衝上我的腦門。

「所以我就又重開診所，我想著，既然決定活，就必須活好每一天，我要盡全力幫我的每一個患者解決問題，讓他們更開心地活著，這就是我的希望。」我回家時已經是晚上九點半，四環路上的車流還是穿梭不息，看著眼前的一切，感觸頗多。

以往大量研究顯示，過度悲觀和憂鬱之間有較強的正相關關係。[3] 但希望與樂觀相關聯，成為預測人們身心健康的重要變量。基於塞利格曼的分析，每個人對好事的解釋風格與心理狀態的相關性不強，但對壞事的解釋風格會直接影響人們的心理狀態。[4] 如果你測量出的希望水準是悲觀的，不用急於質疑測評結果是不是準確。我在課堂上發現很多企業家學員在看到測評結果後的第一反應就是：「不可能，我怎麼能是悲觀的呢？我從來都是非常樂觀的！」這就是典型的思維模式在作怪，也是我們把自己藏在俄羅斯娃娃中的某一層舒適圈，不願意用成長型思維認知自我的表現。

給大家分享一個我身邊發生的典型案例。一位自認為非常樂觀的企業家學員，帶著驚訝的表情，拿著自己「非常悲觀」的測評結果找到我說：「教授，你看，這個結果肯定有問題，我平時總是很開心的。」首先，樂觀和開心不是一個維度的概念。樂觀是指一個人對於未來的正面看法，傾向於相信在生活中人們會經歷好的而不是壞的結果。[5] 而開心是心情的舒暢和愉快的感受。我並沒有順著這位企業家學員的思路再次強調說結果一定是對的，我只是和她開始閒聊了起來。在聊天的過程中，我抓住了她思維模式中一個非常有趣的傾向，那就是她聊到自己有個「良好」的習慣（是的，她強調說這是她生活中一個非常好的習慣），她的每個重要家庭成員都有很多份重大疾病保險。只要任何家庭成員遇到不利事件，比如她提到的她兒子騎車摔倒造成的骨折、她自己的一個小手術、她先生的胃食道逆流等，她就會給每個人追加一份重大疾病保險。

按照我們上面講述的歸因模式，你會發現這是典型的悲觀風格，她潛意識裡認為，壞事會接連不斷地發生（永久性），並且一方面出現問題，其他方面也會有問題，而且可能是大問題（普遍性）。核心問題是，她本人並沒有意識到其實自己長期使用悲觀的歸因模式。我用不斷提問的方式讓她自己把問題說出來。我們那次的聊天中有過一段將近兩分鐘的靜默停頓，這讓我印象特別深刻，因為她進入了反思。兩分鐘後，她說：「謝謝教授，我以後還真的不能再跟我兒子說『你要考試都不行，以後還怎麼找老婆！』」她的一句口頭禪，把永久性、普遍性和個人化三個維度的悲觀歸因模式全部納入囊中，相信很多為人父母的讀者也被擊中了。

努力去改變悲觀的歸因模式至關重要。研究告訴我們，母親的歸因模式會直接影響到孩子是樂觀的還是悲觀的。非常有趣的研究結果是，孩子的歸因模式與父親的歸因模式不相似，卻與母親的極為相似。因此，歸因模式不是遺傳來的，而是孩子從父母身上習得的。[6] 但這裡並不是說父親可以就此放任不管了。對於一個人歸因模式的養成，兒童時期非常關鍵。

研究顯示，兒童時期的歸因模式在七歲之前形成，並且在之後逐步定型。當孩子犯錯的時候，父母能否用正確的方法進行批評和糾正，也會直接影響到孩子的歸因模式。具體而言，如果父母長期採用永久性、普遍性和個人化的批評方式，那麼孩子對自己的看法就會逐步轉向悲觀。因此，在有清晰、準確的規則且這些規則可以在實踐中應用的前提下，我們要選擇用樂觀的歸因模式批評孩子。其中，就事論事很重要，不要過多使用「一天到晚」、「成天」、「總是」這樣的永久性表達。如果孩子失敗了，和孩子一起客觀地分析並找到原因，告訴孩子：這一次你失敗了，並不是因為你能力不夠，也不是笨，可能是一些其他的因素，比如沒有重視考試、沒有認真準備等。畢竟一次沒考好，並不意味著以後都考不好。即便學習成績一直都很差，這和以後是不是能娶到老婆，又有什麼直接關係呢？

學習樂觀的歸因模式不僅僅是為了培養孩子，這種思維模式關乎我們每個人的身心健康。好消息是，樂觀的歸因模式是可以習得的，即便是悲觀的風格也是可以被改變的。還記得我們在第二章中為大家介紹的「經驗依賴性神經可塑性」這個術語嗎？大腦可以被訓練，因為大腦會記住我們反覆告訴它的話和反覆進行的行為，並將這些想法和行為連結到我們的潛意識。因此，如果你不斷習得悲觀，你的大腦就會習慣性地進入悲觀的自動駕駛模式。相反，如果你能夠有意識地進行認知改變，在遇到不利事件時，以非永久性和非普遍性的思維模式進行思考，經過反覆實踐後，這種習慣也會進入潛意識區。經驗會直接影響我們每個人的神經系統，而經驗又取決於我們有意識的關注和選擇。在持續監測自己解釋風格和思維模式的時候，我們可以盡量多在大腦中植入一些正向的思維，植入得越多，正向的體驗就越多。持續性的、微小的思維和行為模式的改變能夠像槓桿一樣撬動整個思維模式的改變。

坦誠地說，我曾經經歷過一段相當長時間的悲觀期，有兩年的時間需要心理醫師的干預。看到這裡，很多人會為之一驚。我的很多學員起初也不敢相信：「等一等，你看了兩年的心理醫師？」不用驚訝，其實現實中有類似經歷的人、有類似感受的企業家很多，區別在於你是否敢於面對，是否選擇分享。北京協和醫院心理醫學科主任醫師魏鏡在央視節目中說過，心理疾病不是透過儀器、測試、指標查出來的，它一定是自己說出來的。同樣，彭凱平教授的團隊在新冠肺炎疫情防控期間發起了為期一百二十天的公益心理熱線的援助。他們發現，在一百三十八個嚴重的心理病例中，只要是打電話尋求幫助的人基本都得到了有效救治，而出現大問題的人，往往都是自己固執地死撐到底不去求助的。彭凱平教授分享道：「一個人只要願意拿起求助電話，其實心理疾病就已經好了一半了。」

回到悲觀的歸因模式，我為什麼會悲觀？為什麼要看心理醫師？有關我自己的故事，曾經那個被虐待過的小女孩是如何重新被遇見，那段封存的黑暗記憶是如何被打開，我又是如何啟開啟心中灑滿陽光的韌性之旅的，我把懸念留到第五章慢慢和大家講述。

第五章還有一個你意想不到的祕密要告訴你（現在不要著急翻到第五章，請一定先把本章讀完）。

在這裡，先告訴大家，我曾經極度悲觀，在轉變解釋風格初期，我使用過的一個最簡單的練習，就是把上文解釋風格的總結表列印出來很多張，放在書桌明顯的位置，放在平時經常會停留的地方，比如喝茶加熱水的地方，甚至我還放一張在包裡隨身攜帶，在超市排隊買單或者任何我自己認為適合的時候就看一看。這樣做的好處是，它會幫助我在事件發生後、採取行動前，創建出一個短暫但有效的思維停頓空間，讓自己放緩習慣性的悲觀歸因慣性，採取沒有任何覺察性的自動化行為。當我能夠逐漸意識到，自己又一次陷入了永久性和普遍性的歸因模式時，情緒被想法劫持的機率就會慢慢降低，樂觀歸因漸漸習得。雖然是一個小且簡單的練習，但強化效應理論揭示出：不要忽視微不足道的小勝利，只要類似的小勝利持續地發生，邊際效益的聚合就會隨之而來。

這裡需要再次強調，當我們在訓練自己的大腦進行客觀歸因時，正確方向的持續小贏帶給我們的是豐厚的複利。大家試想這樣一種情形，假如我們在工作中遇到了一件特別煩心的事情，不同的人可能會選擇不同的方式進行排解，比如鍛鍊、購物、睡覺、追劇、打遊戲，甚至喝酒，但還有一些人（女性居多）非常喜歡做一件事──找人「吐槽」。吐槽到底好不好？適度傾訴可以幫助我們緩解壓力，但是反覆地、過度地進行吐槽會適得其反。

史丹佛大學的心理學家蘇珊・諾蘭—霍克西瑪教授將這種強制性的分析行為定義為「反芻」，即反覆咀嚼不如意的事情。[7] 研究發現，悲觀的反芻者更容易患嚴重的憂鬱症。[8] 因為當受到無助感的侵擾時，悲觀主義者容易陷入永久性和普遍性的歸因模式，因此他們會認為不僅現在無助，未來同樣無助；不僅眼前這件事情讓他們束手無策，他們對其他事情也會無能為力，這種預期便容易引發焦慮和憂鬱。而悲觀的反芻者會不斷強化這種預期，沉浸在不利事件中不能自拔，啟動了惡性循環，反芻則加速惡性循環，最終使得悲觀的反芻者陷入「災難化」*2 模式，即把一起很小的不利事件無限誇大到重大災難的地步。

任何人如果長期進行反芻都是不利的。一個值得我們瞭解卻不常提及的事實是，心理醫生本身也是容易患心理疾病的。這一點不難理解，當一個人的工作涉及反覆接觸、反覆分析各種讓人抓狂的心理問題時，如果個人本身沒有受到系統性的訓練，或者沒有能夠長期習得樂觀的歸因模式，那麼這個人患心理疾病的機率就會大大提高。實際上，心理治療師的培訓流程要求他們必須接受一定時間的心理治療，累積接受治療的時間，也會被計入為了獲得行醫執照所必須接受訓練的時間。在接受心理治療的過程中，心理治療師不僅能夠緩解自己的焦慮，更重要的是，他們能夠學會根據不同患者的背景、經歷換位思考，設身處地去體會患者的感受，找到盲點，接受反饋意見並容忍不適感。[9]

同理，一些長期面對不幸事件的職業人士，比如急診室醫師、消防隊員和報導災難事件的記者，都需要心理關懷和疏導。除此之外，每天花大量時間接投訴電話的客服人員也會出現類似的情況。當他們的工作就是重複地傾聽客戶的不滿和投訴時，如果這個人本身比較悲觀情緒，不能有效紓解情緒，他便很容易走向悲觀式反芻。長時間的悲觀式反芻透過災難化的強制性分析，使他們容易患上各種各樣的心理疾病。值得欣慰的是，國內一些企業已經開展了針對客服人員的心理關懷和幫助計畫，我們在調查中發現，有的餐飲企業在新冠肺炎疫情防控期間被迫暫停營業，它們透過國學和與傳統文化相關的活動來提高員工的心理韌性和團隊的凝聚力，比如親子共學書法課程等，還有的企業開展了線上的健身課程，透過視訊連線開展運動。

在我們漫長的人生中，很多人都會在某一時期出現一定程度的悲觀，也會因為一些經歷而變得樂觀。面對壞事的發生，一個人樂觀的解釋風格是心理韌性的重要構成因素。如果你是一個悲觀主義者，你希望變得樂觀嗎？在一些人看來，悲觀和樂觀可能是與生俱來的性格。另外一些人認為，樂觀和悲觀只是對具體問題的某種預測態度，無所謂好壞，因此不需要干預或是改變。在塞利格曼看來，樂觀和悲觀並不是恆定的人格特質，而是人們在長期經歷中習得的一種對事件的歸因和解釋的風格，因此是可以養成和轉變的。

研究發現，人們對好事的歸因模式相對容易改變，但人們對於不利事件的歸因模式在不經過干預的前提下相當穩定，有可能在五十年間都不會改變。每個人都會同時具有樂觀的和悲觀的想法，習得性樂觀的養成是一個全新的不斷認知自我的過程，它需要我們用非消極的思考方式去改變具有破壞性的想法。非消極的思維模式不是單純地像洗腦一般每天大聲呼喊「明天會更好」，而是把持續小贏的思維方式貫穿到每天的行為改變和習慣中。因此習得性樂觀並不是發生幾次重大事件就能形成的，它取決於我們在日常工作、生活中主動使用樂觀歸因模式的頻次。改變悲觀歸因模式的前提，是個體首先意識到自己習慣性的解釋風格，了解歸因模式背後的原理，然後採取持續不斷的干預行為，有意識地進行反覆練習。接下來給大家介紹兩個可以有效改變歸因模式的干預工具。

思維重塑

在打開工具包之前，我們首先要了解能夠干預人們歸因模式的認知行為療法背後的原理。認知行為療法是當前全球範圍內應用最廣泛的心理治療理論學派之一。二十世紀五〇年代，全球最具影響力的應用心理學家之一、美國臨床心理學家阿爾伯特・艾利斯提出了理性情緒行為療法，他被認為是認知行為療法的鼻祖。二十世紀六〇年代，艾利斯創立了認知行為療法，並在晚年的論著中提出了這一理論，他不僅親身體驗了兩種療法，還透過五十多年的研究和實踐進行完善和檢驗，這一療法是十分有效的自助式療法。[10]

認知行為療法的理論核心可以概括為：情緒源於想法，而情緒驅動行為。人們的任何一種情緒都是本身機體的生理變化、外部環境刺激，以及人體對外部環境刺激的反應三者交互作用的結果，而認知過程又起著決定性作用。在認知學派心理學家的眼中，人類個體並不是理性的動物，偶爾有情緒，而是感性的動物，偶爾會有一些思考。在諮詢過程中，認知行為療法要求心理諮商師幫助前來諮詢的患者理解以下觀點：正是自身的個人哲學，包括信仰和觀念等，導致情感的痛苦。在大多數情況下，很多負面的情緒是非理性的、不符合實際的。比如某些焦慮的心理狀態，「我必須完美」或「我必須被每個人喜歡」，都是自我塑造的結果。我們不僅可以構建這些情緒，也完全有能力消除或緩解這種焦慮心理。

認知行為療法的核心方法是以艾利斯和精神病學家亞倫．貝克[*3]共同提出的ABC模型為基礎的。[11]在這個模型中，A、B、C分別是三個英文單詞的首字母，其中A代表不利事件（adversity），B代表人們的想法（belief），即對不利事件的解釋，C代表後果（consequence），包括人們的感受和行為。根據ABC模型，對B的反思和探討是關鍵步驟。ABC模型最重要的意義是為我們揭示出，人們的感受和行為並不是由「不利事件」

直接導致的，而是由我們對不利事件的想法和解釋導致的（A→B→C）。也就是說，不利事件是透過想法和解釋最終轉化為感受和行為的後果，從而作用於我們身上。

經受同樣不利事件的人很多，但並不是所有的人都會感到焦慮和憂鬱。新冠肺炎疫情的爆發就是一起典型的不利事件，我和研究團隊在二〇二〇年的二月進行了一次社會問卷調查，旨在了解企業員工的復工狀況和心理狀態，從中我們看到不同變量和焦慮度之間的關係。在調查中，由於受到疫情的影響，在家辦公成為一種新常態，因此我們特意就「在家辦公時長」和「在公司辦公時長」進行了對比。數據顯示，那些「在家辦公時長是在公司辦公時長的一・五倍以上」的受訪者，其憂鬱傾向和焦慮傾向都明顯高於其他組別的受訪者（比如在家辦公時長是在公司辦公時長的百分之五十以下）。疫情防控期間的社交隔絕對人們的心理健康的負面影響，也得到了國內其他研究的印證：疫情防控期間獨居者的孤獨感水準往往更高[12]，獨居者產生焦慮情緒的風險更大[13]。大多數人在家辦公的狀態雖然好於獨居者，但是他們在家辦公的同時往往要照顧停課在家的子女，工作和生活的時間、精力需要重新分配，從而會產生多種心理困擾。

在個人遭遇不利事件後，ABC模型的自助練習可以幫助我們有效地阻斷悲觀式反芻，避免「災難化」。在了解了歸因模式之後，我們知道，過度反思不愉快的事件是一個惡性循環，即悲觀式反芻，比如有的人會沉浸在一段破裂的關係回憶中，用不同的可能性來模擬預測：「如果我這樣做，是不是他就不會離開我？」我們常說的「念念不忘，必有迴響」可以用來比擬反芻的影響。消極想法長期縈繞心頭，不僅會導致憂鬱、悲觀，還會強化和放大更多非理性的想法，比如自我懷疑和貶低——「我不值得被愛」，悲觀判斷——「我會孤獨終老」等，逐漸走向災難化。

認知心理學家總結，在各種各樣的逆境反應中，災難化是最能讓人們感受到無助的反應。[14]災難化就是把日常不便想成重大挫折，隨後在不斷反芻中又把那些挫折想成災難。越是不斷琢磨，不斷進行強制性分析，不利事件的後果就「顯得」越嚴重，當事人的心理狀態就不斷惡化。當人們陷入胡思亂想時，通常會出現兩種情況：一是會歪曲事實，覺得這個問題過於嚴重，無從應對也無法改變，因此被無助感包圍；二是災難化的胡思亂想會使得人們過度關注自己，並對外界形勢和情境對自身影響變得極度敏感。塞利格曼甚至在他的著作中寫道：「我認為憂鬱症是來自對自己的過度關懷和對團隊的不夠關心。」[15]無論是哪種情況，在將事件災難化的時候，我們的想法就會偏離理性的軌道。

干預工具一：焦慮拆彈表（見表4-2）。根據ABC模型的原理，學會對焦慮問題進行拆彈是我們干預悲觀式反芻的第一個有效工具。焦慮拆彈正是要在不利事件發生後，及時進行心理「止損」，損失的源頭就是人們的觀念和想法。我們用「拆彈」來比喻對焦慮事件的拆解和梳理。拆彈表中的第一列需要寫下導致我們產生焦慮的客觀事實。需要注意的是，這裡僅記錄下發生了什麼，不能對客觀發生的事實做出任何評價，更不能使用任何描述情緒的詞彙進行記錄。

等待一個重要的人回覆自己的資訊，如果對方回覆的時間超出了你通常能夠接受的範圍，你便習慣性地開始進行各種各樣的腦補，「我剛才發的訊息是不是有什麼不妥的地方」，「對方應該是生氣了，對我有看法」等等，由此產生擔心、沮喪等情緒。

表 4-2 焦慮拆彈表

認清問題	拆彈	反思彈窗		行動方案
觸發焦慮的客觀事件	我擔心會發生什麼	不可控 卻過慮的	可控 卻沒做的	1. ______ ______ ______
	最糟糕的結果是什麼			
	如果最壞的結果發生了，對我現階段會有什麼影響	隱藏瞬間		2. ______ ______ ______
	如果最壞的結果發生了，對我未來會有什麼影響			3. ______ ______ ______

幾個小時後，當你反覆思考到底發生了什麼，編輯了新的資訊，刪掉又重新編輯時，你發現真實情況只是對方沒看手機而已。這樣的情境很多人再熟悉不過了。如果工作和生活中突發不利狀況，我們需要第一時間提醒自己：把想像和事實分開。

在拆彈表中最為關鍵的訓練聚焦點便是第二列——「拆彈」。它代表了我們對自動化想法的分解過程。人們的想法或者觀念是最關鍵也是最危險的，可以比喻為炸彈引爆裝置。因此在這個環節，我們的填寫速度一定要放慢，要認真地「看到」並理清我們糾結的問題。拆彈環節的四個問題對應的是焦慮的定義。再回顧一下，焦慮的根源是對未來發生的事情不可預測且不可掌控。因此，拆彈的第一層「我擔心會發生什麼」，是在幫助你思考哪些未來發生的事情是不可預測的。拆彈的第二層「最糟糕的結果是什麼」，旨在幫助你思考哪些可能發生的事情是不可掌控的。焦慮最主要的反應是對恐懼的預期，因此拆彈的第三層和第四層「如果最壞的事情發生了，對我現階段和未來會有什麼影響」，是在幫助你尋找掌控感的思考路徑。

完成了拆彈梳理之後，我們要去拆解自己的焦慮，哪些是自己不可控卻過慮的事情，哪些是自己可控卻沒做的。比如說，有的人擔心失業和被裁員，每天花大量時間去看相關的報導和資訊，這就是過慮的表現，自己更為可控的是把手頭的工作做好，同時留意行業內的工作機會，做到未雨綢繆。

找到了行動的空間之後，為了能夠更好地將事實和想像分離，我們可以在剝離每一層拆彈問題時，提出認為合理且可行的解決方案，並對每一個方案的利弊進行短期和長期的分析，從而甄選出最佳方案，並輔助後期的執行評估。

在拆彈表中，我們特別加入了「隱藏瞬間」，即在回顧整個焦慮事件過程中，有哪些自身或者他人的積極行為是日後值得強化的。舉個真實案例，一位企業負責人在煩躁時痛斥一位女性高階主管沒有把工作做到位，不僅沒能解決焦點問題，還使得雙方都陷入情緒失控的狀態。事後，跟了這位負責人十幾年的祕書在老闆情緒平復時，推心置腹地善意提醒道：「老闆，其實女性員工的思維模式真的不一樣，我能不能以你的名義去買一塊蛋糕給她送過去？」老闆接受了這個建議。一塊小小的蛋糕巧妙地化解了一場焦慮危機。這就是「隱藏瞬間」，是已經發生的亮點行動方案，或者是對行動方案有啟發和幫助的言行和想法。

思維模式的形成，就像荒野中的一條小路，走的次數越多，路徑越明顯。當人們去打針的時候，大腦會根據你以前的注射經歷，預測針頭刺破皮膚帶來的痛感，然後構建出疼痛的體驗，甚至在針頭還沒有碰到皮膚的時候，人們就已經感覺到了疼痛。也就是說，你在沒有實際經歷疼痛的時候，先模擬並構建了疼痛，這與人們習慣性或反覆地關注負面事件並過度解讀是一樣的道理。

由於人們時常會試圖去掌控我們控制不了的事情，卻不在我們能夠掌控的事情上下足功夫，因此基於ABC原理的焦慮拆彈法的關鍵是反覆練習。只有透過反覆練習，我們才能遵循並利用大腦神經活動的模式，不讓非理性的想法反覆強化形成路徑，而要去建立理性想法和正向心理的增強迴路。每一次對體驗的反思都是一次構建，因此我們要有意識、有選擇性地去培養那些將來你希望重複構建的正向體驗。在未來遇到容易讓我們沖昏頭腦的情境時，按下暫停鍵，快速將拆彈的四個問題梳理一遍，能夠幫助我們在頭腦中建立理性思考空間，阻斷悲觀式反芻，避免災難化。

干預工具二：三個幸福時刻（見表4-3）。「焦慮拆彈」練習是ABC模型在疏導不利事件帶來的負面情緒上的應用。事實上，我們的正向體驗也是由認知決定的。三個幸福時刻是認知療法中非常有效的練習，這個練習要求人們在每天結束前，花上一點時間思考當天發生了哪三件好事讓自己感受到了快樂和幸福，或者其中哪些事情是值得我們感恩的。

首先我們記錄下這三個幸福時刻，它們可以是工作或者生活中的重大突破和轉折，更多的則是看似無關緊要的小事情，也就是任何你能夠覺察到的、微小的但能讓你感到開心

表 4-3 三個幸福時刻

<table>
<tr><th rowspan="2">日期</th><th rowspan="2">幸福時刻</th><th>幸福的緣由</th></tr>
<tr><th>❶這件好事為什麼會發生
❷這對你意味著什麼
❸如何能讓這樣的好事在未來更多地發生</th></tr>
<tr><td rowspan="3">______年
______月
______日

第一天</td><td>幸福時刻一：</td><td></td></tr>
<tr><td>幸福時刻二：</td><td></td></tr>
<tr><td>幸福時刻三：</td><td></td></tr>
</table>

的小事情。研究表明，那些習慣於感受並表達感激之情的人無論在健康、睡眠還是人際交往上都會獲益。[16]但需要特別指出的是，這個工具的關鍵是表中的第三列，也就是我們需要清晰地寫出幸福的緣由。

我們不僅要每天找到讓自己感受到幸福的事件，還要深入挖掘其背後的原因。你可以根據表中的一系列問題梳理你的思路，比如你認為這件好事為什麼會發生，這件事為什麼對你意義重大，你為什麼要對此事感恩，未來怎麼樣做才有可能讓類似的體驗更多地發生。這樣做的原因是，當我們只有不斷地將自己的體驗和帶來這種體驗的環境關聯起來，並且能夠解釋環境和我們感受到的結果之間的因果關係的時候，才能最大限度地增強幸福感並減少痛苦。

大量臨床實踐和研究數據都支持這一練習的效果。[17]比如在一個實驗中，受試者每天花十分鐘時間按照要求寫下當天發生的三件好事及其理由，三週後研究人員發現他們的壓力水準明顯下降，而幸福度得到了提高。很多憂鬱症患者在醫師的指導下進行連續六個月的干預，結果顯示他們的憂鬱程度得到明顯改善，而且他們會喜歡上這樣的練習。正因如此，三個幸福時刻的練習得到了很多心理治療師的青睞。

北卡羅來納大學正向情緒與心理生理學實驗室的主任芭芭拉·弗雷德里克森指出，擁有心理韌性的生活來源於持續不斷的由「微小的時刻」組成的「愛的瞬間的集合體」，因此積極情緒是心理韌性的種子。心理學家麗莎・費德曼・巴瑞特在《情緒跟你以為的不一樣》一書中提到，每當做積極的事情時，人們就可以對自己的情緒系統進行微調。越是增加積極實踐的頻率，這些關注點在人們的思維模式中就會變得越顯著。如果人們能夠經常性地記錄自己的正向體驗，就可以提高自己的情緒顆粒度，從而有效地培養積極情緒。

一件好事為何會發生在自己身上？從自己、他人、環境中都可能找到原因，多數情況下好事都是善意的聚合，哪怕只是一件很小的事情。比如你今天和同事一起吃了一頓美味的午餐，兩個人聊得很愉快。這件好事為什麼會發生？午餐的餐廳是你還是同事的建議？你們如何建立友誼？你們在工作中的信任關係又是如何建立起來的？為什麼會覺得交流很開心？如此進行深度挖掘之後，我們會強化這樣美好的體驗，對他人和自己所擁有的一切心懷感恩。經過長期訓練，如果我們內心美好的事情積蓄得越來越多，就會變得越來越積極，也會主動促使類似的好事不斷發生，從「尋找美好」到「創造美好」。更為重要的是，幸福時刻的記錄是對抗「消極偏見」的有力手段。在無意識、無準備的情況下，當你被問到一天中印象最深刻的事件時，人們的答案往往是消極、負面的。習得性無助實驗告訴我們，無助感一旦形成，人們需要積累很多的能動性體驗，才能夠「對沖」放棄。因此我們在平時需要不斷儲備正向體驗，才能夠應對不利事件的衝擊。這裡需要強調的是「記錄」二字。

記錄的力量

近年來，手帳又開始風靡起來，越來越多的人選擇用紙筆記錄生活，幫助自己提高工作和學習效率的同時，記錄生活中的美好。可能很多人對手帳並不瞭解，把它看作文藝青年的消遣。事實上，追蹤記錄自己習慣的名人數不勝數，富蘭克林就是其中之一。從二十歲開始，富蘭克林會將自己遵從的十三項良好品行記錄在隨身攜帶的小本子上。這些記錄追蹤著他一天中在「抓緊時間」、「永遠把時間用於做有意義的事情」、「避免閒聊」等目標上的具體行為。每天結束時，富蘭克林都會根據他在小本子上的記錄進行反思。另一位記錄自己習慣的名人就是曾國藩，他的一生可以用「勤＋恆」來總結。即便是他臨終的前一天，曾國藩都在做日課，每日進行反思。[18] 他在做日課的時候，要求自己寫正楷，一筆一畫都工工整整，所以寫字的速度會變慢，曾國藩以此認真檢視自己一天的言行。

在心理學領域，記錄也是備受推崇的改善認知行為的方法。記錄思維模式和行為的改變，就如同我們在增肌減脂的過程中記錄自己的體重變化、飲食中攝入的卡路里，以及平板支撐中日漸增長的肌肉耐力一樣。過去幾十年的研究發現，在很多情況下，人們都能受益於對日常事件的定期回顧，這種回顧的方式通常是邊反思邊記錄。德克薩斯大學心理學家詹姆斯・彭尼貝克在寫作療效領域近四十年的研究告訴我們：記錄感恩事件能夠提高個體的生理和心理健康水準。[19] 這是因為我們認為平時在頭腦中的反思實際上並不具備很強的邏輯性，動筆寫下來是一個思維結構化的過程，這個過程會對想法進行追蹤和總結。當想法被寫到紙上時，我們會有一種抽離事件本身的感覺，增強我們看待事物的客觀性。

記錄這一方法集視覺化、行動參與和回顧強化於一體，可以說是提高綜合效能的最佳方法。這裡我需要特別強調，視覺化對行為習慣的養成非常重要。培根說過：「思考一般總是隨視覺所止而停止，以致對看不見的事物就很少有所察覺或完全沒有。」[20] 因此在養成記錄習慣的初期，需要創建視覺提示。比如在第四章中提到的「小贏記錄」，每一個打勾都是明顯的提醒，成為後續行動的觸發器。手寫記錄能夠給視覺帶來直接的刺激和強化，同時隨著記錄的持續，記錄者會獲得內在激勵，看到自己的進步軌跡，而這種內在的滿足感又成為持續改進的動力。

透過「三個幸福時刻」的練習，人們會尋找並記錄生活中美好的事實，在此基礎上，創造更多美好的體驗，有效增加心理資源。當你決定嘗試三個幸福時刻的練習時，需要你下定決心用心去落實。歸因模式的改變和心理韌性的打造都不是一日之功，其原理和「持續小贏」是共通的，都是由強化理論衍生出來的行為干預工具。

無論我每天是怎樣度過的，晚上臨睡前，都會進行助眠「雙保險」，那就是記錄和冥想（我會在第五章詳細講述我的故事和正念冥想的重要性）。通常我會用十至二十分鐘的時間完成自己的「日課」。我的日課包括兩個部分：三個幸福時刻的練習和當日反思。透過多年堅持下來的三個幸福時刻的練習，我早已把曾經悲觀的歸因模式轉變為樂觀的歸因模式；當日反思則是記錄當天重要的感受和思考。每天兩種記錄的持續練習幫助我既能看到生活中非常美好的點滴，又能理性客觀地進行反思。當我回看日記的時候，還會回顧起過往的更多美好事件，強化正向體驗。透過日積月累，日課記錄成了一種溫暖的陪伴。記錄使持續小贏的成果可視化，我們每天可以不斷看到這些變化，以增強自己的信心和耐心，進而幫助我們改變行為，以改變促進改變。

在過往十多年的記錄中，我有很多電子記錄，也有不少手寫記錄。在記錄三個幸福時刻和當日反思時，相比電子記錄，我個人更推崇手寫記錄。近幾年的心理學研究顯示，很多人之所以在憤怒的時候摔鍵盤，是因為從行為影響情緒的角度來看，人們在用電腦做記錄時，敲擊鍵盤的速度越快，鍵盤噪聲越密集，人就越容易生氣和煩躁。[21]但寫字和打字的過程是相反的，寫字可以讓人情緒平穩，看著自己寫出來的字，從提筆忘字到書寫工整，整個過程中內心會生出愉悅感。

還有一點需要說明的是，除了極端特殊的情況，我不記錄令我憤怒的事情，因為每一次對憤怒的記錄都是一次悲觀式反芻。凡是有過記錄憤怒經歷的人都能體會到，憤怒的記錄都是我們的消極情緒和對客觀事實的扭曲想像。前文已經介紹過消極偏差的強大慣性，為了能夠更有效地訓練自己的樂觀歸因模式，建議大家盡量不要記錄令你憤怒的事情。如果你實在想透過記錄令你憤怒的事情緩解自己的焦慮，從而不影響到他人的話，小妙招就是：單獨找一張紙寫下自己憤怒的想法，之後把這張紙撕掉。否則當你再次閱讀曾經留下的憤怒筆記時，又會進行一次悲觀式反芻。

因此，如果無法立刻杜絕憤怒記錄，那就嘗試減少記錄憤怒的頻率。實際上，人的可塑性極強，當我們意識到記錄憤怒的危害，並知道這種思維模式可以改變時，你很快就會發現自己在發生變化了。與其歇斯底里地對消極情緒奮筆疾書，還不如把這樣的精力和時間花在更有意義的事情上，比如記錄你的幸福和感恩時刻。感恩研究領域的先驅、加州大學戴維斯分校的心理學教授羅伯特・艾蒙斯在他的研究中總結道，經常意識到並保持感恩對我們大有裨益，因為感恩會提高人們有效處理逆境的能力。經常感恩的成年人生病的機率會顯著降低，他們對生活的滿意度會更高，對未來也表現得更加樂觀。

掌握了三個幸福時刻的原理，我們在平時訓練的過程中不用生搬硬套，無須每天寫，也無須每次一定要寫出三個幸福時刻，而是要根據自己的實際情況採用靈活變通的方式。比如說，我有些時候會記錄下不只三個幸福時刻，而有些時候也許只有一兩個幸福時刻，甚至一個幸福時刻就能夠讓我體會好幾天。但無論如何，我會要求自己每天堅持記錄。如果在一天結束時，我連一個幸福時刻都寫不出來的話（這種情況剛開始的確遇到過），這恰恰說明我這一整天迷失在所謂麻木的忙碌中，缺少每天該有的覺察時間。

長期的訓練能有效地幫助我捕捉每天工作和生活中很多的細小時刻。當然，你可能會說，我本身就是這個領域的研究者，每天記錄不足為奇。是的，一開始訓練的時候，你不用像我一樣每天堅持記錄，因為我的確見到過很多只有三天熱情的人，你可以選擇一週做一次或半個月做一次。在這裡我和大家分享兩個我平時使用的記錄幸福時刻的變通方法。

第一個方法，是我為我的兩個孩子設計的每週幸福時刻的訓練計畫。由於孩子們學業負擔較重，他們以週為單位進行記錄，寫下讓他們感到開心或者願意感恩的五件好事，並說明好事為什麼會發生，為什麼這些事會使他們感到高興或願意感恩，如何能夠讓這樣的好事持續發生等。任何思維模式和行為訓練都是循序漸進的。孩子們從一開始每週都記錄一模一樣的「好事」（在他們心中，起初也會有疑問，覺得哪有那麼多好事一直發生）到後來他們能夠捕捉很多生活的瞬間，有些甚至連我都已經忽略掉了。舉個小例子，我兒子曾經每天走路二十分鐘去上學。他在二〇二一年一月二十二日發過一個朋友圈，拍了一張只剩下一片葉子的樹，並寫道「它還活著」。

到了二〇二一年四月十四日，兒子又發了一個朋友圈，照片中的這棵大樹已經枝繁葉茂了，他記錄道：「樹重生了。」又過了不到一個月，兒子興奮地告訴我，那棵樹這麼快就開滿了花兒。他在放學的路上經過這棵樹時，撿起了掉落到地上的一朵雞蛋花，拿回來送給我。這些小事就這樣發生著，但我們時常看不到，或者把它們當作理所當然，而失去了該有的覺察。這樣的訓練帶給我非常深的感悟，它幫助孩子們變得更加樂觀和堅韌。非常慶幸的是，我的兩個孩子在青春期都不怎麼叛逆，他們很順利地度過青春期，也許是因為每週都忙著找尋幸福時刻來回應我這個研究心理韌性的老母

兒子拍的樹

親吧。我把給孩子們設計的「幸福週反思記錄表」放在本章末尾的韌性練習中，供大家參考。

第二個記錄幸福時刻的變通方法是我一直在實踐的，而且帶動了很多企業家學員。方法很簡單，那就是以月為單位，每個月月末的時候，在朋友圈發一個九宮格的「靈動瞬間」——一張記錄生活瞬間的圖片加上短短的配文。研究表明，與人分享美好的經歷會強化正向情緒。[22] 此外，最近發表在《人格雜誌》上的研究向人們揭示了一個非常有趣的現象：與其從別人那裡聽說你的事，朋友更喜歡你把好消息直接告訴他們。人們在考慮是否要把自己的好消息告訴朋友時，往往會高估他人的消極反應，並錯誤地認為朋友更願意從別人那裡聽說。所以千萬不要以為這是所謂的「凡爾賽」[*4]。讓自己成為一個有豐富感受力的人，感受到和感恩身邊細小的事物是一種能力。生於一九三三年，日本「掃除道」的創始人鍵山秀三郎，透過多年踐行掃除道的實踐方法，人們如何掌握化平凡為非凡的能力。他在《掃除道》[*5] 一書中分享道：「一個不能感恩細小事物的人，往往會人為地放大小的痛苦和煩惱。反過來，能夠感恩細小事物的人，卻可以人為地縮小大的痛苦和煩惱。」[23]

如果說韌性飛輪需要一個最小的啟動推力，那麼我會推薦你從記錄幸福時刻開始，無論是每天、每週還是每月。只要一個輕輕的助推，你的韌性飛輪就會轉動起來。

*1 該測評根據塞利格曼《活出最樂觀的自己》的全版本解釋風格測評進行了簡化，聚焦希望水準。

*2 災難化是一種認知扭曲，指個體想像消極事件的最壞結果。

*3 亞倫・貝克，美國精神病學家，他被心理學界視為「認知行為療法之父」。他開創性的研究成果被廣泛應用於臨床，影響了幾代精神科臨床醫師、學者以及研究人員，他開發的貝克憂鬱量表（BDI）是最廣泛使用的憂鬱症程度測量工具之一。

*4 「凡爾賽」一般指「凡爾賽文學」，是一個網路流行詞，也是一種語言使用者透過委婉方式表達不滿或向外界不經意展示自己優越感的語言形式。

*5 《掃除道》由「日本清掃學習會」創辦人鍵山秀三郎所著，是一本探討「清掃哲學」的書籍。鍵山先生倡導的掃除道，其基本精神就是「凡事徹底」、「感恩惜福」。

韌性認知

- 悲觀主義者習慣性地在遭受挫折時，將自己滯留在最具毀滅性的原因中不能自拔。
- 樂觀的歸因模式是可以習得的，即便是悲觀的風格也是可以被改變的。
- 在個人遭遇不利事件後，ABC模型的自助練習可以幫助我們有效地阻斷悲觀式反芻，避免「災難化」。
- 記錄使持續小贏的成果可視化，我們每天可以不斷看到這些變化，以增強自己的信心和耐心，進而幫助我們改變行為，以改變促進改變。

韌性練習

1. 為自己保留十四天時間，踐行並記錄幸福／感恩時刻練習（見表4-4）。人的心理狀態通常以十四天為一個週週期。堅持每天寫下一至三個讓你感到快樂或者願意去感恩的小事，並寫明幸福的或感恩緣由。對比一下十四天前後，你的心情會有哪些變化？你留意到了哪些生活中曾經被自己當作理所當然而忽視了的精采片段？
2. 表4-5是「三個幸福時刻」的變通版本，即我為我的兩個孩子設計的「幸福週反思記錄表」。

表 4-4 幸福／感恩時刻練習

	幸福 / 感恩時刻以及幸福 / 感恩的緣由		幸福 / 感恩時刻以及幸福 / 感恩的緣由
第一天 日期：	幸福時刻： 感恩時刻： 時刻：	第二天 日期：	幸福時刻： 感恩時刻： 時刻：
第三天 日期：	幸福時刻： 感恩時刻： 時刻：	第四天 日期：	幸福時刻： 感恩時刻： 時刻：
第五天 日期：	幸福時刻： 感恩時刻： 時刻：	第六天 日期：	幸福時刻： 感恩時刻： 時刻：
第七天 日期：	幸福時刻： 感恩時刻： 時刻：	本週記錄反思	・心情變化 ____________ ・特別時刻 ____________

表 4-5 幸福週反思記錄表

1.本週在校內外，你從不同學科中學到了哪些知識？

2.寫下本週讓你開心和感恩的3~5件好事（哪怕是很小的事），更為重要的是，你要寫下來這些好事發生的原因，好事如何讓你覺得開心和感恩，以及今後你怎樣做才能讓更多的好事發生。

本週發生的好事	思考

3.寫下本週你嘗試去幫助他人（包括家人、同學、朋友，甚至是陌生人）的1~3件事。

4.請寫下本週一句有意義或特別的話，它能夠反映你的感受、想法，或者是你願意把它分享給家人。

讓壞事消散，每天都是快樂的一天！

第五章　在正念冥想中重新遇見

當你能夠將你的無意識意識化，你將真正主導你的生活並稱之為命運！

——榮格

走出至暗時刻

榮格一直以來是我最喜歡的心理學家，因為閱讀他的論著總是能帶給我最深的啟發和最大的共鳴。正是開篇這句榮格的名言帶我走上正念冥想之路，在把無意識意識化的過程中，我再次「遇見」了那個曾經在極度恐懼中撕心裂肺地大哭的小女孩。

現在和大家講講我的故事。雖然引言中提到的那個怪獸老奶奶曾經在很長的一段時間裡是我噩夢的主角，但在父母從遙遠的南方部隊調回北京後，我開啟了真正的幼兒園生活，怪獸老奶奶暫時被封存了起來。因為當時我父母剛回北京，他們只能住在臨時的地震棚裡，等待單位給我們分配筒子樓中的一個小房間。在那半年時間裡，我在一家全天托幼兒園，白天有正式的幼兒園老師教我們學知識、玩遊戲，晚上會有夜班阿姨看護我們睡覺。我從每天能見到外婆和外公，變成了每週末才能從全天托幼兒園裡被接出來一次。讓我印象極其深刻的是，我的幼兒園夜班阿姨是個非常喜歡聽戲的中年婦女。每到晚上，整個全托班的小朋友都要圍坐在一起聽京劇。不知道我當時是從哪裡冒出來的勇氣，晚上一熄燈，就站在小床上指揮班裡的小朋友咿咿呀呀地唱京劇，把夜班阿姨氣得半死。她經常讓我罰站很久後才能睡覺，站累了自然睡得香，怪獸老奶奶也就不怎麼在我的夢中出現了。

我童年真正的轉折點發生在某一天早上，當我越挫越勇，每晚被罰站後仍繼續帶著大家夜夜高歌時，夜班阿姨盛怒之下，帶著我去見白天的幼兒園老師。我只記得夜班阿姨當時口沫橫飛，將我的種種「罪行」一一羅列。在我等待著「判決」來臨之時，讓我驚訝的是，幼兒園的王老師（四十多年過去了，我還能記得她姓王，我還能清楚地記得她的長相）得知狀況後，對我居然沒有半句批評，而是把一個帶著一朵小紅花的袖箍戴到了我的左手臂，說：「萌萌，從今天開始，你就是這個班的班長啦！」從那天晚上開始，我再也沒有在熄燈後帶領小朋友唱京劇搗亂。也就是從那時開始，我一直當班長直到大學畢業。我的第一個幼兒園老師是個真正的心理學家，也許我對心理學和行為學感興趣而日後扎根在相關領域成為一名研究者，也是在那時埋下的種子。

從小學到大學再到工作，在這後來將近二十年的時間裡我的生活都很順利。後來我去美國讀博士，正好趕上「九一一」事件爆發，歷經了四次艱難的簽證面試，才終於踏上了去往美國求學的旅程。我當時獲得了高額的獎學金，懷揣滿心的期待，卻完全沒有想到那會是一段刻骨銘心的失控之旅。背井離鄉的變化、飲食的不習慣、語言的重新適應對於當時的我都不是挑戰，最大的打擊來自我不能接受自己不夠出類拔萃。

進入博士項目的同學以美國人為主，他們個個優秀，目標清晰，當我還驚訝於原來美國人從來不用「Fine, thank you, and you？」（很好，謝謝，你呢？）的經典中式英文回答「How are you？（你怎麼樣？）」的時候，我所有的同學已經快速開啟了第一個研究項目。而我這樣「不夠優秀」的模式不只持續了三個月或者半年，而是持續了兩年之久。那種多年不曾體會過的失控感如洪水猛獸般襲來。我們已經非常熟知，長期的失控帶來無助。單純學業上的壓力還不至於把我完全擊倒，真正讓我失控的是當我的最後一根救命稻草被拔起的時候。

你相信人有第六感嗎？我相信。至少當時的經歷就是這樣。在學業的低迷期，我總覺得有不好的事情發生了，但打了幾次越洋電話回家，家裡的人都告訴我一切都好。幾天後，我打電話給三舅（他是外婆最小的兒子），在我不停的追問下，三舅最終沒能忍住，在電話那頭哭出了聲並告訴我，外婆已經去世了，昨天剛剛遺體告別完火化了。

電話掛斷後，我僵坐在那裡十分鐘，然後突然間痛哭流涕。

我生命中最重要的外婆走了，得知外婆去世的那天晚上，我再次夢見了那個可怕的怪獸老奶奶。

這件事情在我心底留下了一道深深的傷痕。研究表明，在孩子成長的過程中，早年生活經歷中的巨大變故和生死離別會直接影響到孩子後期的歸因模式。如果遇到的這些負面事件好轉了，孩子會比較樂觀，比如去國外讀大學的哥哥姊姊回來了，經常吵架的父母關係就緩和了。但如果遇到的變故是永久性的或者是普遍性的，再加上孩子如果沒有得到及時的心理干預，那麼絕望的種子就會深深埋在孩子心中，[1]比如從小到大與孩子關係十分親密的祖父母的去世。雖然當時的我已經成人，但外婆在我童年記憶中是最亮的那道光，是每天把我從怪獸老奶奶那裡解救出來的那道光。所以沒能見到外婆最後一面，是我一輩子最大的遺憾。當心中的那道光在我毫無準備的情況下突然熄滅時，長期以來的高強度求學壓力猶如火山爆發般噴射出來，我崩潰了。

看到這裡，不要以為我就此開啟了哭哭啼啼的「頹喪」模式。恰恰相反，外婆的去世讓我開啟了沒日沒夜的學習模式。其實這是一種逃避的心理。當然，這種瘋狂的學習模式的確幫助我在研究上實現了大踏步超越，從某種程度上講，我在學業上找回了曾經的那種自信感和掌控感。可伴隨著瘋狂學習模式的是我的暴飲暴食。還記得我在第四章裡埋下的伏筆告訴大家，第五章會有一個你意想不到的祕密嗎？就在這裡了。

長期的暴飲暴食使我的體重一路飆升，高峰值達到了將近一百公斤！當我把曾經「噸量級」的照片在課程上與企業家學員分享的時候，通常會迎來一陣熱烈的掌聲。顯然，無論是誰，大家都喜歡勵志和逆襲的故事。但事實是，我接下來從一個大胖子恢復到現在勻稱的身形完全不是出於勵志。因為在我體重達到高峰值的時候，我並沒有意識到自己的問題，還在愉悅地暴飲暴食，並快速推進著我的各項研究項目。真正逼迫我開始減肥的其實是我的家庭醫師。當時他拿著我的體檢報告，嚴肅地告訴我：「你的各項指標都超出了正常範圍。你要去看心理醫師！」

等等，去看心理醫師?!我簡直不能相信我當時聽到的話。一個決定走「行為＋心理」研究之路的人怎麼能「淪為」患者？這豈不是奇恥大辱（俄羅斯娃娃中的身分固化在作祟）！從完全無法接受到最終抱著懷疑和不屑的心態敲開了心理醫生的門……可想而知，這個心理掙扎的過程有多麼激烈。但這不是我想和大家分享的重點，重點是我慶幸當時自己的理性戰勝了感性，最終選擇去見我的心理醫師。

這位心理醫師是一個六十多歲的美國白人老太太，有著滿頭金銀色的捲髮。她的辦公室裡放著一架鋼琴，當得知我也彈鋼琴時，她走到鋼琴邊彈了一首曲子〈致愛麗絲〉。因為我在美國時，「曉萌」這兩個字的發音對美國人來說很難讀出來，所以大家叫我Alice（愛麗絲，這是我讀初中時英語老師給我起的名字）。

在第一次的問診中，她問我為什麼暴飲暴食，我很應付地說，沒有為什麼，吃東西就開心，開心了研究就做得好。實際上，在我們見面的前兩次，我基本處於防禦和對抗狀態。直到第三次，她問我：「你生命中有過至暗時刻嗎？」那是在我外婆去世的一年後，這一年裡我沒有因為外婆去世這件事情再流過一滴淚，因為我不願去觸碰。但那天，我在心理醫師的辦公室，淚如雨下，泣不成聲。說實話，問診之後的那天，我的確感覺非常愉悅。這不奇怪，因為研究表明，哭泣的解壓效果要遠遠大於笑。日本著名腦科學家、被譽為日本「血清素研究第一人」的有田秀穗向人們揭示，哭泣能以最快的速度增加同感腦（血清素能神經）的血流量，讓人們感到無比放鬆。他甚至建議大家經常性地進行有意識的正向哭泣。[2]

其實即便沒有心理醫師，我自己博士期間在行為學和心理學領域的研究也讓我清楚地知道，無論是童年的受虐，還是外婆的離去，都使我當時或多或少有一定程度的創傷後壓力症候群。創傷後壓力症候群可能發生在各種年齡層，在沒有正確干預的幫助下，有這種焦慮問題的兒童相對而言很難自己走出悲傷狀態，從而焦慮會在玩遊戲或者噩夢中不斷重演。[3] 因此，怪獸老奶奶會在早年間經常出現我的噩夢中，我會選擇避免去想外婆去世的場景。而長期麻木的忙碌，使得自己沒有閒暇時間去胡思亂想，並且暴飲暴食加重了這種壓力之下的焦慮狀態。

對美食的長期依賴是一種上癮行為，它會刺激體內分泌大量的多巴胺，給人們帶來愉悅感。隨後，依賴程度會隨著多巴胺釋放的濃度和速度的上升而變得越來越強。在第三章中我們已經知道，多巴胺具有很強的適應性。在人們的愉悅機能被過度刺激後，我們體驗愉悅的能力會下降，為了對抗因多巴胺的適應性而造成的快樂衰減，我們會選擇更多的物質刺激，比如吃更多的美食以得到同等程度的愉悅感。但過度刺激多巴胺分泌所導致的上癮行為會改變大腦的結構和功能，使得人們將自己的欲望和實際的需求相混淆。[4]

我告訴心理醫師，外婆去世了，所以我生命中將永遠缺失曾經和外婆在一起時的那種快樂（永久性的歸因）。她告訴我：「你對自己太苛刻了，以致把自己弄丟了，失去了活在此刻的覺察，悲觀占據了你的潛意識。」在六十分鐘的問診快要結束時，心理醫師告訴我：「接下來的兩個月你先不要來見我了，我給你兩個鑰匙，因為你有足夠多的理論知識背景，堅持去做這兩件事，也許你能自己打開一部分你的心結，記住，要對自己好一點。」

心理治療很重要的一步，就是幫助人們意識到自己有能力且必須依靠自身去面對自己的困境，重新構建生活。只有這樣，人們才能真正放手去改變。[5] 榮格說過：「人們會想盡辦法，各種荒謬的辦法，來避免面對自己的靈魂。但只有直面靈魂的人，才會覺醒。」因此，心理治療的過程是具有挑戰性的，因為這個過程逼迫人們從自己曾千方百計迴避的角度來重新認知自己，提高覺察，不管這種迴避是有意識的還是無意識的。

心理醫師當時給我的這兩個鑰匙，一個是每天堅持寫下三個幸福時刻，另一個就是嘗試冥想。

專注當下的力量

在開始接觸冥想前的很多年，我一直認為冥想是偽科學。這其實是典型的無知所導致的自以為是的達克效應。實際上，大量的科學研究已經反覆證實，冥想給大腦帶來了諸多益處，比如更好的學習能力和記憶力、更集中的注意力、更快速處理問題的能力、更高的創造力等。不僅如此，冥想還可以增強自我意識和自我調節能力，降低人們對壓力的反應，培養人們的正面情緒，提高免疫力，有助於安神和維持血壓的正常水準，延緩衰老，對於各種疾病（比如慢性疼痛、牛皮癬、焦慮症、憂鬱症、酒精依賴、飲食障礙、心臟疾病等）的緩解都有明顯療效，可謂對人類健康有極大的正面影響。[6] 研究表明，焦慮水準越高的人，長期冥想所帶來的變化就越大。[7] 美國國家健康統計中心的一項大規模調查顯示，二〇一二至二〇一七年，進行冥想的人口占比從百分之四升至百分之十四，僅僅五年時間，增幅是非常顯著的。在四至十七歲的年齡層中，這一占比從不到百分之一升至百分之五以上，歐洲的研究中也出現過類似的比例。[8]

冥想是一種訓練大腦的活動，既是一項技能，也是一種體驗。透過冥想，我們不是要成為一個與眾不同的人，而是要在過程中訓練覺察，理解自己為什麼會有這樣那樣的想法和感受。各種不同形式的冥想練習（比如放鬆、內觀、意識、專注、沉靜等）可以追溯到幾千年前，跨越幾個世紀，從幾種哲學流派、多元文化和傳統中發展起來。但幾乎所有的冥想練習都是針對意識、專注力和自我調節的訓練。

冥想雖與佛教文化有不解之緣，但本質上並不包含佛教元素。[9] 即便如此，早年間當醫生努力將冥想引入西方主流醫學界的時候，還是阻力重重。因此，冥想以「正念」為名進入西方醫學界。正念是很多冥想技法的關鍵要素，正念意味著有意識地、不予評判地專注於此時此刻。中文的「念」字由「今」和「心」組成，因此代表今日之心。雖然「活在當下」成了如今大家的一個口頭禪，但現實中，我們時常看到人們表現出來的一種失衡，那就是我們不斷努力去追逐目標的實現，渴望更多的金錢和名譽。不管做了多少，獲得多少，依然覺得不夠，還是不能開心。這種失衡在企業家群體中更為明顯，他們不懈地努力著，實現了一個又一個目標，卻從來不曾停下來，真正去享受目標實現後的成果。

正念將思維和內心統一結合起來。這種專注使我們對於當下的情形覺察更為敏銳和清明。要訓練這種當下的覺察意識，相對比較容易的學習方式是冥想。因此，冥想可以被理解成一種為人們練習正念提供最佳條件的技法。正念減壓療法的創始人、美國麻州大學榮休醫學教授喬・卡巴金博士於一九七九年為麻省大學醫學院開設減壓門診，是第一個將正念引入醫學治療領域的先驅。二〇一七年，正念理念在全球首次被應用於政治領域。卡巴金博士將正念帶入英國議會，國會議員現場實踐正念練習，並認為正念能夠幫助他們做出更為客觀、明智的政策決議。

與有效運動和健康飲食一樣，練習冥想要遵循特定的方法。掌握正確的方法很重要，否則簡單的體驗也許能夠給你帶來適度放鬆，卻無法從訓練中獲益並取得長足的進步。冥想是一個博大精深的領域，如果你從來沒有系統地瞭解過冥想，你可以在本章末尾的冥想推薦書單中選擇幾本進行學習。起初在進入冥想這個領域時，我閱讀了大量的書籍和文獻，嘗試了多種不同的相對主流的冥想方法，比如腹式呼吸冥想、身體掃描訓練、慈心冥想、行走冥想、微笑冥想、標籤冥想、迷你冥想等。每種方法我都會體驗一週到兩週的時間，並將每天冥想的感受記錄下來。這樣做的目的是希望找到適合自己的方法。我們需要知道，沒有任何一種冥想方法對每個人都是最好的。就像前文中提到的，即便是三個幸福時刻的練習也可以根據自己的實際情境靈活變通，因此在嘗試了各種方法後，我縮小了範圍，選擇了幾個我認為最適合我且我喜愛的冥想方法。研究表明，長期專注於訓練一種技能，能夠給人們帶來更大的進步。在專注於一種核心技能訓練的同時，可以時不時地加入一些其他的練習以豐富體驗。在之後的冥想練習中，我最常用且堅持了十多年的主要冥想方法就是正念呼吸訓練。

正念大師一行禪師曾說：「呼吸是連結生命與意識的橋梁，讓你的身心合一。」[10]在最開始的呼吸訓練中，最讓我抓狂的是我發現自己有如此多的想法！居然如此無法集中注意力！僅僅幾分鐘的呼吸訓練，我的思緒都會到外太空「遨遊」很多次。實際上，每個有過冥想經歷的人都非常清楚，在冥想訓練中時常會出現思維的游離。這是再正常不過的現象了，因為人類的大腦天生就在不停地思考，並游離於變化之中，只是我們往往沒有意識到自己無時無刻不在思考。

連續不斷的思維在我們的大腦中川流不息，使我們幾乎無法體驗到內心的寧靜。研究顯示，人們每天有將近一半的時間處於不專注的狀態。在冥想訓練中，我們會被各種各樣的想法引誘，從而偏離正念。不要懼怕思維的游離，因為當你每一次意識到自己的思維在游離時，這恰恰是對意識進行的又一次強化。呼吸訓練不僅能幫助我們覺察到這些想法以及自己正處於游離狀態，也能幫助我們統一身心，踏上通往智慧之路。因此，如果你發現自己被想法帶走了，不要刻意驅趕，我們只需簡單地讓自己回到呼吸的狀態，專注於呼吸，想法和念頭會來來去去，自然會從心中慢慢消失。

在眾多的呼吸法中，對我個人最有效的是腹式呼吸法和盒式呼吸法。腹式呼吸是用鼻子緩慢吸氣四秒，隨著吸氣的過程，腹部漸漸像青蛙一樣鼓起來，在腹部隆起至最大時屏住呼吸保持四秒，隨後用八秒的時間緩慢而輕柔地用嘴呼出氣息。人體吸氣的過程相對僵硬，而呼氣的過程相對柔和。平時我們自然呼吸時大多是用胸腔呼吸，這種呼吸通常只能填滿肺部中間的區域，而血管集中在肺的底部。腹式呼吸能夠將氧氣帶到肺的底部，從而鍛鍊處在胸腔和腹腔之間被稱為橫膈膜的肌肉纖維。腹式呼吸有效地帶動橫膈膜上下移動，有助於排出人們體內大量堆積的二氧化碳，從而獲得更多的氧氣，改善情緒，保持精力充沛。

因為大腦很容易被各種想法帶走，透過在心中默念秒數能夠幫助我們更加專注於呼吸。腹式呼吸是一種典型的韻律運動。研究顯示，規律的韻律運動能夠極為有效地啟動人體內的血清素能神經，而血清素的釋放對我們化解壓力和提升韌性又至關重要（這部分內容將在本書第四部分——連結中的第八章做詳盡闡述）。[11]

我在日常冥想訓練中採用最多的方法就是腹式呼吸法。但當我的情緒波動較大，或者需要快速平復緊張的情緒時，我會經常用到盒式呼吸法。這種方法被美國海豹突擊隊採用，又稱做作戰呼吸法或者 4×4 呼吸法。具體做法非常簡單，在腦中想像一個正方體盒子的四個面，依次沿著四個面走動，並進行吸氣四秒（第一個面）、屏住呼吸四秒（第二個面）、呼氣四秒（第三個面）、再次屏住呼吸四秒（第四個面）的循環。

美國梅約醫學中心的研究顯示，僅僅幾分鐘的盒式呼吸，就能對我們的自主神經系統產生積極的干預，從而讓自己快速恢復平靜，緩解壓力和焦慮。盒式呼吸法除了在美國海豹突擊隊經常被使用，在運動員和警察等職業人群中也被廣泛採用。實際上，這種方法也

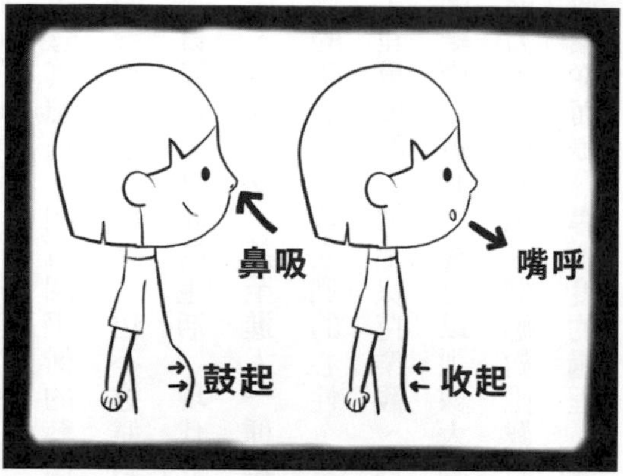

腹式呼吸法

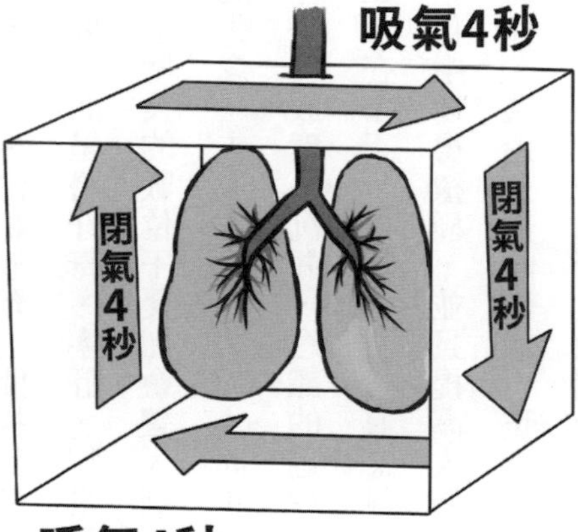

盒式呼吸法

能夠幫助學生克服考試前的焦慮，因為盒式呼吸法能夠很快讓我們感到放鬆，並且使大腦進入非常清晰的狀態。我自己除了每天進行正念冥想訓練，每週還會帶著孩子們一起進行一次腹式呼吸冥想，並教會他們面對任何緊張情緒時，採用盒式呼吸法舒緩壓力。

正念冥想是一門有關平衡的藝術。它訓練人們在專注和放鬆之間找到最佳的狀態，既不沉溺於對過往的糾結，也不逃避對未來的恐懼，而是將好奇、寧靜、仁愛和積極的力量注入每日繁忙而嘈雜的生活。現代社會中，日益增長的數位干擾總會讓人們頓生焦慮、患得患失、坐立不安，甚至進入一種無知無覺的失念（失去正念）狀態。而正念冥想能夠豐富人們的生活，完善人們的心性，幫助人們在學習放鬆、沉靜、意識的過程中收穫積極和感恩，在重要的事情上保持樂觀、專注，真正活在當下。規律的正念冥想練習會改變我們的大腦結構，這個過程可以訓練大腦在潛移默化中變得積極，並且提高人們處理壓力和危機的能力，因此增強人們應對困難時的心理韌性。透過長期的訓練，正念冥想是一個有意識地放鬆從而提升專注度的過程。因此，正念冥想過程中的深度放鬆會帶給我們覺察的力量，從而強化人們的意識。

意識與覺察

意識是一種警覺和存在的品質。你對每時每刻發生的事情能夠有越多的意識，你就越了解自己。研究表明，相對於沒有接受過冥想訓練的受試者，那些練習過正念冥想的人表現出更多自我意識的察覺。不僅如此，長期冥想者很難被催眠。[12] 因此冥想的重要作用就是幫助人們去除頭腦中過多的「噪音」，有意識地面對自己的想法和感受。換言之，冥想訓練幫助我們從已經長期帶有慣性的無意識狀態中清醒過來，是對大腦無意識的意識化，從而使我們能夠充分體驗生命中意識和無意識的極限。這個過程就是對認知的認知，也就是在第二章中所講述的「後設認知」的概念。

我們很容易掉入無意識的空間，在生活中缺乏意識和敏感。無意識可以被理解成一種慣性思維模式，即不需要思考就能夠做出的自動化反應。這種無意識直接影響著我們每天的想法、行為和決策，但同時也常常被人們忽略。因此，人們很多時候會陷入無意識的行為模式，而自己毫無覺察。

一個心理學實驗曾經向人們揭示出無意識的行為模式有多麼巨大的威力。參與實驗的受試者在進入電擊室之前均受到了專業實驗人員同等程度的言語攻擊，隨後他們被告知要對攻擊他們的人加以電擊進行報復。當受試者進入電擊室，看到桌子上擺著一把槍的時候，他們會對言語攻擊者（專業的實驗人員進行模擬，並不會遭受真正的電擊）給予長時間、高電壓的報復。當桌子上擺放的不是槍，而是一支羽毛球拍的時候，受試者往往會採用短時間、低電壓的報復。

僅僅一把道具槍，就足以激發人們潛意識中的攻擊傾向，從而影響他們的選擇和決定。[13]正是由於這種無意識化，人們經常進入「自動駕駛」的模式，被這些在大腦中橫衝直撞的自動化想法牽著鼻子到處溜達。但這裡的陷阱是，人們往往對自己的想法抱有很強的認同感，並把這種想法等同於事實。情緒源於想法，這種想法可能是語言，也可能是一種情感或是形象，而我們總是固執地認為自己的想法是對的。

在冥想中，我們不斷訓練的目的是讓自我從想法中抽離，養成觀察自己思維的習慣，只有這樣，我們才能掙脫自動思考的擺布，也就是有意識地讓自己和想法之間保持距離，從而更為清晰地認知自我。我在訓練自己成為自己想法觀察者的過程中，最喜歡使用兩種方法：一是思維瀑布法，二是河岸觀流法。

思維瀑布法是教我們將思考的過程想像成一條傾流而下的瀑布。你不是在瀑布中被澆得像落湯雞一樣，而是選擇坐在瀑布後面山洞中一塊平坦的大石頭上。這個絕佳的位置能讓我們清晰地看見瀑布湍流急下的樣子，也能清晰地聽到轟鳴的水聲，但重要的是，我們在瀑布之外，也就是我們將自己放在情景之外去觀察想法的產生和消失。

與此類似，河岸觀流法是把自己的想法和情緒看作奔湧而來的河水，但你是坐在河岸上，而不是在河流中。這個訓練過程幫助我們意識到自己所有的情緒和想法的存在，但需要在自身與這些想法和情緒之間創造一個空間，彼此分離，而不是成為這些想法和情緒本身。很多時候，你會和我有一樣的感受，那就是會被自己的想法帶走，從專注中游離，就好像自己被捲入了河裡沖走。每到這個時候，不要著急，更不要責備自己，只需要簡單地從河裡走出來，重新回到河岸坐下就好。無論哪種方法，都是訓練自己從不曾停歇的思

思維瀑布法與河岸觀流法

考中退後一步，但這種訓練的關鍵不是讓你停止思考，而是順其自然，成為自己想法的見證者。

在一次冥想訓練課程中，有個練習帶給我很大的觸動，你不妨現在也嘗試一下。就在此刻，不要低頭看你的手錶（我發現很多人聽到這句話的下意識反應就是去看一眼自己的手錶），想想看，你經常戴著的手錶錶盤上刻的是阿拉伯數字還是羅馬數字？當我第一次做這個練習的時候，我居然不能百分百確定我最常用的手錶錶盤上到底刻的是什麼。當我帶著「羅馬數字」的答案看了一眼那塊我心愛的手錶，發現上面明明刻著的是阿拉伯數字的時候，我為之一驚。

接下來，更神奇的是，我開始回憶每天運動時我會帶上的那只運動手錶上到底是什麼數字。我的運動手錶只有在記錄運動的時候才會顯示電子數字，平時就是一個手錶界面，而且這個界面還是我自己在不同備選界面中選擇了一個我喜歡的。雖然我依舊不能確定錶盤上是哪種數字，但按照正常的邏輯推理，誰會往運動手錶上放羅馬數字啊，因此應該是阿拉伯數字。但當那天課程結束我回到家裡，迫不及待地去看我的運動手錶來印證我的推理應該是正確時，我竟然發現，我每天使用的運動手錶錶盤上只有指針，沒有任何數字！

在上面這個練習中你中招了嗎？反正我是中招了，還妥妥地中了兩次！我們的思維總是在不斷做出假設，並在將各種假設相互關聯後把它等同於真相。我喜歡正念教練沙瑪什・阿里迪納把這種無意識和有覺察的狀態總結為「doing」（行動）和「being」（存在）模式。人們通常會無意識地對某個事情做出自動化的反應，這種無休止的「doing」模式讓我們時常進入「自動駕駛」狀態，疲於從一件事跳到另一件事，填滿每一個時間空隙。「doing」模式貌似一直在高效運轉，但實際上會讓我們習慣性地喪失覺察，忽略生活中很多美好的細節。當我們過於目標導向並將全部注意力聚焦於外部世界時，一種無法滿足感和厭倦感便會油然而生。持續消極的反芻就是典型的「doing」模式。有些人會習慣性地說，「沒有什麼事能讓我開心」，但事實是他只是「現在感覺不太好」而已。這種永久性歸因會讓人變得悲觀。因此，對自己的意識和想法的察覺，對於轉變我們的歸因模式也非常重要。

如果你在冥想訓練中學會了觀察想法，你會發現不管你經過了多長時間的訓練，你依舊會有很多各種各樣的想法，這是正常的。如果你期望透過冥想停止思考，那反而是誤入歧途。想法總會在人們的大腦中不斷湧現，冥想真正幫助你實現的，是改變你和你自己想法之間的關係。想法僅僅是想法，想法並不是事實。因此無須投入過多的關注，更不要將自己陷入想法和情緒。很多時候，我們會在還沒有完全意識到自己的想法時就採取行動，而冥想訓練的是人們從無意識的反應過渡到有意識的響應。反應是自動做出的，並不在我們的控制之中，但響應是有意識做出的，因此能夠被選擇。

在「doing」模式的下面是「being」模式，即此時此刻。在「being」模式中，我們的內心更容易以一種平和、安寧且包容的狀態關注當下到底發生了什麼，而不是陷入對過去的悔恨和對未來的焦慮。第四章中提到的每月捕捉靈動瞬間都是訓練我們從「doing」模式轉變到「being」模式的方法。只有知道如何轉換，我們才不會總是被想法牽制，反而能夠更加客觀、徹底地思考，獲得心靈上的寧靜和自由。實際上，我們不是去刻意「做」到正念狀態，正念就是一種存在的「being」。而這種從「doing」到「being」轉換的發生，並不是一兩次冥想之後就能體會到的，它可能需要幾週、幾個月，甚至幾年。正念冥想既是方法，也是目的，既是因，也是果。因此，正念本身就是對生命的覺察，同時也要融入生命。

承諾的自由

我自己起初在冥想訓練中的最大迷思是，急於看到冥想的成果。帶有一定目的開啟冥想訓練是沒有問題的，甚至是重要的。我們需要時不時想一想我們為什麼要做冥想，每個人的初衷都不同，有些人是為了健康，有些人是為了釋放壓力、緩解焦慮，有些人是為了尋找生命的深層意義。而我最初進行冥想訓練是因為我的心理醫師給我安排了作業，讓我對自己好一點，走出童年創傷和暴飲暴食的陰影。在我斷斷續續進行了「三天打漁，兩天晒網」式的冥想練習後，我完全感覺不到任何變化。實際上，我也並不清楚我應該期待什麼樣的變化。我讀的第一本有關冥想的書籍就是著名的正念大師一行禪師的《正念的奇蹟》。讀完後，我意識到如果你毫無期待地去堅持冥想練習，你會發現問題的答案會自然呈現，而且往往是在你已經完全忘記問題的時候。

做出「每天冥想」的承諾至關重要，因為承諾會最大限度地幫助我們釋放精神空間，關注應該關注的事情，從而獲得自由。到現在，我還清晰地記得，在剛開始的那段日子裡，當我冥想了一段時間卻看不到任何變化時，我又一次開始質疑冥想的科學性，儘管這次和以前不同的是，我已經閱讀了大量的資料。即便如此，我還是會經常性地陷入掙扎，腦中好像有兩個小人在不停較量，紅臉小人拿著喇叭不停說，「喂，要堅持冥想啦！」白臉小人則不斷找出各種合情合理的藉口。尤其是有的時候，當我一天中經歷了很多不順，心情無比糟糕時，腦子中那個白臉小人就會立刻跳出來耀武揚威，擺事實，講道理，讓我心安理得地認為，今天已經這麼慘了，就不要再折磨自己進行什麼冥想訓練了，反正也不知道有用沒用。在最初的那段時間裡，這樣的情況經常發生在我身上。

其實，當你感覺不好的時候，才恰恰是你最應該去做冥想訓練的時候。我們對想法的覺察和我們的專注力不是一兩天就能夠訓練出來的。長期的訓練才能幫助我們更好地認知自我和觀察思維，從而駕馭自己的情緒。只有這樣，未來你感覺不好的頻率才會降低，或者說我們能夠更快速有效地從不好的感覺中抽離出來。一旦開始冥想，就要設立每天堅持冥想的承諾，哪怕只有五分鐘。

第二章中所講述的經驗依賴性神經可塑性告訴我們，重複性的訓練比任何其他方式都更容易改變我們大腦的結構，形成新的神經迴路。

空出五分鐘去做冥想完全不是時間和精力問題，而是意願和態度問題。就像鍛鍊身體一樣，冥想是思維的精神健身房，而態度是我們在這個健身房裡鍛鍊出來的精神肌肉。保持一種強烈的意願，相信相信的力量，全身心地投入每一次正念冥想。我在給自己設立這個承諾後，每天冥想就如同每天要洗澡一樣，只不過我所做的不是在淨化身體，而是在淨化心靈和思維。這意味著我再也不用浪費時間去做無謂的思想掙扎：今天要冥想還是不要冥想？我好像沒有時間冥想，冥想真的有用嗎？沒有了這些擾亂定力的念頭，我反而獲得了精神自由。

承諾是有目標的毅力。缺少了承諾，我們很容易就會被不斷變化的感覺綁架。盡量不讓自己去質疑正念冥想的價值，畢竟它的科學性在數千份的研究和幾百萬人的實踐中得到了反覆驗證。我自己的體會是，你越是相信，並持之以恆地去練習，你在無形中會越靠近自己的目標。至少我自己就是這樣，帶著好奇、耐心和不評判的心態，在日復一日的正念冥想訓練中重新正面「遇見」了那個曾經的小女孩，最終把偶爾出現在噩夢中的怪獸老奶奶徹底趕走。

釋放與全然接受

釋放是冥想的基礎要義。釋放不是讓我們去做什麼，而是讓我們停止去做什麼。有一段時間我雙手的小拇指都出現了問題，以致在每天早上醒來後的半個小時裡，我的兩個小拇指像兩根僵硬的木棍一樣，第一個和第二個關節都不能靈活彎曲，而連結手掌的關節好似常年不用被鏽住的軸承一樣，只能一彈一彈地活動。在把類風濕、關節炎等能查的項目都查了一遍之後，我帶著所有正常的檢查結果，掛了運動復建科的號，因為唯一能讓我想到的是那段時間我剛剛開始學習如何打高爾夫球。復建科主任在對我的兩隻手做了各種檢查後，說：「你握桿太用力了，要把不對的力量釋放掉。」這時我回想起我的高爾夫球教練在給我上課時，也會時常拽一拽我手中的球桿，她總是會發出一陣笑聲，說：「我不搶你的球桿，不用使這麼大力。」

很多時候，我們有非常多的執念，只有釋放才能帶給我們更多真正成長的自由空間。就像我們每時每刻都在呼吸，每一次呼氣的釋放都是為了給下一次吸氣留出空間，正念冥想也是如此。當我們懷有仁愛、好奇和平和之心，全神貫注於自己當下的體驗時，我們會慢慢學會不再較勁，透過和解全然接受。榮格說：「當我們接受某事時，才會改變它。」

幾年前，我曾主動參與過一次心理釋放的干預訓練，在那次訓練中，我選擇和外婆永別了。其實那次心理干預訓練是發生在外婆去世的十幾年之後。是的，外婆去世那麼久了，但我依舊無法從內心深處真正和她告別。

那是一次為期五天的高強度領導力培訓，在課程中，我結識了組織與臨床心理學家喬治・克萊瑟博士。他是美國的一名警察心理學家[*1]和人質談判專家，專注於攻擊管理和人質談判。他在橫跨五大洲的一百多個國家積累了豐富的臨床和談判經一驗。在一天的課程中，喬治特別講到我們要學會和自己無法釋放的感情說再見，尤其是和那些在我們生命中非常重要，但他們的逝去在我們心中留下無法抹去的陰影的親人。

課程中，在被問到是否有類似經歷時，三十多個來自世界各國的學員中有很多人都舉起了手。喬治從中隨機抽選了一個學員，在徵得他同意的前提下，進行了現場心理干預。這位學員是來自印度四十歲左右的企業家。他的哥哥在一起交通事故中喪生，而這起交通事故的發生和他有著不可分割的關係。我們在場的所有人目睹了喬治對他進行的二十分鐘心理干預，最後他在淚流滿面中，和哥哥說了一聲「Bye, bro」（再見，哥哥），現場很多人也一同流下了眼淚。

午飯後，我發現他沒有出現在下午的課程中。「他會不會受刺激了？」「就這樣和自己的哥哥說再見真的能有用嗎？」學員議論紛紛。直到晚上，我還一直在揣測到底發生了什麼。第二天早上，他帶著祥和的、淡淡的微笑回到教室。在開始上課前，他和喬治在教室的一個角落聊了很久。我聽不到他們在交談什麼，但從神情上可以看出他們的交流很愉快，似乎也很感動。當上課的鈴聲響起時，他們緊緊地擁抱了一下，那個場面特別溫暖。我寫了一張小紙條給他：「午飯後我們可以聊一下嗎？」

那天中午，我迫不及待地想知道他到底怎麼樣了。他說，昨天下午之所以沒來上課，是因為上午感受到的情緒實在太強烈了，自從他哥哥去世，他就再也沒有過這麼強烈的情緒。那天他在一個河邊靜坐了整整一個下午，時而思緒萬千，時而一片空白。但令他驚喜的是，那天晚上，他夢到十幾歲的自己坐在火車上，火車在一片田野上飛馳。他看到了一片一片的花海，夢中自己身上沒有了那個巨大的書包，而這個沉得他喘不過氣來的書包曾經多次出現在他的夢中。醒來後，他感覺棒極了。

聽完他的描述，我真為他高興。但與此同時，我也在想，這樣的事情真的會發生在我身上嗎？在回教室的路上，我下定了決心。在下午課程開始前的十分鐘，我敲開了喬治辦公室的門，告訴他，我希望能嘗試心理干預。

那天下午在各小組進行討論時，喬治來到我們小組所在的房間。他對我進行了將近四十分鐘的心理干預，甚至還耽誤了後面的課程，因為我總是無法和外婆說再見。隨著喬治不斷的引導，我已哭到渾身顫抖，雙眼緊閉，死死抱住扮演我外婆的那位來自菲律賓的女學員。那位女學員五十多歲，留著一頭中短髮，是一家企業的人力資源總監。我第二天還專門買了一件衣服送給她，因為她在扮演外婆的過程中，整個右側肩膀的衣服全部被我的眼淚、鼻涕、口水弄濕了。由此你就能夠想像得出我當時哭得有多麼投入和慘烈，以致於坐在討論室裡的4個男學員都跟著流眼淚。他們是我在那次培訓中同組的同學，來自不同的國家，都是企業高階主管，當然沉浸在悲傷中的我當時對此全然不知。

最後在喬治耐心和反覆不斷的引導下，我依舊雙目緊閉，一邊抽泣，一邊開始做深呼吸。多年的正念冥想訓練把我從湍急的河流中撈起來並重新拉回到河岸上，把我從一瀉千里的瀑布中帶回到後面山洞的岩石上。我逐漸和自己的情緒拉開距離，最終我說出了那句：「外婆，我知道你在天堂很好，我在這邊也一定會好好的。外婆，再見！」然後，我鬆開了「外婆」的手。此刻，當我寫下這段文字時，當時的情景歷歷在目，但我現在能夠感受到的是釋放、平和、寧靜。

那天下課後，我又和喬治交流了很久，向他講述了我的故事。當得知我一直在做正念冥想時，他告訴我在心理干預後，如果能配合上冥想，尤其是慈心冥想，效果會非常好。這是因為根據布里奇斯變革模型*2，對於傷痛干預的轉變，在和過去說再見後，很多時候人們並不會直接迎來一個嶄新的開始。[14] 在中間的過渡期，很多人會經歷情緒的混亂，在過去與未來中糾結和掙扎，因此過渡期的自我干預就變得尤為重要。那次課程後，我在相當長的一段時間裡堅持做慈心冥想，這也是除了正念呼吸冥想我最喜歡的冥想方法之一。

慈心冥想又被稱為慈心禪（metta meditation）。「metta」為慈愛的意思。慈心冥想的要義就是透過一定的話術來引導思維以激發對自己和對他人的感激之情，這是一種可以深度安撫自己情緒的冥想訓練方法。雖然和外婆說再見的過程讓我痛苦不堪，但在那之後的慈心冥想訓練中，我感受到了越來越強烈的關愛，無論是對自己還是對他人。我會發現自己的思維模式發生了很大的改變，真正能夠理解什麼才是換位思考。這種轉變會把我以前經常感受到的一種割裂狀態整合起來，從而給我帶來一種統合感。世界著名的腦科學家理查・戴維森教授的研究表明，慈心冥想訓練能夠顯著提高人們的同理心。而「奧林匹克冥想者」（經過長期慈心冥想訓練的人）具有更強的幸福感和同理心，同時也會更加關愛自己。

學會關愛自己本身就是一種治癒。英文中「heal」（治癒）一詞的本義是「使完整」。正念冥想就是幫助人們透過訓練覺察，把我們的感覺和事物真正合二為一，由此感受到自己的完整

慈心冥想

性。這種對完整性的感知能夠讓人們與自己、與他人、與周圍的世界建立更深刻的關聯，帶給我們強烈的歸屬感，從而跳出自我，並將自己融入更大的整體。正念減壓療法的創始人喬・卡巴金博士在《正念，此刻是一枝花》中寫道：「健康、治癒、神聖等詞在我們的語言和文化中蘊含的一切寓意都存在於整體性中。在感知到自己本質上的整體性之後……在一切有為和無為中，我們都能獲得寧靜。我們會發現寧靜一直就在我們的心裡，而當我們觸摸它、傾聽它的時候，身體也只能觸摸它、體會它、傾聽它。就這樣，順其自然。而心靈也會來傾聽，獲得至少片刻的寧靜。敞開心胸，虛懷若谷，我們會在此時此處找到平衡，找到和諧……」

四個月後的某一天，在課間休息時，我接到了媽媽打來的電話：「今早外公的各個器官突然衰竭，醫生說估計挺不過中午了。」外公是抗日軍人，在一個月前剛剛過完一百歲生日。過完生日後的那個月，外公突然身體不適，經過了幾次搶救，但都轉危為安。本以為自己做好了心理準備，但當這一刻真的來臨時，巨大的悲傷還是鋪天蓋地般襲來。

家裡的親人紛紛放下手頭的工作，趕往醫院見外公最後一面。可我當時只有十五分鐘的課間休息時間，教室裡還有七十多個企業家學員，接下來還有一個半小時的課程才到午休。這麼多年，作為一名教師，我從來沒有因為個人原因取消過課程，更不可能在課程中間掉頭走人，但這次不一樣。我深深知道，十幾年前沒能見到外婆最後一面，給我帶來了巨大的心靈創傷和心理餘震。和外婆一樣，外公在我生命中的重要程度不言而喻。

經過了短暫的內心掙扎，我不再糾結，回到教室把實際情況告訴了大家。在同學們的一致同意下，我做好了課程安排，風馳電掣地趕到醫院。衝進病房的那一刻，外公還在，但媽媽說外公已經沒有任何反應了。我趴到他耳邊，呼喚了一聲：「外公，我是萌萌。」外公竟然發出了很微弱的「嗯」的聲音，同時眼睛睜開了一下。在外公睜開眼睛的那個瞬間，我看到他的兩隻眼睛幾乎全部變成了白色，隨後就閉上了，無論我怎麼呼喚，外公再也沒有了回應。但外公還在，整個中午，我拉著外公的手，眼淚在臉上放肆地無聲流淌。一個小時後我不得不離開醫院，因為我要回到教室去兌現我給學生的承諾。臨走前，我和外公說：「外公，你要和外婆去天堂團聚了，我知道你們在天堂會很好，我在這邊也一定會好好的。外公，再見！」走的時候，我在外公的臉頰上輕吻了一下，他的臉頰還有一絲溫度。

下午下課後，我第一時間拿起手機，看到了媽媽的訊息：「外公已經走了。」沒有遺憾。

回到四個月前完成心理干預的那天晚上，我其實很平靜，沒有做夢。實際上，之後的很長一段時間我都沒有夢到什麼。沒有馳騁在遍野鮮花中的火車，也沒有任何我曾經想像過的畫面。但就是在那段時間，在反覆進行慈心冥想的練習過程中，我不斷「遇見」曾經的那個哭泣的小女孩。可不同的是，每一次的「遇見」都不再是逃避，不再是回憶那些刻骨銘心的細節。相反，就像我主動嘗試和外婆告別一樣，我帶著好奇、仁愛、積極的態度再次觸碰這段記憶，並全然接納了它。

有趣的是，和外婆說完再見後，我再也沒有夢到過曾經的怪獸老奶奶。也許外婆和外公已經把怪獸老奶奶帶走了，就像《西遊記》中的仙人把偷跑到凡間作怪的妖精降服後收入寶葫蘆一樣。在慈心冥想中，我不僅對那時的自己進行了關愛，對曾經的那個小女孩進行了關愛，我還嘗試對怪獸奶奶投入友善之情，感知她的存在，並漸漸發自內心地對她說：「希望你在天堂也能快樂、幸福、健康，遠離煩惱和痛苦。」這就是在做慈心冥想時我們需要不斷重複的引導語，對自己、對親人、對陌生人、對你不喜歡的人，甚至對所有的生命，都是如此。正如心理學著作《少有人走的路》一書中所強調的，人生的安全感往往源自充分體驗人生的不安全感。

接受是正念冥想中最重要的態度之一。真正的接受是指你不對自己的經歷進行好與壞的評價和判斷，而是要承認、慢慢靠近並領悟這種經歷。在情感的世界中，從A抵達B的最佳路徑不是強迫自己無畏艱險去到B，而是首先接受A的位置。神經科學家在研究中發現，樂觀的人總會以接受模式用積極的思維去面對困難和挑戰。相反地，悲觀的人卻習慣於用防範模式去否定問題和情境。

戴維森教授和他的團隊經過多年的實驗和研究發現，防範和逃避的思維模式能夠啟動大腦右側的前額葉皮質，而憂鬱神經通常就活躍在這裡。持續的悲觀式反芻和習慣性的消極逃避思維都是導致憂鬱發生的原因。相反，接受現實的思維模式能夠啟動大腦左側的前額葉皮質，而這部分神經通常會讓人變得更加積極。事實證明，八週的正念冥想訓練會讓人們帶著友善、好奇的心態去感受和接納令人不愉快的想法、情緒與身體感知，能夠幫助人們大腦的活動從右側的牴觸和無助模式轉移到左側更具創造性和積極性的接受模式，讓人們感受到更多的意義和更為健康的人際關係。

實際上，接受與釋放並不是遙遠的大道理。還記得第四章中提到的幫我治療頸椎的盲人趙醫師嗎？在一次治療手指的過程中，我疼得哇哇叫，趙醫師說：「你嘗試一下聚焦疼痛，就是充分靠近一下這種疼痛的感覺，感受它，不和這種疼痛抗爭，就感受二十秒，然後你再叫。」果然，這種直面疼痛的方法讓我沒有疼得繼續大叫。其實疼痛依舊在，只不過你接受了它。這和冥想中感受身體的不適和疼痛是一樣的。只是很多時候，人們在緊要關頭，就把道理和方法放在了一邊，順從了本性。因此，將正念不斷融入生活是其本質，只有這樣，我們才能更好地覺察。

正如一行禪師所說的那樣，正念冥想將人的意識和生命相連結，由釋放所產生的空間能夠讓人們真正的身心合一。被稱為美國運動心理學第一人的提摩西・加爾韋用將近四十年的時間探索體壇頂尖選手在賽點時的決勝法寶。他發現運動員的身心合一，是真正能夠幫助他們戰勝心魔的關鍵。在每一場激烈的比賽中，運動員都需要在與對手的外在比賽和與自己的內在比賽之間找到平衡。內心的消極心理慣性是很多選手無法獲勝的最大障礙，而冥想訓練是能夠幫助運動員放下執念，克服內在障礙的有效方法之一。比如，網球運動員在比賽中的兩個回合之間，會專注於自己的呼吸。他們在掌控呼吸的節奏和關注呼吸的變化中獲得安寧和平靜，這種狀態是身心合一後專注的放鬆。當運動員有意識地保持無意識時，這種全神貫注和心如止水使他們可以在接下來的比賽中保持放鬆和專注狀態，釋放最大潛力，實現突破。不僅運動員如此，所有希望在人生中不斷成長的人，都需要訓練自己在專注和放鬆之間達到平衡的能力。放鬆是正念冥想的起點，我們的思想、感情、認知、心緒等都需要經過不斷的覺察和探索之後，才能在專注的放鬆和放鬆的專注中得到釋放。一個人只有懂得如何釋放，才有可能擁有寧靜的心境與清晰的頭腦。

此時此刻

許倬雲先生在《中國文化的精神》中，也特別講到修心的重要性。他對《西遊記》的詮釋對我很有啟發：「《西遊記》竟將人間的許多艱難困苦，內化為內心的掙扎，由認識欲望到克服欲望、提升自我，終於悟解一切俱空而得到自由。因此，這項小說的串聯，譜成了既悲又喜的人生心路。」貫穿整部《西遊記》始終的其實是唐三藏對自己內心的征服，而齊天大聖孫悟空就是唐三藏的內心。孫悟空從被壓在山下五百年仍然不服管束，到因為害怕緊箍咒一次又一次地被降服，再到最後立地成佛的轉變過程，恰恰映射了一個人內心的修鍊過程。西天取經看上去是遠行，但其實是修心之旅。

正念冥想是無須遠行的修行，它教會我們對正在經歷的事情給予不帶任何偏見或評判的關注，活在當下，在保持覺察的狀態中安頓心靈。人在行動的過程中往往看不到陽光下舞動的灰塵，只有當我們靜下來的時候才能看到。舞動的灰塵猶如我們的想法，它們一直都存在，關鍵在於你是否有意願並有能力覺察到。冥想帶給我們平靜，而平和是感知幸福的基礎。就像馬修．里卡德在《幸福》一書中寫道，幸福是一種形成並貫穿於一切情感中的深度的寧靜和安詳。

透過長期持之以恆的正念冥想訓練，我發現自己感知並感恩生活中那些細小事物的能力越來越強，感恩的同時自己也收穫了一份幸福。就比如在一字一句撰寫並反覆修改這本書稿的過程中，每當我在倒茶時，都會保持一份正念。把白茶和少量陳皮放入我喜愛的磨砂玻璃茶壺中，浸泡一小陣子，拿出中間的茶漏，茶水在玻璃茶壺的磨砂中映出一絲透亮，倒入小茶杯中的白茶混合著陳皮的那種特殊的芳香，入口甘甜，沁人心扉。正如《懺悔錄》的作者、古羅馬帝國時期天主教思想家奧古斯丁的一句箴言：「幸福，就是繼續追尋已經擁有的東西。」

冥想不只是一門技術，它更是一種生活方式。每日晨起喝完一杯溫水後，我便開始這一天的冥想訓練，大概持續二十分鐘。卡巴金博士曾總結說，清晨是進行冥想訓練的絕佳時機。不僅如此，我還會讓日常生活更具冥想的品質。比如在需要長時間專注工作前，我會安排三分鐘身體掃描或者提神冥想；有時由於過度興奮或者太過疲勞而難以入睡時，不到十分鐘的正念呼吸冥想就會助我安然進入夢鄉。將正念融入生活的方方面面才是正念冥想的真諦，無論你是在等電梯、排隊買單、吃飯、走路，還是與人交談的過程中。

除了正念呼吸冥想和慈心冥想，我還為自己訂制了音樂微笑冥想的訓練。每聽到一首好歌，我便會帶著正念重複聽上好幾遍，專注於這首好歌的音調、歌詞及其背後的寓意，一邊聽音樂，一邊保持輕柔的微笑。一行禪師說：「微笑可以讓你掌控自己，當你微笑時，你會發現微笑的奇妙。」因此有意識的微笑能夠幫助我們享受冥想的過程。

除了音樂微笑冥想，我還會時常有意識地採用杜鄉的微笑方法。著名心理學家保羅・艾克曼在一九九〇年發表了一篇很有影響力的論文，提出真實的、發自內心的杜鄉微笑是最富感染力的笑容，也和人們的正向情緒與愉悅感息息相關。杜鄉微笑的特點是飽滿的笑容，面頰提升，牙齒露出，最重要的是伴有眼部魚尾紋的出現。相對於這種具有親和力的純淨式笑容，禮貌式的假笑只有揚起的嘴角，眼部的肌肉卻沒有改變。在適當的場合，我會享受杜鄉式的大笑，擠出的魚尾紋又何嘗不是生命中最美麗的饋贈。久而久之，當我有意識地進入無意識大笑的狀態時，自然會流露出滿滿的幸福愉悅感。正念冥想能夠系統地幫助我們提升自我覺察，與之相伴而生的是我們得以洞見萬事萬物相互關聯的智慧。智慧是一種能力，它是一種能讓我們擺脫對外部的依賴，從我們自身找到幸福的能力。

這就是我的故事。在引言中我曾問過，你的一生中有過像我一樣的至暗時刻嗎？有或沒有，都好。每個人都會經歷人生海海，就像提出習得性無助理論的兩位心理學家，塞利格曼在幼時經歷過父親中風早逝帶來的痛苦，梅爾則是在紐約市布朗克斯區的貧民窟長大的。年幼時的無助並沒有將他們擊垮。

梅爾和他的學生在前幾年的最新實驗中，再一次用老鼠電擊實驗驗證了習得性無助的經典理論。[15]但這一次和以往不同的是，同一組老鼠分別在處於幼年期（五週）和成年期（十週）的時候接受了兩次電擊實驗。結果發現，那些在幼年期經歷了不可逃脫電擊的老鼠，如果在成年後再次遇到同樣的經歷，牠們就會極度畏縮。相反地，那些在幼年期經歷了電擊但具有掌控力的老鼠，牠們成年後再次經歷電擊時不會輕易無助，也就是說，有韌性的老鼠更具冒險性。因此，如果我們在年輕時經歷過重大挫折，但想方設法克服了牠，我們大腦中的迴路就能夠被重塑，從而發展出一種不同但強大的韌性以幫助我們應對未來的困難和挑戰。就像資深的心理諮商師洛莉・戈特利布在被她的心理諮商師治癒後所說：「假如不痛苦，你就不曾體會真實的人生；假如你也深陷痛苦，你憑什麼幫助別人？」

最後用曾國藩的這句名言來結束正念冥想這章最合適不過了：既往不戀，當下不雜，未來不迎。

*1 員警心理學家利用心理學科專業知識，為員警提供心理諮詢和培訓，以幫助他們更好地完成日常工作。

*2 布里奇斯變革模型，由組織管理專家威廉・布里奇斯提出。他認為在我們遭遇人生變化時，需要一次內心的過渡。

韌性認知

- 在冥想中，我們不斷訓練的目的是讓自我從想法中抽離，養成觀察自己思維的習慣。
- 冥想真正幫助你實現的，是改變你和你自己想法之間的關係。想法僅僅是想法，想法並不是事實。
- 正念冥想教會我們對正在經歷的事情給予不帶任何偏見或評判的關注，活在當下，在保持覺察的狀態中安頓心靈。
- 智慧是一種能力，它是一種能讓我們擺脫對外部的依賴，從我們自身找到幸福的能力。

韌性練習

有關正念冥想的推薦書單：

《正念的奇蹟》

《靜心冥想》

《正念冥想》

《正念：此刻是一枝花》

冥想音頻

第三部分

韌性飛輪之意義

人生有何意義？這似乎是每個人自我覺醒之路上必經的拷問。在現實生活中，無論對人生意義有沒有明確的界定，很多人都無奈地陷入信仰缺乏、價值混淆和目標模糊當中，都在經歷一種痛苦的「撕裂」。與撕裂相對的狀態是「一致」和統合。研究實證和很多學者的主張表明，連貫的事物和體系會運行順暢，不連貫的世界觀會產生內部矛盾，舉步維艱。[1] 個體、企業和行業都是如此。因此，當一個人在身體、心理和社會文化三個層面連貫一致，實現高度整合時，人們就會找到人生的意義。

本書中韌性飛輪模型的三個葉片代表了個體與自我、世界和他人三個層面的關係。在第三部分中，第六章將解構「熱愛」的深層涵義，呈現從正向體驗到專注熱愛的演進過程；在此基礎上，第七章重點介紹我們該如何從熱愛的維度重新去認識時間管理，並透過「熱愛四象限」對工作和生活事務重新進行分類。尤為重要的是，第七章以真實的案例作為出發點，創立「意義樹」一行為導圖和樹狀圖的梳理方法，以此來說明如何透過定期、可視化的回顧，發現那些目標—行為系統中的不一致和空缺，以此激發我們的反思與改變。原創意義樹工具的目的並不是給你的人生意義貢獻唯一答案，而是為每個人探尋人生意義和行為目標的一致性提供可借鑑的路徑和思維通道。時間即生命，相比無意義的混沌，行為和目標的偏離往往更難被發掘。如果我們每天的行為都花費在和高層次目標無關或弱相關的活動中，那麼無論我們在當下多麼努力且沉浸其中，最終都會在偏移航線時悔之晚矣。

生命只有一次，追尋意義本身就是意義。

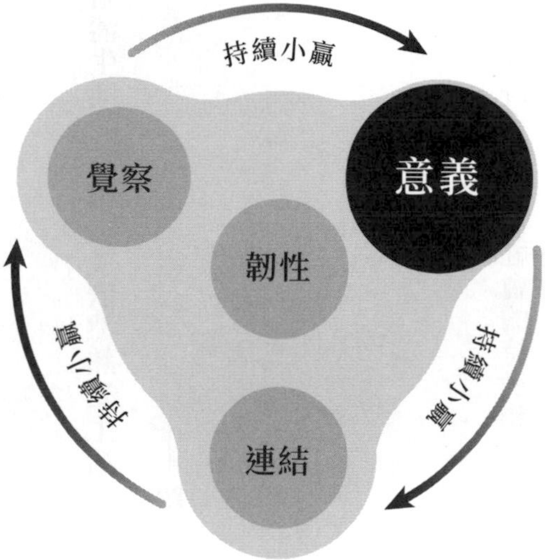

▲ 第三部分飛輪圖

第六章　專注的熱愛

世界上只有一種英雄主義，就是看清生活的真相之後依然熱愛生活。

——羅曼・羅蘭

意義源自熱愛——找尋自己的 π

進入「現代」之後，學者和思想者一直持續對整個社會的特徵和人們的精神狀況進行洞察。馬克斯・韋伯作為二十世紀最重要的思想家、社會學三大奠基人之一，在《學術作為一種志業》的演講中，曾有過一個著名的判斷：「我們這個時代，因為它所獨有的理性化和理智化，最重要的是，因為世界已經被祛魅，它的命運便是，那些終極的、最高貴的價值，已經從公共生活中銷聲匿跡。」[1]和現代人相比，古代人很少去反思、追問乃至追求個人的意義。因為當時的人們生活在一個有「魅惑」的世界中，相信有超驗的神祕力量存在，萬物有靈——這種神祕精神，讓古人覺得自身與宇宙連結成為一個整體，並從中獲得了存在的意義。然而，理智化的光芒驅散了魅惑的迷霧，人們在夢醒時分，在精神上會感到「荒涼」，信仰的神祕根基消失了，而科學又無法給生命的意義提供新的根本依據。[2]

對於祛魅之後的現代社會，韋伯並沒有給出價值判斷，而現代社會的重要思潮之一是個人主義的崛起。哲學家邁克爾・沃爾澤認為，新型的社會造就了自由主義「孤立的個體」，也就是我們常看到的「原子化的個人」[*1]。[3]而造成這一原子化過程的「元凶」，首先便是高度流動性帶來的社群「脫鈎」，流動性包括四個方面：地理上的流動、身分的流動、婚姻的流動和政治上的流動。沃爾澤將高度流動的社會狀況稱為「後社會狀況」。原子化的個人是被後社會狀況塑造出來的「後社會的自我」。

科技進步和經濟發展，讓身處網路時代的每個個體都擁有了空前豐富的資源和選擇的可能性，我們可以自由地選擇生活的地點、工作、伴侶和愛好，個人的終身成長也成為很多人的訴求。但同時，自由的發展讓每個人不得不獨自面對高度不確定的世界。特別在過往四十年高速增長的中國，在高度流動性帶來機遇和豐裕的同時，孤獨、迷惘和失落也如影隨形、揮之不去。焦慮成了社會心理的新常態。

在授課期間以及與眾眾多企業家交流的過程中，我時常聽到「無力感」三個字。很多企業家和高階主管坦言，儘管自己表面上看似光鮮亮麗，但實際上內心已經瀕臨崩潰，這種無力感的蔓延是一種說不出的痛。一個最具體的表現就是他們將每天的日程表塞滿。時刻都能被找到和資訊過載帶來的直接後果就是生活節奏越來越快，失控感越來越強。這種麻木的忙碌使得人們與自己的情緒和感受之間的連結越來越少，從而在不知不覺中進入一種「驢拉磨」的狀態。我們用忙碌的假象作為黑色頭套，一圈一圈地不停轉動，卻不知前行的方向和意義到底在哪裡。

在《人生有何意義》中，胡適認為，「人生的意義全是各人自己尋出來、造出來的，高尚也好，卑劣也罷，清貴、汙濁、有用、無用等等，全靠自己的作為。人生的意義不在於何以有生，而在於自己怎樣生活……你若發憤振作起來，決心去尋求生命的意義，去創造自己生命的意義，那麼，你活一日便有一日的意義，做一事便添一事的意義」。在條件極端惡劣的納粹集中營中，奧地利著名心理學家維克多・法蘭克憑藉著對生命意義的追求成了極少數的倖存者，他所創立的「意義療法」，以及他的著作《活出生命的意義》影響著幾代人對生命與人生意義的反思和追求。

我們在做企業調查的過程中發現，儘管不少中、高階主管已經擁有高薪和體面的工作，但是很多人的職場與生活狀態非常差。我們甚至在訪談中聽到一家企業的負責人這樣描述自己的狀態：「很多時候我覺得自己像個永動機，不停轉、使勁轉，能夠讓永動機停下來的那把鑰匙卻插在我的後背上一個我無法搆到的地方。所以時間長了，也不知道這樣不停轉下去到底是為了什麼。總之，就是這樣一直轉。」類似這位負責人的狀態並不是企業高階主管所獨有的，實際上，很多職場人士也像永動機一樣高速運轉著。有些人努力掙扎著尋找永動的意義，而更多的人由於現實的種種限制，受生活壓力所迫，自己所學的專業和從事的工作時常不是自己所喜愛的，由此產生很強的挫敗感，在不知不覺中選擇用忙碌蒙蔽內心對意義的渴望。很多人認為，工作與追求個人愛好是魚和熊掌不可兼得，因此總會將「我先拚命工作，等我有了錢，有了時間，再去……旅遊，再去學……再去實現……」的思維方式帶入日常生活。

大量心理學研究表明，做自己喜愛並擅長的事，是幸福感的重要來源，也是人生意義的重要構成部分。[4] 因此，韌性的獲得需要我們跳出T型人才（既有廣泛的基礎知識，又有一項專業優勢的人才）的禁錮，將自己打造成「π型人才」。π型人才是由新加坡政府提出並在新加坡得到廣泛應用的一個教育理念。盛行已久的T型人才已無法應對 VUCA [*2]

時代的衝擊，而π型人才注重在兩個甚至更多個深層領域的不斷培養和迭代，兼顧工作技能與個人愛好，同時配以對多個領域的豐富涉獵，因此具有極強的靈活性和韌性。π型人才猶如人用兩條腿走路，一條腿代表工作上的核心技能，另一條腿代表熱愛生活中各種可能的能力。在職場發展中，最具靈活性和優勢的狀況是兩條腿上的能力可以相互轉換、相互促進。

就像在新冠肺炎疫情防控期間，很多與出行或與社交聚集強相關的工作都受到了巨大的影響，有的行業面臨大幅裁員的壓力，曾經從事相同職業的人群卻出現冰火兩重天的境況。在一部分人舉步維艱，面臨失業的重重壓力時，另一部分人卻因擁有π型的第二條腿開闢出了意想不到的職業道路。新加坡政府在制定人才培養戰略時，會給予每個年輕人資金支持，鼓勵他們去學習和培養與當前職業不相關的新愛好、新技能。[5] 很多時候，業餘時間裡的這些「無用之用」反而會帶給人們思維上的洞察力，助力工作目標的達成。作家梁文道曾寫道：「讀一些無用的書，做一些無用的事，花一些無用的時間，都是為了在一切已知之外，保留一個超越自己的機會，人生中一些很了不起的變化，就是來自這種時刻。」因此，發掘並培養專注的熱愛是持續學習和終身成長不可或缺的部分。

「熱愛」對應的英文單詞為「passion」。人們對「passion」這個詞的第一反應往往是「激情」，而在《牛津詞典》中，對「passion」的注釋包含強烈的情感和熱衷的愛好（a very strong feeling of enthusiasm）。與稍縱即逝的激情不同，熱愛是可以持續一生的，而專注的熱愛代表把長期的時間和精力投入對熱愛的追求。有的人會認為，熱愛是「隨緣」的興趣，和生命中的真愛一樣，可遇而不可求。兩個人相遇並建立親密關係可能有一定的偶然性，但人與事物的熱愛關係不同，這種關係是可以培養出來的。愛情中的美好體驗，並不在於「白馬王子」和「白雪公主」從天而降的驚喜，而是相處過程中兩個人的互動和創造。心理學家斯科特・派克認為，愛是一個長期、漸進的過程，愛需要付出努力，愛是一種意願，只有強大到足以轉化成行動的欲望，才能夠稱為意願。[6] 因此，熱愛不是碰運氣，也不是藏在萬物之中可以「找到」後直接拿來的「現成」的存在，而是一個主動去發掘、經歷和培養的過程。從掌控感的角度來看，熱愛的深化過程如果伴隨著能力的持續提升，將是一個正向循環，就像遊戲由易到難的通關打怪，在一步步的難度進階中，循序完成更難的挑戰，收穫正向的體驗。

然而，熱愛的進階並不意味著只有做得好才配得上，熱愛並不是一場比賽。因此驅動我們持續投入的並不是要達到的「段位」，要取得名次，或者要「晒朋友圈」。在我接觸到的企業家學員中，除了極個別情況，很少有人能在幾年內在自己熱愛的領域成為大師，當然達到專業級水準的大有人在。以優越感為代表的外在動力不可能持久，也注定充滿挫敗。熱愛的驅動力是享受不斷小贏的過程，去深化美好的體驗。記得我在國外參加聚會的時候，一位美國朋友邀請我跳舞，我說自己不會，他說可以教我，我說我怕自己跳不好，他卻說：「人們不是因為跳得好才跳舞的，而是因為跳舞能讓人開心。」

生活中有許多類似的場景：我可能注定不能成為職業選手而揚名立萬，可是這並不妨礙我戴上拳擊手套在訓練場上揮汗如雨；我的畫作注定不會成為傳世名作，但我仍然可以把今天咖啡上好看的拉花畫到日記本裡；我寫的這首小詩不能發表，但是我可以在孩子睡前讀給他聽。喜歡一件事情，並不是必然要成為他人眼中的高手，只需比過去的自己進步一點，能夠和他人分享更多一點。心理學家愛德華・德西和理查德・瑞安在他們提出的自我決定論中指出，人們的內在動機，而非外在動機，是人類自我決定行為過程以及持久改變的核心所在。自主的需求能夠激發人們的內在動機。因此，如果人們發自內心的因喜愛而做出自主選擇，就會在行動中被真正的自我掌控。[7]

啟動正向體驗

人們的興趣不是透過反思得來的，而是在與外界的互動中體驗到的。當我們希望發掘並找到自己的π時，我們首先需要自主地去激發各種各樣的熱愛。熱愛的養成並不能一蹴而就，也是一個持續小贏的漸進過程。所有讓我們感興趣的正向事物，都能帶給我們積極的體驗：好奇、快樂、溫暖、感動等。很多事情也許微不足道，只帶來片刻的享受和愉悅，卻是心理韌性重要的養分。心理學家認為，能夠給人們帶來滿足感或幸福感的一個重要特質就是對生活感興趣，而感到生活美好的關鍵行動之一，即是去嘗試並體驗不同的興趣。[8]社會研究發現了一個驚人的規律：諾貝爾獎得主雖然都在各自的專業領域頗有建樹，但他們對表演、音樂、美術、寫作、手工藝等各項活動都有濃厚的興趣。諾貝爾獎得主和普通的科學家在參與各項活動上的比例是：表演，二十二：一；寫作，十二：一；手工藝，七．五：一；美術，七：一；音樂，二：一。不僅如此，研究還發現獲得很多專利的創業者比他們的同齡人擁有更多的興趣愛好，包括繪畫、雕塑、文學創作、建築設計等。

啟動正向體驗是發現興趣的第一步，這種自主行為的真正意義在於，你永遠不知道一個看似毫不重要的小確幸能引發哪些連鎖效應。這裡和大家分享兩個小故事。

我是一個重度愛貓人士。小時候和外婆、外公生活的那段時光中，貓永遠是美好記憶中的一部分。從我記事開始，撫摸貓、抱著貓的動作就一次又一次地在大腦中植入，以致在我有了孩子之後，都無須再學習如何抱嬰兒，孩子和貓一樣，在我懷裡會舒舒服服地安

圖 6-1 啟動正向體驗

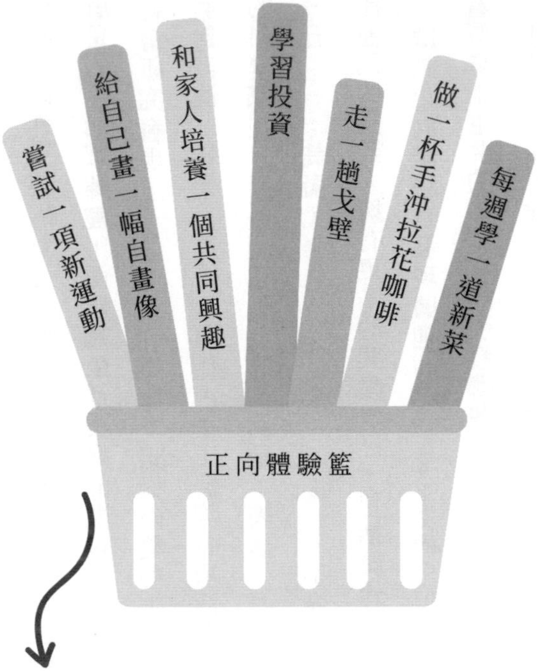

啟動你的正向體驗

____

____

____

____

____

然入睡。正如著名心理學家阿爾弗雷德・阿德勒的研究中所揭示的，一個孩子在童年的時候需要價值感和歸屬感，而我從和貓的相互擁抱中獲得了滿滿的幸福感。

遺憾的是，出於種種原因，我現在無法在家養貓。為了滿足自己內心深處的這種渴求，我會想方設法去創造正向的體驗，比如看有關貓的影片、蒐集貓的各種小擺設、去閨密家看望她的貓等。最讓我開心的是，近幾年出現了一個新興但正在蓬勃發展的產業——貓咖啡廳，也被人們叫做擼貓館。我平常在北京、上海、深圳停留的時間都很多，所以我走過了這三個城市中很多的擼貓館。每次去擼貓都會有不同的體驗。在連續幾天高強度的授課完成後，我都會選擇一個空閒的下午在一個擼貓館裡坐幾個小時，一杯咖啡，幾隻貓，一本書，有時就是靜坐在我喜歡的貓旁邊。有趣的是，作為行為學和心理學研究者，我的職業病會讓我不由自主地觀察周圍的人，比如小心翼翼撫摸著貓的小女孩、手握逗貓玩具不停和貓玩耍的小男孩、舉著相機追在孩子後面拍下孩子與貓互動畫面的媽媽、把貓抱得歪七扭八的年輕小情侶，以及眼神憂鬱、看著貓發呆的高中生……前來擼貓的群體中，還有一類是看上去在二十五至三十五歲年齡層的年輕男子。他們往往是一個人，一坐就是半天，悠閒自得，有的甚至把筆記本電腦打開，敲擊著鍵盤，任由貓來回穿梭。貓走到身邊的時候，他們會停下敲擊鍵盤的手指，撫摸牠們幾下，然後再繼續敲擊鍵盤。

這樣的場景引發了我極大的興趣，讓我想去探究擼貓背後的心理機制。一個偶然的機會，我看到一位學員發了一條特別的朋友圈。九宮格中是幾隻可愛的貓的照片，配的文案是「為員工提供擼貓服務」。我隨後安排了對這位學員的訪談。我了解到，他的企業屬於網路安全行業領域，即為企業提供網路安全服務。很多崗位的員工都是研發人員和具備黑客能力的技術宅男，他們非常喜歡貓。這位學員這樣和我分享道：「之前有些候選人接到offer（錄用通知）不一定願意入職，而現在有幾隻貓趴在辦公區，就能吸引不少技術極客。我們這個行業相對封閉，貓的加入，讓接到offer的人的入職率提高了百分之五十。」

動物和人類對於皮膚接觸都是有渴求的，這種需求也稱「皮膚飢渴」。[10] 著名的恆河猴實驗揭示出，對靈長類動物來說，柔軟的接觸對依戀的形成起到非常重要的作用。[11] 二十世紀五〇年代末，美國發展心理學家哈利・哈洛提出了依戀理論。他和研究團隊將一隻剛出生的小猴子放入一個巨大的籠子中。鐵籠中有兩隻用鋼絲和機器人腦袋做成的假母猴彼此相鄰。一隻鋼絲母猴身上掛著一個奶瓶，而另一隻鋼絲母猴身上用絨布包裹，軟乎乎卻沒有奶瓶。和人們熟知的「有奶便是娘」的說法恰恰相反，小猴子只有在飢餓的時候才會趴在鋼絲媽媽身上喝奶，而一天中除了喝奶外的絕大部分時間裡，小猴子都會抱住那個軟乎乎的「媽媽」。尤其是當一隻玩具熊在旁邊發出「鐺鐺鐺」的聲音時，小猴子更會緊緊地抓住絨布媽媽以獲得安全感。

這一經典的心理學實驗充分證明觸摸對於安慰的重要作用。兒童對皮膚接觸有最強烈的需求。充足的撫觸也是嬰兒護理的重要環節。在婦幼醫院，針對早產兒推行的「袋鼠式」護理，是讓母親抱著嬰兒，讓嬰兒感受母親的體溫和心跳，促進早產兒的身心發育。神經學家艾德蒙・羅爾斯所做的一項研究發現，觸摸能夠啟動我們大腦中有關獎勵機制和同情心的部分。[12] 觸摸會引發大腦分泌大量的催產素，這種物質也常被稱為「幸福荷爾蒙」。觸摸還會降低我們的血壓反應，使我們的心率和壓力皮質醇激素水準下降。無論是父母對嬰兒的撫摸、情侶或夫妻之間的愛撫，還是兒女對老人的反哺性擁抱和按摩，都是維繫人們心理健康的重要因素。不僅在人與人之間，動物與動物之間、人與寵物之間亦是如此。

關於人們對接觸寵物的渴望，網上流傳著這樣一個說法。如何降低離職率？在入職的時候給員工發一隻貓，規定離職的時候還回去。乍看是笑話，但現在已經成為企業管理的新風尚，越來越多的公司允許員工帶寵物上班，擼貓已經成為有效提升員工滿意度和忠誠度的手段。我瞭解到，不少企業都開始嘗試人性化的關懷，在辦公室專門設置了一個擼貓區，有專門負責行政的員工每天下班把貓抱回家，上班再帶回來。因此，這不僅是性格內向的網路極客們的需求，也是很多人的需求。

我的另一位學員還給我提供了一個案例。在廣州一家知名的連鎖五星級酒店裡，員工們發現一隻流浪貓經常光顧酒店大廳，酒店的CEO不僅沒有命令員工驅趕流浪貓，反而在酒店大廳為這隻流浪貓訂製了一個軟軟的貓窩和靠墊，並請酒店的工作人員每天餵養這隻流浪貓。想不到，流浪貓一下子成了酒店的「網紅代言人」，不少人會專程來看望這隻貓，與牠合影，給牠送貓糧，在社交媒體上引發了持續關注，出乎意料地為酒店帶來了熱度和客流。

有關貓的案例我還能舉出很多。但我相信看到這裡，大家應該能夠體會到，正向體驗的激發並不僅限於某一個興趣、一個愛好或者無意間做出的一件開心的小事。但由此開始，正向體驗本身就能激發很多意想不到的收穫。我因為喜歡貓，去積極尋找不同的擼貓方式，由此打開了一扇大門，去關注相關研究領域和周週圍生活中與貓有關的事件，意外地收穫了很多對自己的工作和生活都非常有啟發的認知和體驗。

與此相似，就在修改「啟動正向體驗」這部分書稿期間，我帶著兩個孩子去看了火爆北京城的「梵谷再現」沉浸式光影展。在去觀展之前，兩個孩子僅僅是把梵谷的畫等同於他們小時候上繪畫課臨摹過的〈星夜〉。但一次光影展讓他們了解到，在梵谷年僅三十七歲的生命中，他創作了八百多幅油畫、一千多幅素描，還有上百幅水彩畫作品。當然，在讚嘆不已之餘，為何他年紀輕輕就結束了自己的生命，心理健康對於人們的幸福為何如此重要，成了那天下午我和孩子們討論的一個話題。

每一個自主激發的正向體驗實際上都會變成在第四章中提到的「三個幸福時刻」的重要來源。透過主動尋找並記錄生活中美好的事情，我們創造的正向體驗可以有效提升自己的心理資本，不僅能夠幫助我們強化日常生活中的覺察能力，而且是幫助我們不斷豐富人生意義的重要元素。其實工作和生活中到處都充滿著各種各樣的非常有趣的元素，關鍵在於你是否有意願努力讓自己成為一個具有豐富感受能力的人。

第二個我想和大家分享的小故事與養貓不同。我從來不會養花，卻啟動並體驗了一段非常特殊的「雲養花」經歷。

二〇二〇年年初的特殊時期，很多人在「居家」的經歷中練就了各式各樣的技能，比如健身、廚藝、園藝……我的新體驗是養「蘿蔔花」。我媽媽平時喜歡種花，也喜歡自己發豆芽、發蒜苗、種三七，用來拌涼菜吃。當時，媽媽、我和遠在國外上學的女兒分別在三地。在一次視訊通話時，媽媽拿來一個小塑膠盒，裡面是她做飯切下來的蘿蔔頭，泡在水裡已經長出了翠綠的小葉子。媽媽說：「你們兩個五穀不分的人，知道蘿蔔頭會開花嗎？」於是媽媽、我和女兒在三地同時開啟了蘿蔔頭實驗。我養起了白蘿蔔頭，女兒養起了胡蘿蔔頭，媽媽兩種一起養。我們透過微信和視訊通話更新彼此的進度，同步小歡喜和小失敗，來了一場「雲養花」。在養蘿蔔花的五個月時間裡，培育的過程並非一帆風順。有的蘿蔔怎麼也不發芽；有在萌芽幾天後就夭折了；有的雖然長出了茁壯的葉子，但遲遲不見花苞出現。最後留下來的蘿蔔頭，切下來的根部發黑並開始腐爛了，卻倔強地開出了一朵一朵蝴蝶一樣的粉色小花。

如果只看這段養蘿蔔花的經歷，你多半會給我貼上小資情調或是閒情逸致的標籤。事實上，在特殊時期，擔憂及悲傷是與喜悅相伴隨行的。坦白地講，剛開始養蘿蔔花並非出自興趣，更談不上喜愛，也沒有對蘿蔔能夠開花有過任何的嚮往。做出這個決定的唯一原因是女兒因新冠肺炎疫情滯留在國外無法回到我們身邊。她是全校唯一一

蘿蔔花養成記

個在舉目無親的環境中封校後無家可歸的孩子。可想而知，我和女兒的心情隨著學校的各種通知上下起伏，如同坐過山車一般。我不希望她在這樣的逆境中因這種無法預測的不確定性而過度焦慮，因此以一件種蘿蔔花的小事作為我們獲取小小掌控感的媒介。

我和女兒時常分享著彼此的經驗：澆多少水，多久換一次水，蘿蔔削掉多少比較不容易爛根，每天給蘿蔔頭晒多久太陽等。蘿蔔頭一天天的變化給我和女兒帶來了很多快樂，那段時間我們會在每天早晨起來後第一時間給蘿蔔頭拍張照片，發在群裡。我給女兒講述小贏（small wins）的理念，而每次她都會笑嘻嘻地糾正我：「媽媽，再試試 wins 的發音。」（說來奇怪，在美國生活了那麼多年，英語發音很標準的我就是無法百分之百準確發出 wins。）讓我意想不到的是，這個小小的蘿蔔花給我帶來了這麼多回到當下的感受。有時我會仔細觀察蘿蔔頭，因為它們的確每天都不一樣，我甚至會把這種觀察作為我日常冥想訓練的一部分。一次次地覺察和一次次美好的體驗互相強化，帶給我完全超出預期的靈動。種蘿蔔花這樣一件看似無用的小事，其實也是一次掌控感的訓練。在特殊時期帶來的巨大不確定性中，在焦慮、無助、迷惘之外，我們還可以一天天地靜待花開，從點滴變化中感受到生命的力量。

二〇二一年，《個性與社會心理學》雜誌刊登的一篇最新學術文章指出，人們有必要每天給自己留出一些空閒的時間做一些有趣的事情。研究結果表明，「最佳空閒時間」是每天兩至三個小時，少於兩個小時或者多於五個小時人們會感覺更糟。更為重要的是，研究發現，當人們收入相近時，空閒時間較少的人生活滿意度較低。[13] 重新對休閒時間進行認知非常重要。在一項心理學研究中，被灌輸了「休閒時間是有益的」思維的受試者比那些被灌輸了「休閒是一種浪費時間，毫無益處」思維的受試者更能夠專注並享受觀看休閒影片的過程。研究者發現，當人們認為休閒是一種浪費時，伴隨而來的往往是較低的心理健康水準和幸福感，以及較高的焦慮和憂鬱水準。[14] 因此，即便躺平也要學會「認真地躺平」，否則我們會在「焦慮地躺平」中胡思亂想。

啟動生活中的正向體驗可以幫助人們成為具有豐富感受性的人，這就需要我們不斷去延展自己能夠感受到且感恩身邊細小事物的能力。心理學米哈里．契克森米哈伊在《心流：高手都在研究的最優體驗心理學》中講道：如果我們在做一件事情的時候感到無趣，這不是那件事情本身的問題，而是我們做事的方法不對。不是生活中沒有快樂，而是我們經常錯過很多能夠感受到快樂的機會。

很多人可能會認為細微的敏感度是「雙刃劍」，可以體會到更豐富的快樂，就必然會經受更為細密的痛苦體驗。但在我看來，能夠感恩細小事物的人，憑藉認知重塑和心理資源的積累，可以人為地縮小大的痛苦和煩惱。久而久之，我們會朝著理想的平衡狀態去發展，那就是在感知美好的事物層面，我們的情緒顆粒度越小越好，而在煩惱和逆境中，我們可以放大顆粒度，接納並快速轉化。《倫理學》作者、哲學家巴魯赫・德・斯賓諾莎認為，人們的行動能力在困難面前容易被減弱，由此導致的成長受阻會使人們容易陷入悲傷而正向的因素會加速成長，讓人們在感到愉悅的同時增強能力。在斯賓諾莎看來，正向的體驗就是「一個由小及大獲得圓滿的過程」，因此人們的不斷成長、進步、突破就是快樂的源泉。

最新出爐的《二〇二二年世界幸福報告》[15]中指出，在衡量人們幸福感有關正面情緒的部分，最近幾年的一個顯著變化是在量表中特別增加了一項「你昨天學到或者做了一些有意思的事情嗎？因此，啟動生活中的各種正向體驗，可以增加正向情緒的頻率，從而增強人們的幸福感。但值得注意的是，僅僅對生活感興趣不足以幫助我們找到自己的π。前文中多次向大家提到的「經驗依賴性神經可塑性」告訴我們，人類的大腦神經系統跟隨經驗而改變，而經驗取決於我們關注的事物。由於大多數人並不是天生就具備對某一件事情的持久關注力，因此為了能夠將過往的正向體驗轉化為專注的熱愛，我們需要不斷聚焦某一種體驗，並透過科學的方法進行反覆強化，直到這種正向體驗固化為我們神經系統的一部分。這個聚焦過程就像將各種正向體驗放入一個大的漏斗，不斷篩選，最終深化並植入，成為π的元素。

深化與植入

心理學家巴里・施瓦茲說過：「很多事情看起來很沒意思、很膚淺，直到你開始做以後，才不會這麼認為。一段時間後，你才會意識到原來很多方面是你一開始不知道的，其中的巧妙和欣喜都是在你堅持了一段時間，深入地投入之後才產生的。」[16] 因此，從各種啟動的正向體驗到沉澱成更為持久的內在動力，我們需要經歷一個有意識的深化過程。這是因為人類天生會傾向喜新厭舊，即便「興趣」（interest）這個英文單詞的拉丁語詞源，從字面上解釋都是「不同」的意思。當我們不斷重複某一件事情時，出現無聊、厭煩心態是一種自然的情緒反應。因此找尋自己π的過程，不能止於開始嘗試某一個正向體驗時的驚喜，更需要持續去熱愛。興趣可以被發現，但熱愛需要不斷被發展和被深化。研究發現，大多數堅韌不拔的人都花了多年時間透過一系列的體驗去反覆激發和加強自己的興趣。他們同樣需要忍受事情變得不再像剛開始時那麼吸引人的過程。然而，即便如此，對他們希望深化的興趣，堅毅的人仍然保持孩童般的好奇心和持續探索的行動毅力。[17]

混沌創業營的李善友教授多次講道：「把眼前的事做到極致，美好的事物就會呈現出來，那個美好的事物竟然不是設計和規劃出來的，而是慢慢做出來、長出來的。」因此，熱愛不等於能夠帶來快樂的愛好或者消遣。很多人會泛泛地說自己的愛好是運動、讀書或者看電影。出於減肥或者紓壓的目的，一些人會堅持運動，我們週末可能去咖啡館喝咖啡，這樣的活動和熱愛相去甚遠。熱愛需要持續專注的投入，同時是不斷進階的，這就意味著深化體驗和行為並非簡單重複。

如第二章所述，持續小贏是整個韌性飛輪的動力，也是人們獲得掌控感的有效方法。而能夠讓我們打造出自己的與眾不同之處的 π，依靠的不是長時間的蠻幹，而是經過認真思考並分層次、有步驟的階段性提升。因此，最強的掌控感來自讓自己不斷能夠體驗到達成新的、微小的但不斷升級的挑戰性目標，即持續延展性小目標的達成，能夠最大限度地提升人們的掌控感。研究表明，幸福感的重要來源之一是做自己喜愛並擅長的事，在自己喜愛的領域不斷提高，甚至成為這個領域的專家，是追求人生意義的重要過程和結果。全身心地投入一個又一個充滿挑戰的延展性小目標，以實現個人成長並從中不斷感悟人生的意義感，我們才能達到蓬勃的心理狀態。

人們常說，喜歡一件事的極致表現就是到達「死了都要愛」的境界。這樣的說法雖然有些誇張，但形象地說明專注的熱愛表明了一種態度，那就是不管在何種狀態下，不管面臨怎樣的困難，只要做這件熱愛的事，甚至只要在腦中想到自己在做這件事，都能產生美好的體驗。但與此同時，在深化過程中有一點需要注意，那就是韌性不等於盲目堅持。這當中涉及決策平衡問題：在什麼程度上可以決定是繼續堅持還是放棄？怎樣做才不是淺嘗輒止？

我來和大家分享一下我是如何在眾多的運動中找到那個我「死了都要愛」的項目的，而這個過程就是從啟動正向體驗到深化與植入的一個有意識的選擇和轉化。這種轉化不僅可以用於選擇運動項目上，而且對我們希望深化並將其注入自己的 π 中的任何正向體驗都同樣適用。眾所周知，運動有益身心健康。全球的數據和例證不勝枚舉。《柳葉刀》根據對一百二十萬人在各種不同運動項目（比如跑步、慢走、健身操、游泳等）上的追蹤研究發現，每週運動三至五次，每次運動四十五分鐘是最減壓的組合。[18] 運動可以刺激多巴胺的分泌，保持定期的、有規律的運動能夠最大限度地促進人體內一種類似嗎啡的化學物質——腦內啡的有效分泌，從而給我們帶來運動後的極強愉悅感。但是，透過運動緩解壓力和找到自己最適合且最喜愛的運動以提升韌性，是兩個維度的概念，就像我們希望種出滿園盛開的牡丹花，僅僅清除雜草是遠遠不夠的，更重要的是我們需要在已經得到改善的土壤中播下好的種子，並不斷澆水施肥，因此消除生活中的不利條件與構建生活中的有利條件遠遠不是一回事。

在確定自己應該選擇哪項體育運動時，人們往往會陷入從眾心理，習慣性地模仿三類人的行為：一是與自己親近的人，二是大多數人，三是影響力大的、有權勢的人。[19] 我也不例外。在長江商學院，我們提倡終身學習、堅持鍛鍊以及持續公益向善。因此，長江商學院的每一個項目、每一個班級都有非常好的運動氛圍。在企業參訪學習過程中，許多企業負責人的馬拉松獎牌牆都會吸引大家駐足膜拜。我曾加入過好幾個跑步微信群，積極打卡，也期望著有朝一日實現人生的突破，拿下馬拉松全球六大滿貫的完成獎牌。這個願望是認真的，我購買了跑步所需的各種服裝、跑鞋和運動手錶，為了不盲目瞎跑以致對身體造成不必要的傷害，我邀請專業教練糾正我的跑姿，調整我的配速。其實從開始跑起來到三公里、五公里和七公里的小贏是順暢且愉悅的，但七公里變成了「卡脖子」的節點。在我努力嘗試各種方法，用了一年半之久，依舊無法找到突破七公里瓶頸的那種喜悅後，我開始反思。

從小學開始，我一直是學校田徑隊隊員，原本以為憑藉良好的身體素質把跑步培養成我熱愛的一部分，應是水到渠成的事情。但是回顧以前的經歷，我發現自己在學生時代擅長短跑、爆發力強，透過田徑隊的各種訓練，我的優勢項目以一百一十公尺欄和四百公尺接力為主，而長跑一直就是我的弱項。根據人的行為規律，帶來持續痛苦的習慣是很難養成和堅持的。我們在選擇希望能夠專注的熱愛時，一定要慎重和理性。當我在持續進階的運動訓練中始終無法找到延展性小目標達成後所帶給我的那份滿足感和成就感時，我決定不再糾結於此，把適量跑步（對我而言，每周一次，每次三至七公里）作為自己眾多鍛鍊項目的選擇之一，僅此而已。我把更多的精力聚焦於找尋並深化可以成為我的 π 的項目。

在發掘熱愛的運動的過程中，我首先不給自己設限，選擇去嘗試所有我認為有趣的運動，比如動感單車、器械重力訓練、瑜伽、皮拉提斯、拳擊、跳繩、騎馬、划船機等。如前所述，啟動正向體驗是第一步，而啟動的前提是重複去做。對於每種正向體驗，反覆嘗試若干次很重要，因為任何希望被深化的興趣愛好都需要反覆被激發。我通常會選擇在嘗試五至十次之後才去判斷這種正向體驗能否進入下一階段——「熱愛專注進階」（見表6-1）。對於每一項經過慎重思考且能夠入圍的項目，有意識地堅持並記錄使我受益良多。在這個過程中，將認知心理學家安德斯・艾利克森所提出的「刻意練習」與持續性進階的小贏理念相結合，我找到了自己摯愛的那項運動：拳擊。

從感興趣到熱愛，是一個長期的過程。走向熱愛，我們需要經歷刻意練習的過程以把正向體驗固化到我們的神經系統，從而轉化為持久的內在動力。這意味著在深化與植入階

表 6-1 對正向體驗進行多次重覆

	正向體驗	次數				
		1	2	3	4	5
1	跑 1 公里	✔☺ 😐 ☹	✔☺ 😐 ☹	☺ ✔😐 ☹	✔☺ 😐 ☹	✔☺ 😐 ☹
2		☺ 😐 ☹	☺ 😐 ☹	☺ 😐 ☹	☺ 😐 ☹	☺ 😐 ☹
3		☺ 😐 ☹	☺ 😐 ☹	☺ 😐 ☹	☺ 😐 ☹	☺ 😐 ☹
4		☺ 😐 ☹	☺ 😐 ☹	☺ 😐 ☹	☺ 😐 ☹	☺ 😐 ☹
5		☺ 😐 ☹	☺ 😐 ☹	☺ 😐 ☹	☺ 😐 ☹	☺ 😐 ☹
6		☺ 😐 ☹	☺ 😐 ☹	☺ 😐 ☹	☺ 😐 ☹	☺ 😐 ☹
7		☺ 😐 ☹	☺ 😐 ☹	☺ 😐 ☹	☺ 😐 ☹	☺ 😐 ☹
8		☺ 😐 ☹	☺ 😐 ☹	☺ 😐 ☹	☺ 😐 ☹	☺ 😐 ☹

段，我們要在一項聚焦的體驗上持續進步，在保持興趣度的同時專注地投入。熱愛的深化過程絕不是時間的堆積和簡單的重複，而是要為希望深化的愛好制定一個持續進階型的目標體系，不僅要分解，而且要進階。這是一個目標明確、專注、即時反饋、突破舒適區的系統訓練。

因此，深化的第一步是要清晰定義出可衡量的大目標。在條件允許的情況下，每天在固定時間和固定地點進行刻意練習，是幫助我們克服惰性的法寶。過往的大量研究已經清晰地告訴人們，出於生存的目的，我們的大腦天生「懶惰」，不願做出改變。任何動用大腦資源去思考的問題，比如我今天什麼時候、在哪裡做這件事，以什麼頻率做這件事等，都會耗損我們真正投入這件事本身的能量。將自己陷入複雜的預測、權衡和糾結是一種無端的消耗。因此，第五章中講述的有關冥想訓練時「每天冥想」的承諾，就是為了最大限度地為我們的思維空間提供自由，這樣我們才能更好地聚焦於事情本身。「固定時間和固定地點」並不是讓你死板地每天必須在特定的場所和時間進行練習，而是提示一個重要的思路，即在習慣養成的初期，要盡量去創造有利的條件，減少大腦中處理資訊的環節。

在我們將每天在固定時間和固定地點做某件事的行為反覆植入大腦形成神經迴路的「潛意識」後，「肌肉記憶」行為的持續將會自然發生。我的拳擊訓練、冥想和日常記錄的習慣已經完全植入我的大腦，無論在家還是出差，在模式形成習慣以後，某項能力的使用已經不再耗費我大腦的額外資源。當然，「每天冥想」的承諾並不意味著每天都要做。冥想訓練每天進行有益健康，而拳擊如果以天為單位進行訓練的話，反而弊大於利。因此，無論是時間、地點、頻率，還是適度承諾都可以根據實際情況靈活調整。

在階段性大目標清晰化後，分層遞進的持續小贏就變得尤為重要。每個階段的目標都在不斷提升，不斷設立一個又一個進階性小目標。研究顯示，任何具有複雜性和高難度的能力都可以被分解成若干個子技能，我們需要做的就是針對每個子技能反覆進行練習。任何領域的精進，高手都會專注於他們整體表現中一個非常小的方面（通常是需要改進的弱點），全神貫注地反覆練習，並在此基礎上，加大延展性目標的難度去實現不斷的突破。

精通某一領域可以為人們帶來「內部控制點」的感覺。心理學中的「內部控制」指的是人們認為自己的選擇和正在經歷的事情盡在自己的掌控之中，而不被外界因素左右，比如運氣或他人。如前所述，人類對掌控感有一種特殊的情懷。研究發現，遇到極端天氣時，飛行員坐在駕駛艙中所體驗到的壓力要遠遠低於坐在客艙中。同理，駕駛教練員會時刻把腳放在副駕駛的剎車上。在一件事情上達到精通的水準不僅讓我們感覺良好，被提升的內部控制感也會讓人們的行動變得更為高效，取得學業和事業上的成功。[20]

當然，做到精通某個領域需要我們不斷跳出舒適區，持之以恆地練習。在某些具有競爭性質的比賽中，運動員可能會以犧牲愉悅感為代價去做刻意練習，從而挑戰這個領域的最高難度。對常人而言，打造韌性不是一場比賽，而是持續一生的功課，我們需要在達成延展性目標和獲得自我滿足感之間找到平衡。咬牙切齒地拚命是很多人在堅持中感到痛苦，從而無法持續的重要原因。因此，每一個階段性目標的努力和深化既不能過短，也不能過長。幾次的嘗試不足以讓人們享受到經過努力而實現突破的愉悅，但因長時間失去喜好的盲目堅持所消耗殆盡的心理資本會令人們產生無助感，從而失去嘗試其他可能性的動力。

在熱愛深化的過程中，將大目標以四週為單位具象成初階小目標、中階延展目標和高階延展目標是操作性較強的方法。研究表明，任何新習慣和新技能的相對穩定和固化都需要至少三個月的時間。[21] 在達成每個階段的小目標的過程中，都需要透過第二章中介紹的小贏記錄表（見表2-2）的方式去重複具體行為。但值得一提的是，針對希望深化的不同項目，小贏記錄的方式也要相應地調整。舉例而言，在進階訓練半程馬拉松的過程中（見圖6-2），初階、中階和高階的目標需要重複的次數是不一樣的。比如，初階目標的五公里階段，起始的一至二公里重複二至三次便可進階到初階目標的下一個階段，而高階目標的十五公里可能需要重複更多次之後才能繼續進階到終極目標。再舉個例子，當

圖 6-2 熱愛專注進階圖（示例）

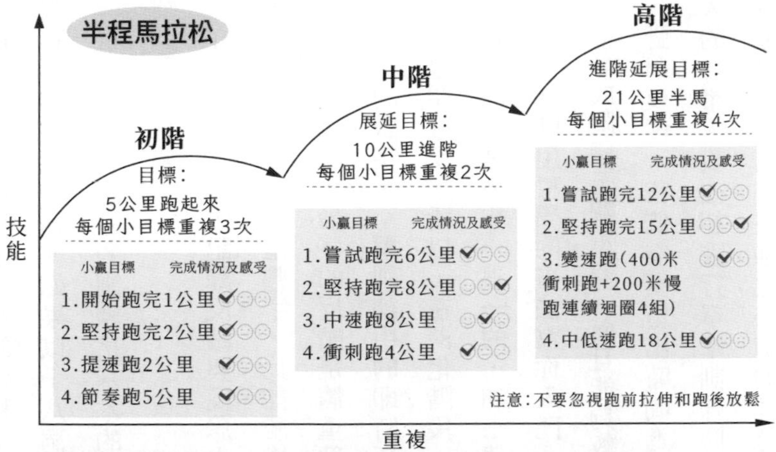

	高階小目標	1	2	3	4
1	嘗試完成 12 公里	☺😐✔	☺✔☹	☺😐✔	☺✔☹
2	堅持跑完 15 公里	☺😐✔	☺✔☹	✔😐☹	✔😐☹
3	變速跑（400 米衝刺跑 +200 米慢跑連續迴圈 4 組）	☺✔✔	☺✔☹	✔😐☹	✔😐☹
4	中低速跑完 18 公里	✔😐☹	☺✔☹	✔😐☹	✔😐☹

	初階小目標	1	2	3
1	開始跑完 1 公里	✔😐☹	✔😐☹	✔😐☹
2	堅持跑完 2 公里	☺✔☹	✔😐☹	✔😐☹
3	提速跑 2 公里	☺😐✔	☺✔☹	✔😐☹
4	節奏跑 5 公里	☺✔☹	☺✔☹	✔😐☹

	中階小目標	1	2
1	嘗試完成 6 公里	☺✔☹	✔😐☹
2	堅持跑完 8 公里	☺😐✔	☺✔☹
3	中速跑 8 公里	✔😐☹	☺✔☹
4	衝刺跑 4 公里	✔😐☹	✔😐☹

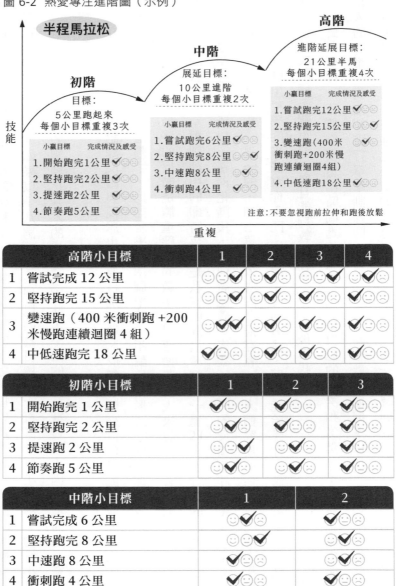

我們在刻意訓練打高爾夫球的過程中，需要將重複的次數替換成練習的小時數或者擊球的個數，比如中階訓練如果以十八洞一〇八桿以內為目標，一百二十個小時（平均每小時一百個球）有意識的訓練是基本的起點。因此，不同的刻意練習因人因情境而易，靈活變通甚為重要。

在填表的同時，記錄反饋與反思也需要特別關注。反饋可以來自自己或者他人，比如教練或導師，也可以是數字，比如勝率和準確率等。不論什麼形式的反饋都要及時，比如對減肥的人來說，最好的反饋是體重秤上的數字；對要增肌的人來說，最直接的反饋是體測肌肉量的數字。拳擊訓練中的即時反饋是教練的評價、打完一場四十五分鐘的訓練之後身體的整體感受。所以，在深化階段，任何有意義、客觀、即時的反饋都非常重要。畢竟常人對自己都是不夠「狠」的，加上達克效應的普遍存在，使人們容易高估自己的能力和自控力。導師用科學的方法幫你入門、掌握正確的方法，同時能給予你反饋和鼓勵，不僅在習慣養成階段至關重要，而且能夠敦促我們不斷突破自我。

針對反饋，我們需要留出時間進行反思，回顧自己的優勢和劣勢，不斷調整深化與植入的計畫。我起初進行拳擊訓練時，更多的是因為喜歡，並期望這項有氧和無氧相結合的運動能夠幫我在強化心肺的同時增肌減脂。但經過一段時間的練習之後，回頭再去分析我深愛拳擊的原因，我發現自己之所以對拳擊如此熱愛，是因為拳擊這項運動與我的專業領域深度契合，有著共通性和互補性。拳擊對速度、耐力、靈活性、反應敏感度等有一定的要求，同時需要極強的專注力和自控力。而我對心理韌性和認知、行為的研究都可以在這項運動中得到直接的感受和啟發。從這個角度來看，我在拳擊上的持續進步與我的頂層目標又形成了密不可分、相輔相成的關係（第七章將會詳述頂層目標對於意義感的作用）。

有一點值得注意，在工作場景中，下屬對於上司的反饋過程往往會因受到各種層級關係的影響而失真。在企業調查中，我們也屢次看到團隊的達克效應。當下屬對領袖產生脫離實際的「膜拜」時，下屬與領袖之間互相啟動了達克飛輪，當飛輪轉動得越來越快時，整個團隊陷入盲目的自我欣賞中，內部的反饋反而變成了成長的絆腳石。

以持續小贏的方式不斷達成目標，不僅實力得到提升，心理韌性也在增強。掌控感來自讓自己經常能體驗到那種達成新的、小的，但不斷升級的延展性目標的感覺。隨著經驗的積累和水準的提升，我們需要提醒自己，「謙虛的自信」非常重要，要既能保持自己的興趣度和專注度，又能清醒地認知自身的能力。根據達克效應的曲線，在新手和「半瓶醋」階段，人們容易高估自己的水準，當人們成為準專家和內行時，則容易「妄自菲薄」，覺得瓶頸難以突破，目標難以企及。我們常說「內行看門道」，這裡的門道是一種「心理表徵」[22]，「行家看一眼，就知有沒有」。在這個階段，我們需要認知到整個能力進階的框架，清晰、準確地看到自己的優勢和劣勢，靈活調整自己的目標，而不是執著地盯住單一目標。

以拳擊為例，我不會為了提升某一個方面的能力而過度訓練，因為對現階段的身體狀態來說，過度訓練會減少肌肉量，反而對健康不利。練習拳擊對我來說既是強身健體的肌肉鍛鍊，也是心理上的訓練，是為了身心韌性的提升。我不會因為某些動作做不好、協調性不夠而氣餒，而是為可達成、可量化、可見的進步而獲得長足的掌控感和成就感。在生活的各個領域，只要深入進去都是能夠不斷走向精深的，比如攝影、品茶、做手沖咖啡、烘焙、釣魚等。反饋也不一定來自導師，時尚博主對於穿搭的反饋來自讀者，遊戲達人的反饋來自隊友和對手。這種熱愛的最高褒獎是做到極致的美好，這種巔峰的成就感不是事先理性設定出的目標，而是「功到自然成」。

每一種熱愛都是值得發掘的寶藏，每一個微小的成就都值得我們為自己喝采。對我來說，每天都可以實現的幸福，就是覺察當下，就是每天都有時間全身心地投入自己的熱愛中，體會掌控感的增強，體會意義感和成就感，達到身心的蓬勃狀態。如果這種體悟和掌控感的形成路徑「遷移」到了其他領域，比如啟發工作的靈感，或者開始一項新的熱愛活動，或者幫助孩子選擇愛好等，將會帶來更多從積極情緒到熱愛的可能性，而這種可能性便成為我們打造自己人生中那個 π 的源泉。

[*1] 漢娜・阿倫特在其著作《極權主義的起源》中，把現代社會中的人形容為「原子化的個體」。這個原子化的個體是孤獨的、埋頭於物質享受的、完全「私人化」的，這樣的個體普遍存在，並且這些個體之間也沒有強有力的聯繫。

[*2] VUCA 是 volatility（不穩定性）、uncertainty（不確定性）、complexity（複雜性）、ambiguity（模糊性）的首字母縮寫。

韌性認知

- 做自己喜愛並擅長的事，是幸福感的重要來源，也是人生意義的重要構成部分。
- π型人才猶如人用兩條腿走路，一條腿代表工作上的核心技能，另一條腿代表熱愛生活中各種可能的能力。
- 很多事情也許微不足道，只帶來片刻的享受和愉悅，卻是心理韌性重要的養分。
- 興趣可以被發現，但熱愛需要不斷被發展和被深化。
- 打造韌性不是一場比賽，而是持續一生的功課，我們需要在達成延展性目標和獲得自我滿足感之間找到平衡。

韌性練習

1. 請嘗試著回答表6-2中的問題。
2. 在練習1的基礎上，請嘗試著回答表6-3中的問題。

表 6-2 熱愛清單

回顧上一個你感興趣了一段時間，後來又放棄的某項活動	你的回答
這項活動為何讓你感興趣	
你堅持了幾次？ 何時，何地，和誰一起	
讓你放棄的**內部**原因分別有哪些	
讓你放棄的**外部**原因分別有哪些	

* 根據以上回顧，創建未來一個月內你的「熱愛清單」

序號	時間、地點、人物、預計頻率	嘗試的次數和體驗的感受
1		
2		
3		

表 6-3 熱愛深化

回顧工作或生活中你擅長的某項技能	你的回答
你為什麼擅長這項技能	
這項技能給你帶來的讓你感到最快樂的體驗是什麼	
你通過哪些方法來達到目前的能力水準	
你如何克服能力提升過程中的困難	
這項技能有沒有對你的其他活動有啟發和助益	

* 根據自己對於個人技能的回顧，思考一下，熱愛清單中有哪兩項嘗試你願意留出三個月的時間，並按照本章講述的方法進行下一步的熱愛深化與植入？

熱愛深化 1：______________________________

熱愛深化 2：______________________________

* 三個月後，不要忘記回到這裡，根據自己記錄在「熱愛深化與植入小贏表」中的回饋，重新回顧你寫下的這兩項嘗試並回答：

	三個月後回顧與反思	繼續與否熱愛／不熱愛的原因	改進計畫
熱愛深化 1			
熱愛深化 2			

* 在此基礎上，我接下來希望體驗的新嘗試是：

次數	初／中／高階 小目標 嘗試 5 公里
1	☺ ✔😐 ☹
2	✔☺ 😐 ☹
3	☺ 😐 ✔☹
4	☺ ✔😐 ☹
5	☺ ✔😐 ☹
6	✔☺ 😐 ☹
7	✔☺ 😐 ☹
8	✔☺ 😐 ☹
9	✔☺ 😐 ☹
10	✔☺ 😐 ☹

次數	初／中／高階 小目標 ＿＿＿＿＿
1	☺ 😐 ☹
2	☺ 😐 ☹
3	☺ 😐 ☹
4	☺ 😐 ☹
5	☺ 😐 ☹
6	☺ 😐 ☹
7	☺ 😐 ☹
8	☺ 😐 ☹
9	☺ 😐 ☹
10	☺ 😐 ☹

次數	初／中／高階 小目標 ＿＿＿＿＿
1	☺ 😐 ☹
2	☺ 😐 ☹
3	☺ 😐 ☹
4	☺ 😐 ☹
5	☺ 😐 ☹
6	☺ 😐 ☹
7	☺ 😐 ☹
8	☺ 😐 ☹
9	☺ 😐 ☹
10	☺ 😐 ☹

次數	初／中／高階 小目標 ＿＿＿＿＿
1	☺ 😐 ☹
2	☺ 😐 ☹
3	☺ 😐 ☹
4	☺ 😐 ☹
5	☺ 😐 ☹
6	☺ 😐 ☹
7	☺ 😐 ☹
8	☺ 😐 ☹
9	☺ 😐 ☹
10	☺ 😐 ☹

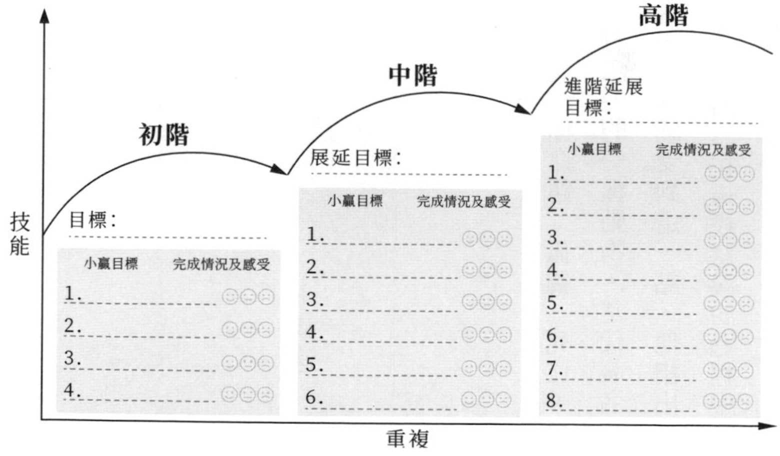

第七章　意義樹：連貫目標體系

人生的意義不在於何以有生，而在於自己怎樣生活。

——胡適

存在主義心理學家歐文・亞隆一直關注現代社會人的四個終極命題：孤獨、死亡、自由和無意義。眾多哲學家始終認為，人是不能忍受生活沒有意義的一種動物。當代著名作家周國平分享道，當他翻譯尼采的著作《悲劇的誕生》時，尤其感受到這一點。他指出，人類一定要去尋找意義，而尋找意義的過程本身就是有意義的。因為在尋找意義的過程中，人類產生了哲學、宗教、藝術，而這些精神生活的形成又賦予了人類生命更高層級的意義。

第六章著重講述了專注的熱愛是人生意義的重要構成部分。找尋每個人的π——做自己喜愛並擅長的事，可以透過啟動各種正向體驗，並在其中有意識地、有選擇地深化與植入來實現。將希望深化的體驗和愛好分解成階段性的延展性小目標，以持續小贏的刻意練習為方法，透過即時反饋和不斷反思，我們反覆植入和加強自己喜愛並擅長的技能，去實現一系列進階性小目標，從而獲得掌控感。因此，有明確且適當的目標對於人們在生命中尋找意義至關重要。曾經有一項實驗，探究耶魯大學應屆本科生的畢業目標和他們二十年後的財富狀況之間的關係。追蹤結果顯示，那些在畢業時有明確目標的學生（占比百分之三）在二十年後所擁有的財富比其他百分之九十七的學生的財富總和還要多，而這百分之九十七的學生在畢業時大多沒有明確的目標。[1] 雖然人生的成就遠不只財富，但明確的目標會給我們的人生帶來一個清晰可見的美好願景。在朝著自己的目標努力的過程中，我們會獲得充實與快樂，與之相伴的成就感和掌控感便會不斷豐富著生命的意義。

掌控感的獲得與人們不斷找尋生命的意義之間有著密不可分的關係。在原子化的個人時代，焦慮已經成為每個人的心理特徵。我們都面臨這樣的挑戰，即在不斷變化的外部環境中，一邊是持續減少的時間餘額，一邊是想要實現的長、中、短期各類目標。究其根源，焦慮源於對未來發生的事情的持續不可預測和不可掌控。面對未知的變化，降低焦慮感最直接的思維模式，就是把不可掌控的部分變成相對可以掌控的部分，但這種掌控也不能過度，追求百分之百的掌控甚至無法容忍不確定性的存在，反而是導致焦慮最常見的思維模式。完成從不可掌控到可掌控的適度轉化，最有效的方法是讓自己做和目標有關的事情，並在大腦中形成不斷達成目標的掌控感。

我們都希望在有限的時間內產出最大的效能，從而達成目標，因此時間管理已經成為每個人的日常任務，而如何評估時間管理效能，取決於目標的設定。可以說，沒有目標就沒有時間管理的必要，而時間管理的效能需要在更長的時間維度和更廣的意義維度上衡量。短期的、局部的過分高效，反而會影響長遠目標的實現，而一味地以犧牲熱愛為代價實現所謂重要的目標，又會損害人們對於更高層級生命意義的追求。因此，為了實現找尋人生意義過程中的統合感，我們需要把時間管理和專注的熱愛相互融合。

熱愛四象限

史蒂芬・柯維的時間管理四象限讓我們把每天所做的事按照重要性和緊迫性兩個維度分為四類，包括「很重要很緊迫」、「很重要不緊迫」、「不重要很緊迫」、「不重要不緊迫」。[2] 柯維在《與成功有約：高效能人士的七個習慣》中指出，高效時間管理者的明顯特質是除了重視「很重要很緊迫」的事，還會將大量時間投入「很重要不緊迫」的事。「很重要很緊迫」代表我們每天必須要處理的事，比如有關業務方面的重大事項、達成目標的最後期限、危機公關處理等。「很重要不緊迫」包括人才梯隊搭建、戰略制定、持續學習、鍛鍊身體、親子關係等。這類事無論是在工作上還是在生活上都有一個共同特點，那就是它們足夠重要，但並沒有到燃眉之急的地步，我們有足夠的時間去做積累。但一旦這些目前看似並不緊迫的事變成「很重要很緊迫」的事，是否在這個象限積累了足夠多的時間，就會帶來明顯的差異。比如企業時常到了核心員工離職，出現斷檔和空缺時，才意識到人才培養和儲備的重要性。所以，越早把時間投入「很重要不緊迫」的事上，我們就越有先發優勢。

尤其是在環境變化快的不確定時代，把更多的時間和精力放在「很重要不緊迫」的事上，能夠有效幫助我們未雨綢繆。很多時候，我們發現每天有做不完的「很重要很緊迫」的事，從某種意義上講，之所以會出現如此多緊迫的事，是因為我們在事情變得緊迫之前沒有做好充分的準備。因此，很重要不緊迫的事又被稱為能夠提供「非凡的效能」的象限，必須堅持投入，立足長遠。這對「機會是留給有準備的人」做出了最好的詮釋。

與投入「很重要不緊迫」的事上相對，很多人每天會深陷於「不重要很緊迫」的事務當中。處理不重要的文件、參加頻繁但關聯度不高的各種會議，以及查閱大量郵件、資訊、語音留言將人們的時間極度碎片化。如果我們將很多時間集中用於這些分散精力的事務處理上，我們就無法做時間的主人。在忙於應付的情況下，人們無法專心思考，在頻繁被打斷的過程中，績效將無法產生。

四象限中最需要引起我們重視，從而控制減少的便是「不重要不緊迫」的事，包括受到電子產品的干擾，過度沉迷於遊戲、娛樂和電視節目等。但有趣的是，人們往往樂此不疲地大碗喝著「雞湯」，穿梭於各種碎片化的資訊中。這種無法停止的所謂「閱讀」讓我們戴上了有色眼鏡，自認為是在持續學習，實際上完全沒有停下來深入思考。德國哲學家韓炳哲在《倦怠社會》中，批判了當前的「注意力渙散」，即在「多個任務、資訊來源和工作程序之間轉換焦點」。在這樣的狀態下，人們不能容忍一絲絲無聊。他認為，人類在文化領域的成就，都應該歸功於我們所擁有的深刻且專一的注意力，「一味的忙碌不會產生新事物。它只會重複或加速業已存在的事物。」[3]

《自然》雜誌於二〇二一年四月刊登的封面文章指出，人們每天要面對大概十萬字的碎片化資訊量，使我們心智上的「網路」幾乎處於無訊號的狀態。[4] 這項研究的作者萊蒂・克洛茲教授甚至提出，我們需要「資訊節食」。大量確鑿的數據已經向人們證實，資訊碎片化和過度的電子產品干擾是造成社會焦慮症的重要因素之一。手機等各類電子產品短期內為人類提供了極大的便利，但從長期來看帶來了更大的麻煩。手機甚至被比喻成「身體上多長出來的一個器官」。之所以說是「器官」，是因為我們陷入「道理都懂，但就是做不到」的境況，手機如影隨形，幾乎片刻不離。很多人臨睡前的標配是不停地滑手機螢幕，而由科技賦能的精準推送又使我們一直能看到自己喜歡的內容，被深度套牢，手指在螢幕上以微秒為單位的滑動，帶給了人們看似是「掌控感」，實則是「無力感」的虛假幻覺。手機成為生產力工具之後，人們頻繁地進行多個任務之間的切換。注意力帶寬變得異常擁擠，能夠保持專注的時間大幅下降。

研究顯示，重度智能設備使用者（每天使用六至七個小時）患有焦慮症和憂鬱症的可能性，是輕度智能設備使用者（每天使用〇．五至二個小時）的兩倍。[5] 過度使用智慧型手機會從兩個層面導致幸福感的降低。首先，面對面的社交互動減少，使人們容易陷入與他人之間的虛擬對比。我們往往將自己最真實的柴米油鹽的生活片段與其他人經過包裝編輯的華麗片段進行對比。這種下意識的對比評估會直接帶來朋輩壓力，使人們對自身的價值感產生懷疑，造成不必要的自我貶低和失望。

其次，泛濫的電子產品充斥著我們醒著的絕大部分時間，嚴重影響人們的睡眠。根據世界衛生組織的統計，全球人口中的睡眠障礙率為百分之二十七，而中國成年人的失眠率高達百分之三八點二。二〇二一年七月發表在《行為醫學年鑑》上的研究表明，要搞垮身體不需要長時間的睡眠不足，連續三天晚間睡眠少於六小時，就足以導致身心健康大大惡化。採用夏令時制的十六億人中，每年在採用夏令時的前一天晚上減少一小時睡眠，第二天心血管疾病患病率就會上升百分之二十四，甚至自殺率都會上升。睡眠不足不僅會帶來各種負面情緒（比如憤怒、緊張、孤獨、易怒等），還會造成多種健康問題相關（比如腸胃問題、呼吸道炎症等）。

《睡眠》雜誌上刊出的研究提醒人們熬夜真的會「變醜」，並提出「熬夜變醜八勛章」：黑眼圈、嘴角下垂、皮膚蒼白、眼睛周圍皺紋多、眼瞼下垂、眼睛發紅、眼睛腫脹、目光呆滯。與整體睡眠時間不足和經常熬夜一樣，不規律的睡眠會顯著增加一個人患憂鬱症的風險。

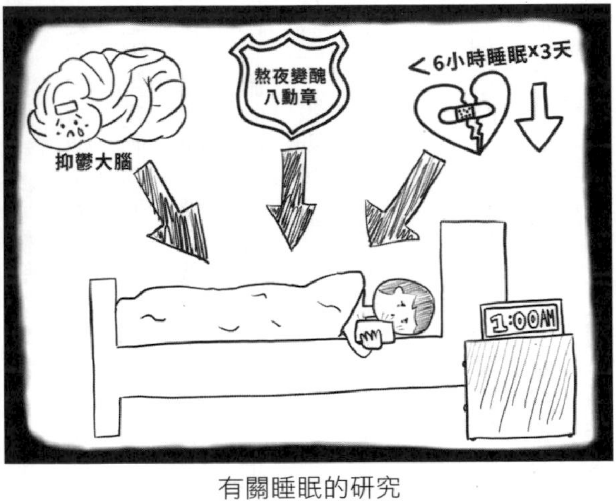

有關睡眠的研究

密西根大學學術醫學中心的研究人員用一年多的時間，追蹤了二千一百多名處於職業生涯早期的醫師的睡眠和情緒狀況，發現睡眠一致性是一個被嚴重低估的會對憂鬱症和健康造成影響的因素。[6] 此外，哈佛大學研究團隊分析了八十五萬人的遺傳數據、二十五萬人的睡眠偏好，基於八萬多人為期一週的追蹤數據發現，睡眠中點（睡覺時間和起床時間的中間點）的提早可以降低重度憂鬱風險的比例。比如，在睡眠長度不變的前提下，一個通常在凌晨一點睡覺的人改為晚上十二點睡覺，其患重度憂鬱的風險會降低百分之二十三，如果晚上十一點就睡，可以降低百分之四十。類似地，二〇二一年十二月發表在《生物節律研究》上的研究分析了四千六百八十四名四十至七十歲的成年受訪者後發現，夜貓子患精神疾病的風險更高。此外，睡眠充足的大腦與睡眠不足的大腦相比，兩者在儲存新記憶上的效率相差百分之四十。

人們常常會問「時間都去哪兒了？」回顧過去一週週，將你的時間分配按照時間管理四象限梳理一下，也許能找到部分答案。科維的劃分是第四代時間管理理論，他強調個人管理比單純的時間管理更為重要。柯維的矩陣幫助我們以可視化的方式梳理了時間的分配，也幫助我們克服了大腦偏好短期任務的壓力特性，將長期目標分解為日常任務。與其著重於時間與事務的安排，不如把重心放在維持產出與產能的平衡上。[7] 在我看來，上述時間管理矩陣仍然聚焦於時間的產出效率，很容易陷入外在動機——以胡蘿蔔加大棒的獎懲來驅動時間的分配。儘管「很重要不緊迫」象限提醒我們要持續學習、關注健康、陪伴家人，但是如果不能找到這些事情的內在動機並形成認同，這個象限的事情還是會繼續被擱置。

自我決定論強調，只有當人們因發自內心的熱愛而做出自主選擇時，內在動機才會被激發。內在動機，而非外在動機，才是人們在行動中獲得掌控感並做出持久改變的核心。[8]

同理，那些「不重要不緊迫」的瑣事，比如滑手機、打電玩，如果不從幸福效能的角度重新衡量和梳理，也不會輕易被戒斷和減少。更重要的是，我們需要重新對「不重要不緊迫」的事進行認知，因為很多時候我們希望找尋的 π 其實是源自這些看似「不重要不緊迫」的事情。如何從中去創造並啟動一些正向體驗，並將其轉化為「無用之用」，是需要我們在時間管理的基礎之上有意識地去思考並踐行的。

因此，在打造韌性的過程中，相比時間的效能，我們還應該關注一項活動占用的心理資源和產生的回報。其中，專注度是衡量心理資源投入程度的指標，興趣度則代表了一項活動所能夠帶來的正向體驗的強度。在柯維時間管理四象限的基礎上，我們提出一種新的思維角度——「熱愛四象限」，從專注度和興趣度兩個維度幫助個人更好地將時間管理和人生意義、激發熱愛進行連結，切實提升時間的「幸福效能」。

如圖7-1所示，第一象限是高專注度、高興趣度的事務，即熱愛象限，包括全情投入的工作以及容易讓我們進入心流狀態的愛好等；第二象限是低專注度、高興趣度的事務，即嘗試各種正向體驗，這是一些人們感興趣但並沒有投入很高專注度的事情，比如擼貓、出遊、看電影、和分別已久的親友重聚等；第三象限是低專注度、低興趣度的事情，即生活和工作上的瑣事，比如每天給孩子準備晚餐、記帳等；第四象限是高專注度、低興趣度的事，即責任象限，比如重要但並不是非常喜歡的工作、輔導孩子完成

圖 7-1 熱愛四象限

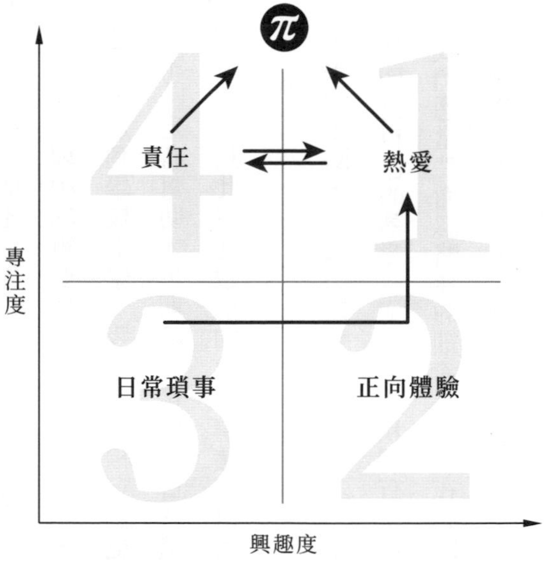

作業等。

熱愛四象限的兩個維度依靠我們自身的主觀評判。專注度和興趣度這兩個維度能夠更為直觀地揭示出我們有多少時間用於真正用心的「生活」，而不僅僅是生存。如果我們把大部分時間都花在責任和日常瑣事兩個象限，按照時間管理中的重要性和緊迫性來衡量，無論是完成重要繁雜的工作任務，還是每日準時把孩子送到學校上學，我們都會給它們更高的優先級，然而這樣的安排對於建設心理韌性並不一定有幫助。長期陷於責任和日常瑣事兩個象限的事務當中，我們會消耗甚至透支心理資本，長此以往會滑向負面情緒，以致產生心理問題。

揭示問題是為了找到改善的方法。第一象限和第四象限是前文中提到的 π 型人才的兩條腿。最理想的狀態是兩條腿可以互相轉化，即工作即是自己的熱愛。這就需要我們有意識地去發現日常工作和生活中，很多看似無趣甚至被我們想當然而忽略掉的細節。比如在第四章中重點介紹的三個幸福時刻的練習，就能夠有效幫助我們提升對工作和生活的興趣度。第五章中所分享的各種冥想技能都旨在訓練並提升我們覺察當下的專注能力。

當我們的感受性日趨豐富的時候，覺察身邊細小事物的能力逐漸增強，這種將無意識意識化的過程就能夠幫助我們不斷擴大熱愛的邊界。比如，很多人每天習慣性地喝一杯咖啡，我們完全可以從下意識地只為了提神，或者一種無目的的日常習慣，過渡到有意識地品嘗不同口味的咖啡（興趣度的提升），甚至在繁忙的工作間隙，利用喝咖啡的十五分鐘時間，融入一個味道品嘗的正念冥想訓練，特別關注一下自己的味蕾對不同口味咖啡的反應（專注度的提升）；我們還可以嘗試從機器泡咖啡到自己手沖咖啡（興趣度的提升），再到學習如何在拿鐵咖啡上拉花（專注度的提升）。

對很多人來說，從責任中尋找熱愛可能頗具挑戰性，但是從責任中找到正向體驗是有很大空間的。儘管一些人由於生活所迫並不熱愛自己的工作，但這並不妨礙我們將工作分解成多個環節。只要你有意識地去覺察，總會發現那些沒有那麼令人討厭的部分，也能發現自己更為擅長的、能夠得到同事和主管認可的部分。華頓商學院心理學教授安琪拉・達克沃斯在她訪談的研究對象身上發現，絕大多數堅韌的人在工作和生活中，都需要忍受一些他們不喜歡的事情，但他們依舊懷有孩童般的好奇心和對生活的嚮往，從而不斷強化自己所從事的這份事業和自己生活的意義感。[9]

因此，當我們以韌性提升和終身成長為目標時，就需要有意識地去關注和轉化那些看似在浪費時間，實則可以激發出不一樣體驗的事件，不要以偏概全地過快否認工作和生活的價值。實際上，研究發現，在興趣面前，腦力勞動成本並沒有我們想像的那麼重要。當人們在自己熱愛的領域付出大量努力時，不但不會感到疲倦，反而會越努力越輕鬆。[10] 因此，當我們在工作和生活中總是感到力不從心、非常疲憊的時候，這正是內心給我們發出的警惕訊號，是時候去關注一下自己的熱愛四象限了。

傳統的目標管理方法強調將大目標分解成階段性小目標，然後把小目標按照重要程度排序。根據以往的研究，目標分解有利於提高時間管理效率，幫助人們降低焦慮。但隨著我們所處環境的快速變化，複雜性不斷增強，傳統的目標優先排序有明顯的侷限性，特別是當人們在工作和生活中有多個重要目標時，失焦現象頻頻發生。過度以重要程度作為判斷優先順序的標準，使人們在難分伯仲的各種目標中猶豫、徘徊並迷失。實際上，以持續小贏為基礎的目標分解沒有問題，而核心問題出在我們很多時候並沒有真正想清楚目標與目標之間的關係。換言之，建立一個連貫性的目標架構以實現體系化的持續小贏，是將時間管理的不同維度與熱愛的不同象限進行相互融合的重要思維角度轉換。

意義樹

目標存在的意義在於幫助人們確定努力的方向，它關乎我們希望達成的結果。研究發現，堅毅指數越低的人，其目標越是零散的、非連貫的。堅毅的人群有兩個共同特點。一是他們在相當長的一段時間裡持續追求同一個頂層目標。有些心理學家將這個頂層目標定義為終極追求，另一些學者將其稱為終極關懷。二是在堅毅的人群中，他們的目標體系中絕大多數的中層和底層小目標都會以不同的方式與頂層目標相連結。一般而言，每一個底層小目標都是一系列具體而特定的行為，是為了實現上一層目標的方法或者手段。比如我每天堅持鍛鍊（透過跳健身操、重力訓練、拳擊等不同形式）是為了保持合理的體重再擁有健康的體魄。再如我每天讀書，是因為我要完成和孩子們之間的約定：每年讀二十四本書。保持體重和每年讀完一定數量的書籍，都是我希望實現的目標。為了實現這些目標，我需要有具體的行為作為支撐，比如如何開展鍛鍊，不同時間練什麼，花多長時間閱讀，讀多少量等。

但這裡往往容易被忽視的一個問題是：我們實現這些目標是為了什麼？你是否更深入地思考過：我們合理飲食、堅持鍛鍊，獲得健康的體魄是為了什麼？我們博覽群書、持續學習以獲得提升是為了什麼？我們努力工作，完成一個又一個項目，期望升職加薪，而升職加薪又是為了什麼？這每一個為什麼背後又有什麼樣的關聯？

事實上，每一個為什麼都回答了我們要實現更上一層目標的原因。亞里士多德認為：「人們將幸福作為終極目標來追求，而不是作為達到其他目的的手段。」在每一串「為什麼」

的終點都有一個頂層目標，它就像一枚指南針，它不再需要回答為什麼，但這枚指南針為下面所有不同層級的目標提供了方向和意義。根據過往的大量研究，圖7-2總結出「連貫性目標體系圖」，它可以幫助我們從理論的角度更好地理解目標與目標之間的架構關係。

研究發現，在制定目標時，人們的著眼點一般在中層目標或者底層小目標。很少有人在制定目標時能夠直接說出頂層目標。舉例來說，持續成長是一個中層目標，而每天讀書一小時就是能夠幫助人們實現持續成長這個中層目標的底層小目標之一；保持合理體重也是一個中層目標，而每天堅持鍛鍊就是幫助人們保持合理體重的底層小目標之一。當列出自己未來希望實現的目標時，你會發現我們往往將中層目標和底層小目標放在一起。我們或者並不清楚不同的底層小目標是為了實現什麼，或者只有中層目標的設定，而沒有具體實現的行動。更為普遍的現象是，人們常常止步於多個中層目標的思考，隨之陷入忙碌的行為，至於實現這些每天為之努力的中層目標是為了什麼，我們卻沒有更為深入的系統性的思考。

由於我們擁有的時間和精力都是有限的，連貫性目標體系能夠幫助我們清晰地認識到該如何聚焦。當我們畫出自己的目標體系圖時，就會發現有些我們固執地一定要去達成的目標耗費了很多時間，但其實這些目標和我們長遠意義的追求並沒有直接的關聯。這時，我們就要學會放棄與目標體系無關的耗損。

具體而言，沒有關聯的底層小目標可以直接去除，也可以根據實際情況靈活變通，選擇不同的方法或者手段。當原定的某個短期小目標不能夠有效地幫助我們實現中、長期目標時，就要及時去靈活調整，找到更為合適的短期小目標。而在對中層目標經過反覆思考和嘗試後，如果發現其在一定時間內對於頂層目標的達成確實沒有幫助，那麼我們更應該及時止損。

圖7-2的中層目標在實際工作和生活中可能遠遠不只一個層級，這時就更需要我們重新思考某些我們認為重要的中層目標是否有存在的意義。不惜一切代價的執念應該被適當的取捨代替。連貫性目標架構越清晰，我們越容易找到自己專注的熱愛。建立持續小贏的體系能夠幫助我們跳出以往的思維模式，那就是過度強調某一具體單一目標的實現。研究表明，當人們全力以赴集中精力在一個特定的目標上，但並沒有想清楚這個具體的目標與人生長遠意義的實現之間到底有什麼關係的時候，我們反而會在目標實現後失去方向。[11]目標實現的確會給人們帶來短暫的興奮，但很多人在此之後會在頭腦中不停地問自己：「然後呢?!」在繼續努力前行的動力失去依託後，人們會陷入一種不知所措的失控狀態。因此，目標體系的建立幫助人們梳理不同層級的、不同範疇的目標之間的關係，是使我們所期望的結果呈現的過程，因此目標體系促進人們持續不斷地成長。

圖 7-2 連貫性目標體系圖

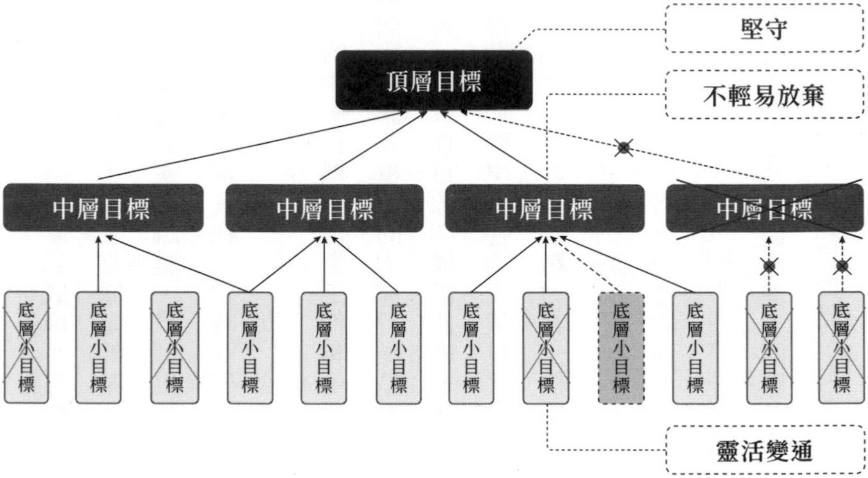

資料來源：

1. 喬納森・海特．象與騎象人 [M]. 李靜瑤譯．杭州：浙江人民出版社，2012： 237.
2. 詹姆斯・P. 沃麥克，丹尼爾 T. 鐘斯．精益思想 [M]. 沈希謹，張文傑，李京生譯．北京：機械工業出版社， 2011.
3. 史蒂芬・柯維，羅傑・梅里爾， 麗蓓嘉・梅里爾，要事第一 [M]. 劉宗亞等譯．北京：中國青年出版社， 2010.
4. SHELDON K M, KASSER T. Pursuing personal goals: skills enable progress,but not all progress is beneficial[J]. Personality and social psychology bulletin, 1998, 24(12): 1319-1331.
5. 《恆毅力：人生成功的究極能力》，洪慧芬譯，天下雜誌出版．

從以往大量研究中總結出來的連貫性目標體系圖，從理論的角度為我們提供了一個很好的改變思維模式的基礎。但在現實中，我們的任何行為都能夠被一個頂層目標指引，是一個過於理論化和理想化的狀態。將理論框架轉換為在實踐中具有可操作性的模型，是本章接下來的重點內容。讓我們將圖7-2調轉一百八十度來看，它就像一棵大樹。大樹在土壤下面的部分是盤根錯節的，這個根部本身就是複雜的，其代表我們每個人希望傾此一生去實現的終極意義，它並不是某一個目標、某一件事情，而是具有統合性的一種狀態。從根部由下至上螺旋式上升，枝繁葉茂地生長出高低不同的果實，代表人生中希望達成的不同的目標。果實之間看似互不相連，實際上它們都以不同的方式與根部緊密連結。果實的生長速度和最終的大小都不盡相同，但它們遵循相同的規律，甚至一些過大的果實會導致其他果實的夭折。因此，這種意在長遠的目標體系，不會過度聚焦於某一個果實的長成，因為每一個目標的實現都會或多或少地影響其他目標，而且每一個目標都可以清晰追溯到其根源並由此被指引，那就是我們追求的頂層目標，也就是人生的意義所在。

為了將這棵意義樹形象地描繪出來，我們需要將「熱愛四象限」與「時間四象限」相結合，去探究行為與目標之間的關聯。柯維的「時間四象限」幫助我們更為清晰地「看見」短期內時間的分配，其中的「緊迫性」維度更多地聚焦於時間的優先度和順序，而不是分配時間的多少。同時，緊迫性往往是一個不可控的外部變量，比如工作中的硬性時間節點、一些突發情況的處理等，應對這部分事務會超出我們的計畫範圍，與我們更高層級目標之間的關聯度較弱。因此在建立個人意義樹的過程中，構建模型結合「重要性」、「興趣度」、「專注度」三個維度，透過對主要事務和行為心理的回顧，更進一步去梳理短期內能力提升目標的可行性，並在此基礎上連結更長期的高層級人生目標，最後挖掘頂層目標即人生意義的線索和路徑。

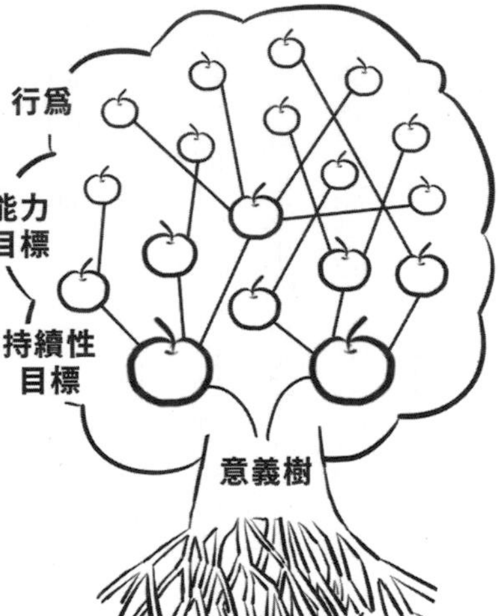

意義樹

按照柯維的框架，「很重要不緊迫」這一象限是區分高效能時間管理者和低效能時間管理者的關鍵所在。在課程和企業調查中，我與學員們經過多次探討和挖掘後發現，這一象限主要包含兩類事務：一類是可推遲的或可靈活調整優先級的重要工作任務；另一類則是由長遠目標分解而來的事務，即「功夫在日常」的事務，比如工作中的戰略規劃、人才培養、培訓，生活中的運動、學習、親密關係的經營等，這些目標的實現需要秉承「持續小贏」的行動原則，也和高層級的目標更為相關。因此，意義樹模型中有關「重要性」的維度更多地關注這類事務。

意義樹的梳理是一個相對長期的、持續性的、漸進的過程。任何持續性的探索和梳理都需要清晰的時間節點，以對過去一段時間內的行為和目標進行反思和連結。簡單概括，對於個人意義樹的構建，三個時間節點將過往三個月的行為回顧、未來一年的能力提升目標與更為長久的個人持續精進的人生目標相連結，不斷為頂層目標即人生意義輸送血液。

首先，我們要聚焦並回顧個人在過去三個月當中每週在工作和生活中的主要事務和行為，按照花費時間的多少進行排序，分別在工作事務和生活事務兩個部分列出出現頻率最高的四至五項。在此基礎上，根據重要性、興趣度、專注度三個維度填寫分數。每個維度的分值範圍為1～9分，最後三個分數相乘得出這項事務的總分，這個總分我們命名為各項事務的「意義得分」。在填寫分數的時候需特別注意評分的差異性，避免對每個事務、每個維度都給出類似的分數。以三個月為週期進行梳理，是因為人們一般對於過往的經歷的記憶在三個月後會變得相對模糊，同時新習慣和新行為的形成一般也需要三個月的時間，並且要再經過幾年的持續練習，才能夠內化成行為的一部分。[12]

為了能夠更為直觀地理解如何透過行為導圖來梳理個人的意義樹，我們來分析兩個案例：一個是某企業全面負責業務的高層管理者Ａ（男性）；另一個是具有豐富銷售經驗的項目經理Ｂ（女性），在企業中屬於中層管理者。

Ａ是一家服務行業企業的總經理，他用十五分鐘完成了意義樹行為導圖的填寫（見表7-1）。整體來看，在他工作的各類重要事務當中，他保持了高度的興趣度和專注度。值得關注的是，他在工作中花費時間最多的前五項任務，都和企業的長遠性目標相關，包括人才管理和戰略目標的制定、業務邏輯的梳理、關鍵客戶的走訪和維護等。實際工作中，並不是每一個高層管理者都能像Ａ一樣做他們應該做的事情。在我和研究團隊進行的大量企業調查中，我們發現很多主要負責人和高階管理者都面臨一個非常類似的棘手問題，那就是負責人在做高階管理者的事，而高階管理者在做中階管理者的事，以此類推。

導致這種問題發生的原因有兩個：有時是某些管理者自身能力全面，但糾結於是否「授權」，在工作中親力親為，或者像是打遊戲的「微操作」，過度指導下屬的具體事務；有時則是下屬產生了依賴心理，有事情就去找主管解決。在這裡我要推薦一本小書《別讓猴子跳回背上》，這本小書清晰地聚焦一個問題：為何老闆忙得團團轉，下屬卻閒得沒事幹？書中的猴子比喻的是每個人在工作中會遇到的問題和應該承擔的責任。管理者如果不能有效地劃定邊界，很有可能一天從早忙到晚，但做的並不是他原本應該去做的事情，而是肩

表 7-1 A 的意義樹行為導圖

序號	工作事務（請按照花費時間的多少排序）	重要性		興趣度		專注度		總分
		1~9 分，需注意打分的差異性，避免每個事務每個維度都給出類似的分數						
1	人才盤點，高潛力員工的發現和培養	8	×	8	×	7	=	448
2	原有業務的戰略規劃	8		8		7		448
3	新業務邏輯的梳理	9		9		8		648
4	學習管理課程，重點是激勵原則	8		8		6		384
5	客戶走訪	9		8		8		576

序號	生活事務（請按照花費時間的多少排序）	重要性	興趣度	專注度	總分
		1~9 分，需注意打分的差異性，避免每個事務每個維度都給出類似的分數			
1	高爾夫球	6	9	9	432
2	讀書： 人文類	8	7	7	392
3	陪家人	8	7	6	336
4	與朋友交往	8	6	5	240
5	日常運動	8	5	5	200

上爬滿了下屬丟過來的猴子。作為管理者的關鍵，一是明確且守住職責邊界，不讓「猴子」亂跳；二是培養下屬，讓他們成長，並且能夠自發地承擔責任，獨立解決問題。A把最多的時間放在人才管理上，在企業調查中我們也對A進行了深度訪談，他說自己心裡有一個評分表，對於關鍵的高潛力人才持續予以關注，並且會不定期地出一些難題給他們，鍛鍊他們綜合解決問題的能力。

除去工作事務，A在梳理自己的生活事務時，將最多的時間花在高爾夫和讀書上。在後幾項活動中他給自己的專注度評分沒有在工作事務中高，追問原因，他分享道：「並不是因為工作太忙，而是自己陪伴家人的時候狀態特別放鬆，所以專注度略低些。」A可以說是一個高效能時間管理者，當然，我們要考慮到在這樣會被他人「看到」的主觀問卷中，人們會不自覺地傾向於展現自己更好的一面。你自己在填答的過程中，忠於自己的內心和真實情況最為重要。

完成意義樹行為導圖後，下一步非常關鍵，即明確個人在未來一年內希望提升的能力目標。上文提到，目標是可以拆解的，並可以分成很多層。但在具體梳理目標的過程中，人們自身對行為和目標（各層級的目標）會有很多模糊不清的認知。從個人控制理論出發，我們將目標聚焦在短期可控的「能力提升」（工作維度）和「幸福提升」（生活維度）上，而不是受很多外界因素影響且可控性較低的目標上。以職場人普遍的願望「升職加薪」來說，其中雖然個人表現部分有一定的可控性，但會更多地受到市場環境、公司經營狀況、團隊負責人的評判等多個不確定因素的影響。在生活中也是一樣。如果在財力範圍內，換個更大的房子就是一個可控目標，但如果財力達不到，那麼它就只是一個願望；家人的健康亦是如此，其中充滿了變數，不能直接作為目標，而是可以把其中可控的部分（比如「照顧好家人」）作為目標。在盡責照顧好家人之後，無論家人健康與否，目標都是達成的。在短期內，我們需要制定的是可控的自我提升的目標，這樣我們才能增強掌控感，並獲得持續小贏的動力。

繪製意義樹時，我們需要明確寫出未來一年內個人與工作相關的重要的三個大類目標，聚焦「能力提升」，同時寫出與生活相關的重要的三個大類目標，聚焦「幸福提升」。以A為例，他寫下的三個能力目標包括業務創新能力、客戶拓展能力和綜合管理能力，三個幸福目標包括保持健康、家庭美滿、開闊眼界。在梳理目標時，我們可以參照SMART原則[13]：具體（Specific）、可測量（Measurable）、可達成（Attainable）、相關聯（Relevant）和有時間限定（Time-based）。

SMART原則主要用於具體目標的制定，而這裡需要你寫下的是相對大類的能力目標和幸福目標。即便如此，我們依舊需要思考如何設定評判的目標。以業務能力的增長為例，每個人面臨的工作情境都不同，有的人以客戶量的增長來進行評判，有的人以銷售額的增長來評價。溝通能力和管理能力的量化難度更大一些，需要結合工作場景給出定性評判的標準，比如來自下屬的反饋等。SMART原則中對於梳理個人意義樹最重要的一點借鑑便是關聯性，即如何將過去三個月的行為與自己設定的重要目標相關聯，從而發現問題。如圖7-3所示，A將他在工作和生活中的五個費時最多的行為與三個大類目標分別填入意義樹中，在此基礎上，根據「是否相關」對目標和行為進行連線。

在目標和行為進行連線的過程中，我們會發現有些行為會對應多個目標。除此之外，我們還需要關注目標相關行為的「意義得分」的加總。理想狀態是，我們意義得分較高的行為，能夠與一年內希望提升的目標有更多的連線。這代表著我們主要的時間花在了重要性、興趣度和專注度都非常高的事務上，並且這些事務和目標密切相關。從圖7-3中我們可以看到，無論是工作還是生活，A主要的行為和活動都與一年內的能力提升目標或幸福提升目標相關聯，而這些目標又與其他持續遞進的人生目標相關聯。

在工作上，A希望自己成為一個業務能力和帶人能力一流的管理者；在生活中，A希望自己擁有健康、豐富、美滿的生活。可以說，短期來看，A的目標系統達到了較高的一

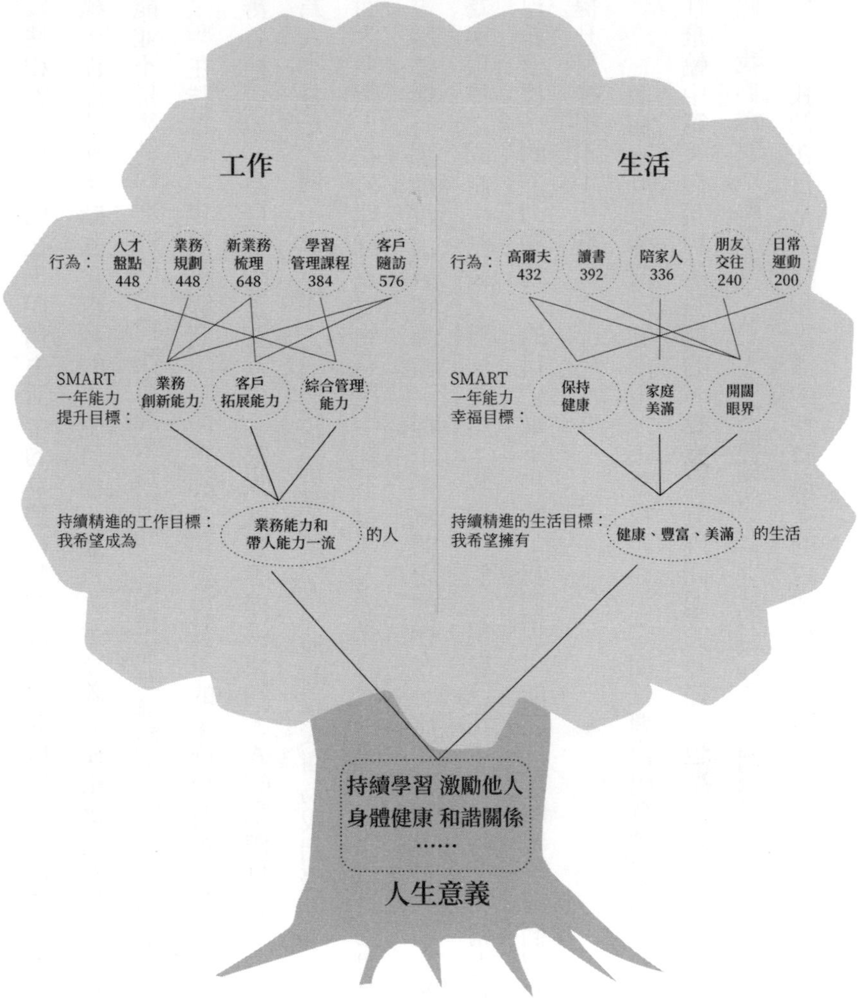

圖 7-3 A 的意義樹樹狀圖

致性和整合性，他在工作和生活中的具體行為有效地幫助他提升自己的能力目標和幸福目標，從而能夠不斷強化自身的人生目標，並為人生意義的樹根供給充足的養分。這樣的效能並不是靠純粹理性的自律和自控來實現的，而是需要靠根植於內心的熱愛。

在訪談中，我們瞭解到，A所在的企業對於員工的家庭也有很多的切實關懷。企業統籌各種資源，為員工的子女入學、家人就醫等提供便利。A的案例具有一定的特殊性，因為A本身是一個超級自律、目標感特別強烈的人，他的意義樹為我們提供了一個模型基礎，而大多數人在梳理意義樹的過程中都不會像A這樣清晰和簡單。我們的梳理過程可能會像電腦當機時那樣跳出各種彈窗，提示系統問題的存在，比如我們會有各種「無奈」，使行為與目標之間產生割裂，無法連結；我們可能發現自己花了大量時間和精力做的事情與自己希望提升的能力和達成的目標毫不相關；我們也可能在梳理時發現我們認為重要的短期提升目標根本不切實際，無法達成。

一個個「反思彈窗」的出現，正是我們要去定期梳理自己意義樹的關鍵所在。正如韌性飛輪中第一個葉片所強調的，覺察是發現問題的基礎，也是將無意識意識化的關鍵。因此，我們需要不斷思考，為了達成關鍵能力提升的目標，我們需要增加或者減少哪些行為？反之，我們在日常工作和生活中耗時最多的這些行為，對於進一步梳理和重新界定自己的目標和意義有哪些幫助？案例A讓我們了解到意義樹的構建過程，接下來的案例B則是更多管理者會面臨的實際情況：在行為和目標之間的那條線，並不總是能連上。

「反思彈窗」與「意義體檢」

B在某知識付費機構中擔任專案經理和銷售總監，她用二十分鐘完成了填寫（見表7-2）。整體來看，她在工作中也處於專注投入的狀態。從時間分配來看，她在工作中排在前三位的事務都是和業務相關的。她的大部分工作有創新性，包括新培訓課程的內容研發、學習新行業的知識等。對企業內部的流程性事務，她的興趣度和專注度都較低，但重要性非常高，這部分工作可能會給她帶來較大的消耗。與此同時，值得關注的是，B的團隊中有新入職的年輕員工。一方面，迫於個人的業績壓力，她對於新員工的培訓力不從心；另一方面，她個人能力突出，但對於帶團隊的興趣度和專注度均不高。在生活中，可以看到B是一位高度負責的母親，對孩子的學習給予了最高的重要性和專注度。從表7-2可以看出，她把更多的時間花在照顧家人上，在對於自己非常感興趣的讀書上，她無法像處理工作事務那樣給予高度專注。

表 7-2 B 的意義樹行為導圖

* 請回憶過去三個月每週的時間分配

序號	工作事務（請按照花費時間的多少排序）	重要性	興趣度	專注度	總分
		1~9 分，需注意打分的差異性，避免每個事務每個維度都給出類似的分數			
1	拓展客戶，參與各種論壇和活動進行接觸	9 ×	7 ×	9 =	567
2	新培訓課程的內容研發	9	8	9	648
3	學習新行業的知識	6	8	8	384
4	報銷、合同審批等內部流程	9	6	6	324
5	培訓新入職同事	7	6	5	210

序號	生活事務（請按照花費時間的多少排序）	重要性	興趣度	專注度	總分
		1~9 分，需注意打分的差異性，避免每個事務每個維度都給出類似的分數			
1	輔導孩子的學習	9	7	9	567
2	家庭成員（妻子、父母）的生活	8	6	6	288
3	讀書：經管類	6	9	6	324
4	家務、購物	3	7	3	63
5	監督孩子的運動	5	5	5	125

除了日常工作和生活事務行為，B在工作方面為自己設立的一年能力提升目標包括營銷能力、行業知識和人脈、培養團隊的能力，一年能力幸福目標包括孩子學習和運動改善、照顧好家人、體能提升。根據B對過去三個月短期行為的回顧與評分，以及目標設立，她自己對意義樹的填答如圖7-4所示。

在繪製意義樹的過程中，對我們每個人都非常重要的一點就是要去直面自身目標和行動的「不一致」。人是容易自我欺騙的動物，我們都難免會去合理化意義樹中的孤立項目，強行進行連線。事實上，一旦發現沒有連線的孤立項目，就需要開啟「反思彈窗」。反思彈窗在意義樹梳理中有著重要的價值，就像遊戲中的隱藏關卡，是專為高手準備的，其中蘊含「隱祕的寶藏」。

以B的意義樹為例，在工作行為中，報銷、合約審批這項耗時較多的事務，她自身的專注度和興趣度都極低，且和能力提升目標沒有任何關聯，接下來的反思就非常關鍵：如果這類事務屬於不可避免的「無奈」，那麼如何提高處理這類事務的效率？哪些事務必須自己參與，哪些可以分配給團隊中的專人來做？剛來的新人可不可以透過處理這類事務來學習內部的流程？這樣能否讓這項活動和培養新人產生關聯？

從右側的生活目標中可以看出，B在幸福提升目標裡有「體能提升」這一項，但是在

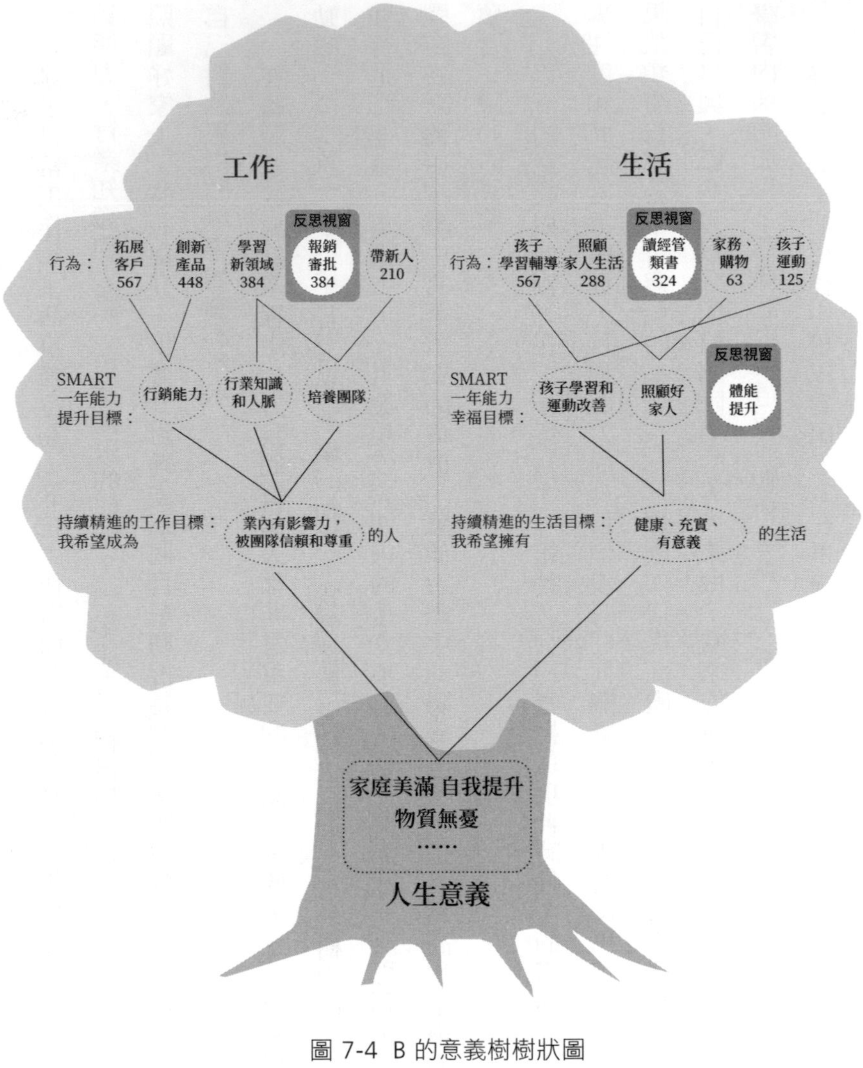

圖 7-4 B 的意義樹樹狀圖

她前五項最耗時的事務中沒有一項和健康運動相關。面對這樣無法和行為連線的目標，也需要開啟「反思彈窗」：不能開始運動有哪些內部和外部阻礙？哪些是可變的？有沒有認識到這些阻礙並採取行動？如何將目標轉化為行為，或者是否要放棄目標？另外，在右側的生活行為中，讀經營管理類書並沒有和幸福提升目標相關聯，這項活動是不是更偏向於工作中的事務？或者在生活目標中是否應該增加一項目標，比如自我提升？根據B的填答，我們看到她在孩子的運動上投入了較多時間，是否可以選擇親子運動項目？如果不可行，那麼在這個時間段內各自在相鄰的場所進行運動或許是可行的解決方案。

根據反思彈窗（見圖7-5）的不同情況，我們可以展開反思，並調整意義樹。

「還想加點什麼」，我們可以關注那些在願望清單裡一直想做卻沒有做的事，這些事都有可能是「熱愛」的源頭，比如更好地傾聽下屬講話、更有邏輯地總結發言、一直想學的雕刻、體育項目、繪畫、品酒、一直想去的旅行目的地。稻盛和夫說過，「要想到未來是要有色彩的」，越是對未來自己狀態和感受的具體化的憧憬，越是可以試著加入行為和目標。

工作和生活中我們都面臨抉擇：要不要換工作？要不要調整生活目標？健康和工作的

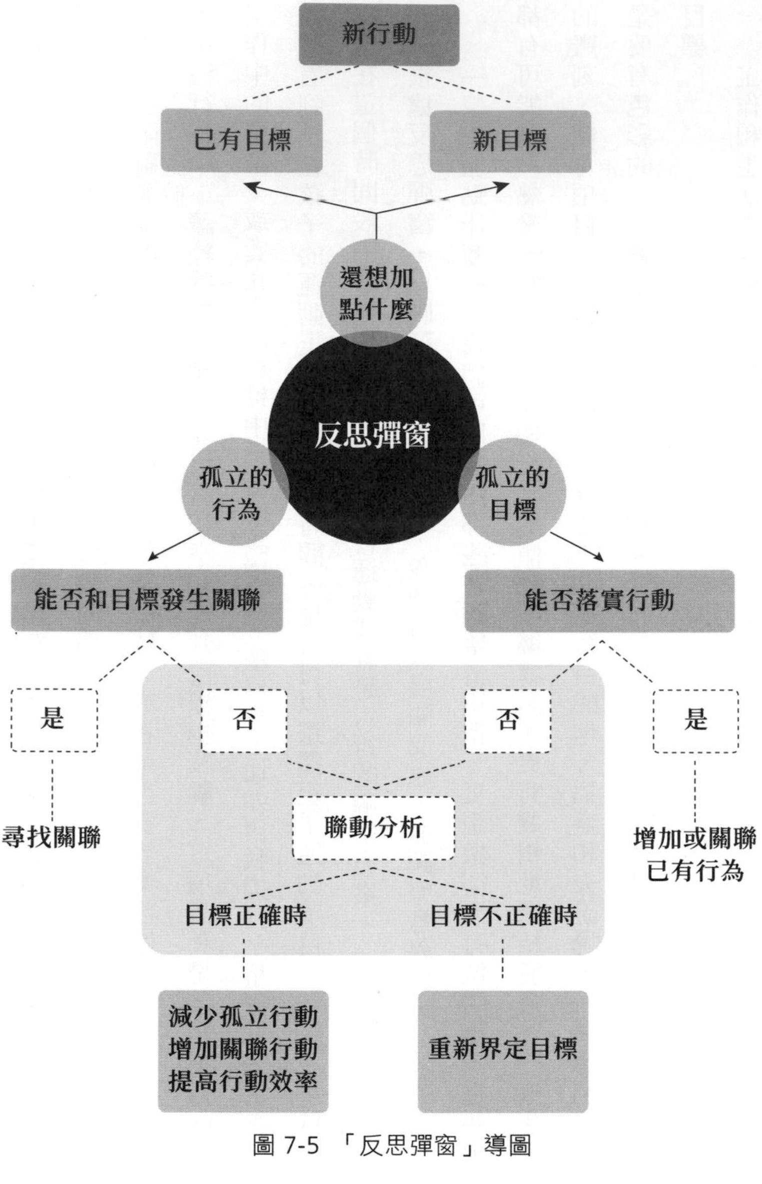
新行動
已有目標
新目標
還想加
點什麼
反思彈窗
孤立的
行為
孤立的
目標
能否和目標發生關聯
能否落實行動
是
否
否
是
尋找關聯
聯動分析
增加或關聯
已有行為
目標正確時
目標不正確時
減少孤立行動
增加關聯行動
提高行動效率
重新界定目標

圖 7-5 「反思彈窗」導圖

兩難、工作和陪伴家人的兩難，這些都是容易察覺的，而更多的矛盾隱藏在我們內心深處。改變是困難的，尤其是對被「中年危機」困擾的職場中高層來說。要想身體健康，定期體檢的觀念已經深入人心。對人生意義，我們同樣需要定期回顧和檢視，才能及時調整或者改變航向。對於類似種種的掙扎與矛盾，案例C也許能夠提供更多的共鳴與更好的啟發。

C是一位大型網路企業的HR（人力資源）副總裁（男性），有十五年以上的工作經驗。透過C對意義樹行為的梳理（見表7-3），我們可以看到，在工作中，他對最花費時間的前五項事務都持有極低的興趣度和專注度，其中第三項和第四項的得分只有兩位數。關於專注度和興趣度的自評分數，這裡需要特別提示，從防範心理問題的角度來看，如果專注度普遍得分在5分以下，甚至在3分以下，我們就需要關注自身的精神和心理狀態；如果興趣度低於3分，則需要警惕憂鬱傾向的發生。在憂鬱度量表中，一項重要的指標即是「感到對生活失去興趣」的頻度和持續時間。

案例C非常有趣。對這樣一位有著豐富的工作經歷但感覺不到自身價值的職場男性來說，他在生活中各項事務的意義得分卻普遍高於工作事務，甚至可以說是一百八十度大反轉。為什麼C在工作和生活中存在如此大的差異？他的意義樹樹狀圖（見圖7-6）給出了一目了然的答案：C希望持續精進的人生目標是成為一個能夠做成業務的負責人，與此相關

表 7-3 C 的意義樹行為導圖

* 請回憶過去三個月每週的時間分配

序號	工作事務（請按照花費時間的多少排序）	重要性	興趣度	專注度	總分
		1~9 分，需注意打分的差異性，避免每個事務每個維度都給出類似的分數			
1	招聘和高級別候選人溝通	6 ×	5 ×	6 =	180
2	和高管們溝通，制定人才戰略	8	6	5	240
3	薪酬績效等激勵制度的制定	7	2	3	42
4	組織發展（人才盤點、OKR 制定）	6	2	2	24
5	培訓及人才發展	4	5	7	140

序號	生活事務（請按照花費時間的多少排序）	重要性	興趣度	專注度	總分
		1~9 分，需注意打分的差異性，避免每個事務每個維度都給出類似的分數			
1	健身	9	8	6	432
2	陪家人	8	9	7	504
3	朋友聚會	7	8	8	448
4	看電影、看書	7	9	9	567
5	投資（海外房產、股票和虛擬貨幣等）	8	9	6	432

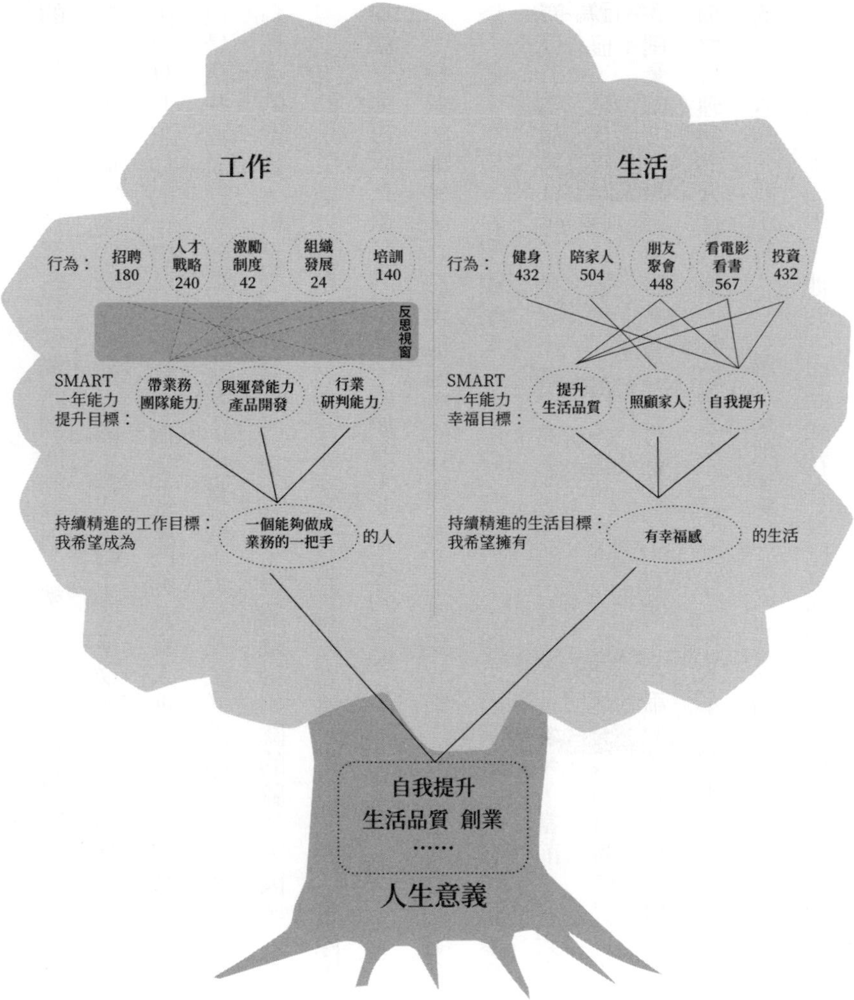

圖 7-6 C 的意義樹樹狀圖

的一年能力提升目標包括帶業務團隊的能力、產品開發與運營能力、行業研判能力。然而，對C來說，最大的割裂在於他目前工作中的主要事務與希望得到強化的能力相關度極低。由於HR工作的性質，C會和各個業務部門的負責人進行交流，了解產品和行業的資訊，但是這些資訊對於他獨立做業務仍然幫助不大。在企業內部，C也在關注創業和成為業務負責人的機會，但是受到HR的背景所限，很難獲得相關的職位。因此，C的意義樹所呈現出來的景象是行為和目標之間存在著錯綜複雜的虛線，看似相關，實際不然，導致的後果就是他每天在繁忙的工作中處於麻木、迷失的狀態。

經過梳理後，C發現他面臨的抉擇是：是否要放棄一份穩定且收入頗高的工作？尤其是一個中年人，在照顧家人、繳房貸的壓力下，能否追求自己內心的願望？除了高薪，目前工作對他本人的心理是一種低意義水準的消耗。在他看來，當前工作對自己創業的最大價值，是讓自己可以接觸到各行各業的候選人，特別是有投資背景的候選人，這有助於他在創業的方向和行業的風向方面有更廣泛的認知。在第一次完成意義樹的構建並梳理了各種反思彈窗的九個月後，C放棄了原有的工作，加入了一個由十幾個人組成的新零售領域的創業公司，成了CEO，圖7-7是他繪製出來的新意義樹。

在新的工作中，他的主要時間花在自己最感興趣的事務上，行為和目標緊密相連。相

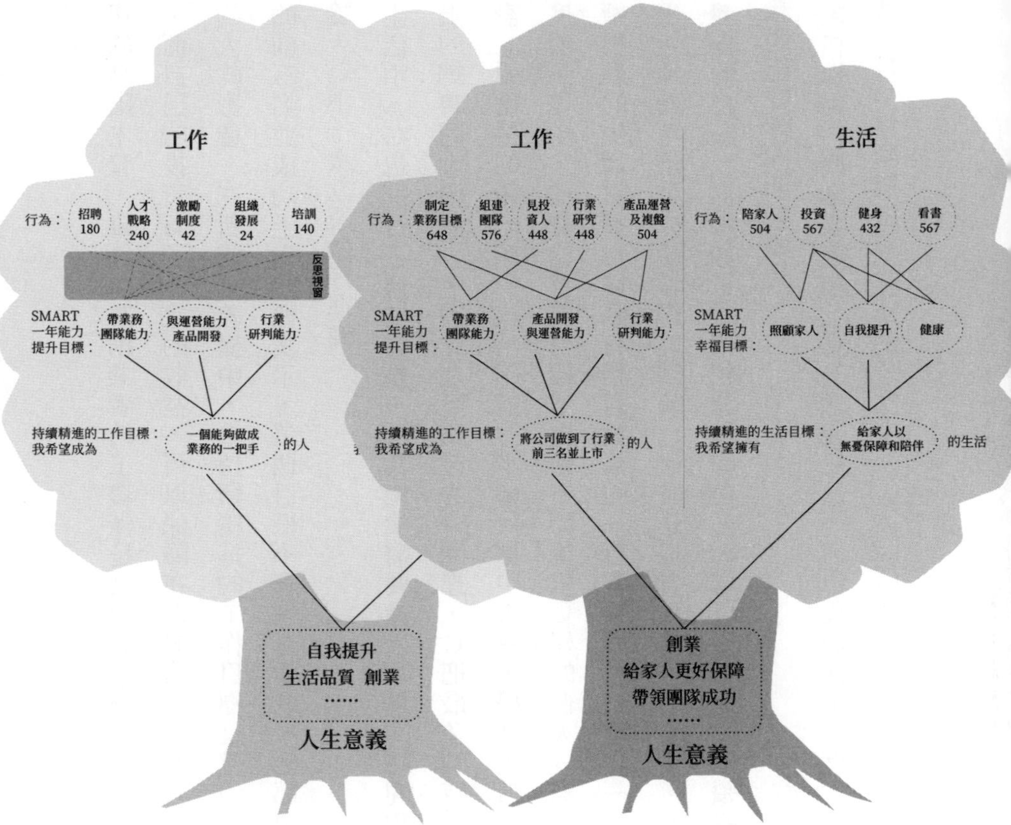

圖 7-7 C 的意義樹樹狀圖追蹤對比

比大公司的高階主管，雖然作為創業者的工資僅是之前的三分之一，但他握有公司的大比例股權。而自己的投資有了一定的收益，可以保障在創業的頭三至五年裡家庭的經濟狀況不會受到大的影響。在新的意義樹中，C持續精進的工作目標是帶領這家創業公司成為細分行業的前三名並成功上市。他表示，這個目標不管是否達成，他都會積累作為企業負責人的經驗，為下一次創業做好準備。

在生活中，C也進行了行為調整，因為創業需要投入大量的時間和精力，C在個人生活事務上的總時間大幅減少。因此在壓縮後的時間裡，C把最多的時間花在陪家人和投資上，健身、看電影的頻率減少，一年能力幸福目標中去除了提升生活品質，增加了健康。在高強度的工作中，健身的首要目標不再是不斷挑戰更好的個人成績，而是保證健康和精力。持續精進的生活目標也從原有相對抽象的「有幸福感」聚焦到「給家人以無憂保障和陪伴」上。他希望創業成功獲得高回報，財富是他實現目標的手段，而不是目標本身。在人生意義樹的根部，他增加了「帶領團隊成功」，這可以看作一個領導者的身分覺醒，從關注自我的提升轉向助人成長。

用榮格提出的概念來總結，C的意義樹是一個自我個性化的反省過程。我們生活在一個充斥著大量「集體無意識」狀態的環境中，人們習慣於接受外界強加給我們的固有慣性，比如「到了什麼年齡就一定要做什麼事」，「絕大多數人都是這樣，所以我也應該這樣」等。個性化的覺醒往往發生在三十五～五十歲的時候，透過不斷的自我梳理、覺察和反省，人們才有可能掙脫固有觀念的羈絆，選擇一條少有人走的路。案例C向我們展示了定期進行意義樹梳理能夠帶來的積極變化。

意義樹的梳理並非易事，高層目標和人生意義的梳理需要相當長的時間。終極意義並不是唯一不變的某個任務，而是一個持續迭代的系統。在意義樹的根部，人生意義用一個虛線的圓圈來表示，在每次意義「體檢」中，我們都會放入幾個關鍵詞。經過長期的檢視後，我們才能逐漸從中發現重複率較高的關鍵詞，這或許將成為我們終極人生意義的線索。和我們發現興趣的過程一樣，人生的意義並不是我們閉門造車想出來的，而是需要我們不斷地與外界互動，透過行為的體驗和改變，在對目標的梳理過程中逐漸清晰化的。

意義樹的根系，一定和我們的內心需求深深聯結。美國心理學家亞伯拉罕・馬斯洛則將人類的需求分為「生理需求」、「安全需求」、「愛與歸屬的需求」、「尊嚴需求」、「認知需求」、「審美需求」、「自我實現需求」、「自我超越需求」。他指出，人們首先要滿足並實現較低層次的生理需求和安全需求，並在此基礎上去追求更高層次的意義。[14] 除了最基本的生理需求和安全需求，其他相對高層次的需求並不存在順序，而是根據人們不同時期的情境發生變化。

在探索內心的過程中，每一種需求都應該自然被接納，只有這樣，我們才能真正認知到俄羅斯娃娃的內核，從而覺察到最真實的自我。目標只有和高層次需求相聯結，才能獲得源源不斷的動力，激發最大的心理效能。在馬斯洛需求層次理論的基礎上，我和研究團隊在二〇二一年進行了全國性的Z世代職場價值觀調查。截至二〇二一年年底，這項研究的最終有效樣本量為一萬六千九百一十四份問卷，其中Z世代（指出生於一九九五—二〇一〇年的群體）有效填答數為三千六百〇三份問卷，占比百分之案實一點三，這和國家統計局的數據相吻合。根據計算，中國Z世代總人數約為二・八億，約占中國總人口的百分之十八。[15] 針對人生意義的追求，調查中設計了多選題：「在此刻展望一生，對你最重要的事情（人生觀）是什麼」，並要求最多選擇五項。

統計數據顯示，各年齡層均有最高比例的受訪者把「身體和心理健康」作為人生最重要的事情之一，且隨著年齡的增加，其重要性越來越高。Z世代中有百分之七十二・〇五的人認為身心健康是最重要的事情；二十六～三十歲年齡層中有百分之七十五・二四的人這樣認為；到三十一～四十歲年齡層，比例升高至百分之七十八・九七；到四十一歲及以上年齡層，超過百分之八十一・四四的人認為身心健康是人生最重要的事情之一。

圖7-8將各年齡層有關人生觀的統計結果按照排序顯示出來。如圖所示，十八至二十五歲的Z世代和二十六~三十歲這兩個年齡段的受訪者認為，人生中最重要的事情占比前五位的是健康、財富、體驗、自我提升和愉悅感。其中的主要差別是二十六~三十歲年齡層的各選項占比普遍高於Z世代。同時相比Z世代，二十六至三十歲的群體將自我能力和專業成就的重要性占比排在第三位。

圖7-8對三十一至四十歲年齡層的受訪者來說，物質和精神生活的愉悅感從前五位中移除，取而代之的是做喜歡並擅長的工作，占比達到一半以上（百分之五十二・八）。這個年齡層的財富重要性占比（百分之六十八・七八）略低於二十六至三十歲年齡層（百分之七十・〇四），而自我提升的重要性占比（百分之六十三・七一）為各年齡層中最高。這一年齡層的職場人本身就處於事業上升的關鍵期，這一結果表明他們中的大多數人既追求工作中的能力提升，也看重對工作的熱愛。

在四十一歲及以上年齡層中，認為做喜歡並擅長的事重要的占比在各年齡層中是最高的，達到百分之六十・八一，認為財富重要的占比下降到最低，為百分之六十・八五，同時愉悅感的重要性占比下降到了百分之四十九・一三，為各年齡層中最低比例。從對比分析中我們可以看出，隨著年齡的增長，認同財富、愉悅感重要的占比呈下降趨勢，而認同

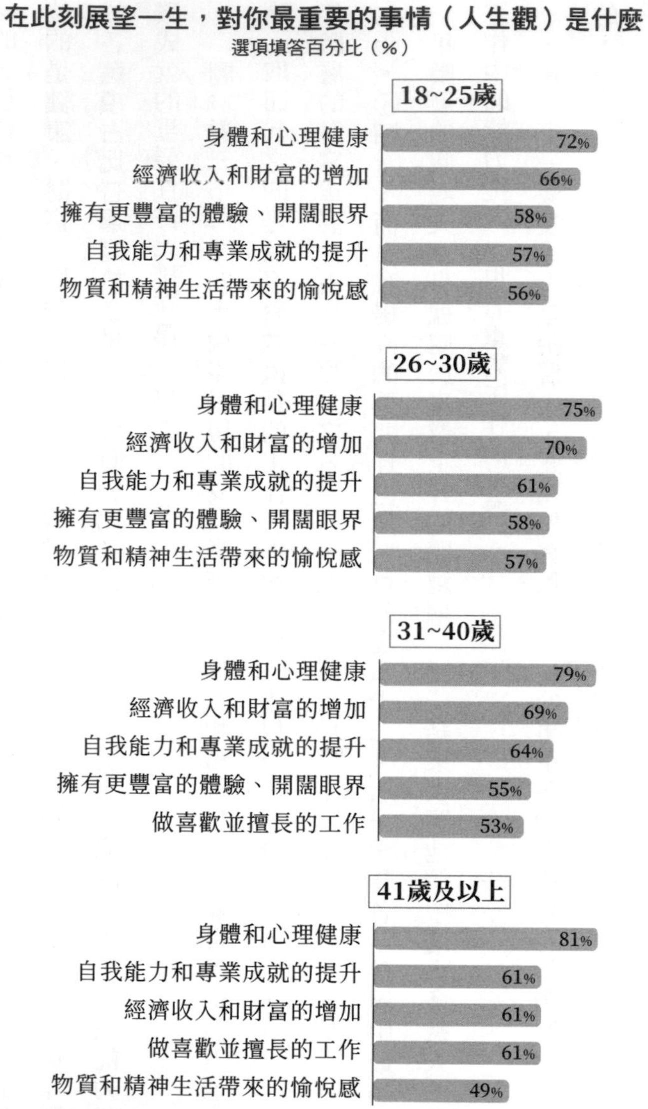
在此刻展望一生，對你最重要的事情（人生觀）是什麼
選項填答百分比（%）
18~25歲
身體和心理健康 72%
經濟收入和財富的增加 66%
擁有更豐富的體驗、開闊眼界 58%
自我能力和專業成就的提升 57%
物質和精神生活帶來的愉悅感 56%
26~30歲
身體和心理健康 75%
經濟收入和財富的增加 70%
自我能力和專業成就的提升 61%
擁有更豐富的體驗、開闊眼界 58%
物質和精神生活帶來的愉悅感 57%
31~40歲
身體和心理健康 79%
經濟收入和財富的增加 69%
自我能力和專業成就的提升 64%
擁有更豐富的體驗、開闊眼界 55%
做喜歡並擅長的工作 53%
41歲及以上
身體和心理健康 81%
自我能力和專業成就的提升 61%
經濟收入和財富的增加 61%
做喜歡並擅長的工作 61%
物質和精神生活帶來的愉悅感 49%

圖 7-8 各年齡段人生觀分佈圖

健康、做喜歡並擅長的工作、對社會有所貢獻的占比呈上升趨勢。可以說，隨著年齡的增長和閱歷的豐富，對財富之外的意義追求變得更為普遍。希望上述研究的發現可以對你個人的意義樹梳理和認識他人的價值觀有所啟發。

在意義樹中，我們區分了工作和生活，為的是更為清晰地梳理行為和目標。如第三章中對自我認知的闡述，每個人雖然有多重身分和角色，在不同情境下有不同的行為和心理調整，但每個人都應是一個整合的人。不同的角色和身分之間，不應是割裂或者取捨的關係，而是多線程的平衡和管理。工作本身就是生活的一部分。移動辦公技術的發展、疫情和各種外界因素所帶來的不確定性，以及工作形式的變化，使生活和工作的時空界限變得越來越模糊。我們梳理意義樹並不是要割裂地分出工作和生活的心理帳戶，而是為了從梳理中發現共通的意義和熱愛。

熱愛是沒有高低之分的，你可能像C一樣在創業中找到熱愛，也可能在生活中找到熱愛，成為一個好父親、好母親、好伴侶，和家人一起盡享天倫。你的熱愛也可能是橫跨工作和生活的，比如一個樂於助人的人投身公益事業，一個愛打遊戲的人成為遊戲設計師，一個愛時尚的人成為美妝博主，一個愛讀書的人成立了閱讀平臺，一個熱愛電影的演員成了製片人……這樣的例子在我們的學員中數不勝數。當我和他們交流時，我能夠深切感受到由熱愛所帶來的強烈的感染力，以及他們融合了激情、自信和改變的決心。我還見過在多個領域不斷達到專業級水準的企業家學員，他們向我展示了專注的熱愛是一種可遷移、可轉化、可以觸類旁通的統合能力，而這種能力並不依靠天賦。

意義樹所代表的對於目標系統的梳理是一個不斷動態調整的過程，它能夠幫助我們擺脫外部獎懲的短期刺激，對自己的深層需求進行挖掘，從而找到人生意義的方向。人生意義就像是樹根，一棵樹只有一個根，卻有無數的根鬚深深植入大地。我們的人生意義也是多個面向的組合，包括我們想成為怎樣的人，想要如何看待並影響世界，以及我們想與他人建立怎樣的關係和連結。意義追求不是一旦實現就結束了，而是貫穿於我們的一生。

追求意義的過程本身就是意義的一部分。追求意義調動了我們的自我掌控感、效能感，並且我們能從中獲得行為改變的驅動力。即便目標系統形成了一致性，我們也需要定期回顧。環境和自身的認知都在持續發生變化，目標系統需要有一定的適應性。就像是一棵樹，在外部環境較為穩定的時候，按照大目標分解、排序，按部就班地生長就足夠了，但當環境極度不穩定的時候，比如遭遇極寒天氣或者病蟲害，就不得不修剪枝葉和塗藥防治。因此我們的意義樹本身需要具備一定的適應性，在環境發生變化時，從短期目標和行為開始調整。目標系統的梳理並非一日之功，堅持透過小贏行動實現目標的過程就像是意義樹向上生長、枝繁葉茂。我們的意義之旅，也不再是西西佛斯式的徒勞無功。制定目標不是為了到達，而是為了出發。在挖掘意義的路途上，我們會收穫很多意想不到的「隱祕寶藏」——深植內心的熱愛。

韌性認知

- 不惜一切代價的執念應該被適當的取捨代替。連貫性目標架構越清晰，我們越容易找到自己專注的熱愛。
- 「熱愛四象限」，從專注度和興趣度兩個維度幫助個人更好地將時間管理和人生意義、激發熱愛進行連結，切實提升時間的「幸福效能」。
- 定期體檢的觀念已經深入人心。對人生意義來說，我們同樣需要定期回顧和檢視，才能及時調整或者改變航向。
- 不同的角色和身分之間，不應是割裂或者取捨的關係，而是多線程的平衡和管理。專注的熱愛是一種可遷移、可轉化、可以觸類旁通的統合能力。

韌性練習

1. 請把過去一週的活動填入圖7-9「熱愛四象限」，什麼讓你感到驚喜？哪些活動可以向熱愛象限移動？選出一項列出行動計畫。
2. 填寫你的目標導圖並繪製圖7-10意義樹，對你啟發最大的「反思彈窗」是什麼？不要忘記，在你畫出自己的意義樹之後，再翻回到第一百一十頁，回顧一下在閱讀第三章之後你為自己拆解的「俄羅斯娃娃」。重新審視和思考：你的內核到底是什麼？你給自己穿上了幾層套裝？接下來該如何做出調整和改變？

圖 7-9 熱愛四象限

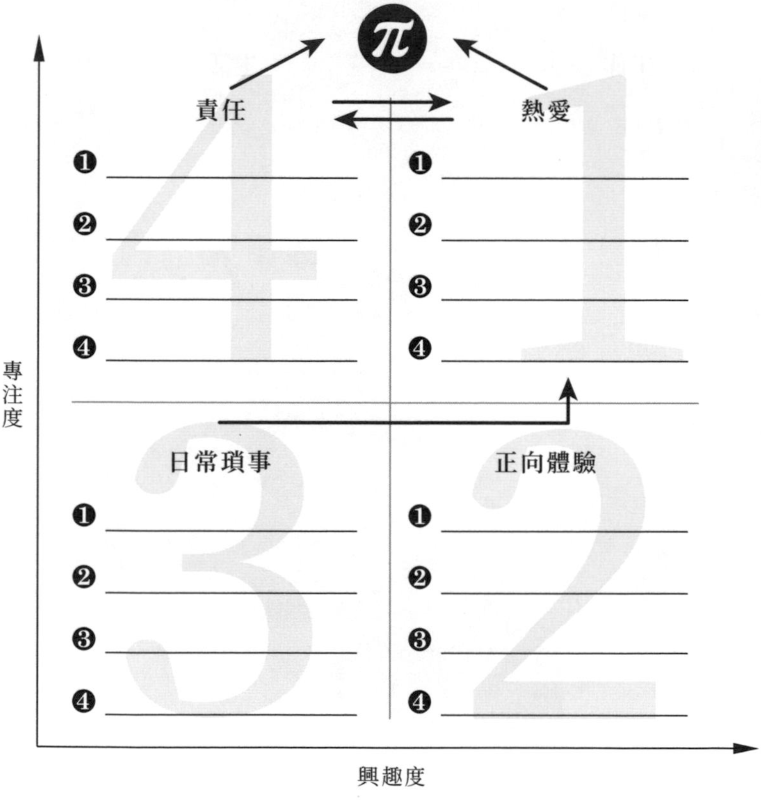

圖 7-10 意義樹樹狀圖

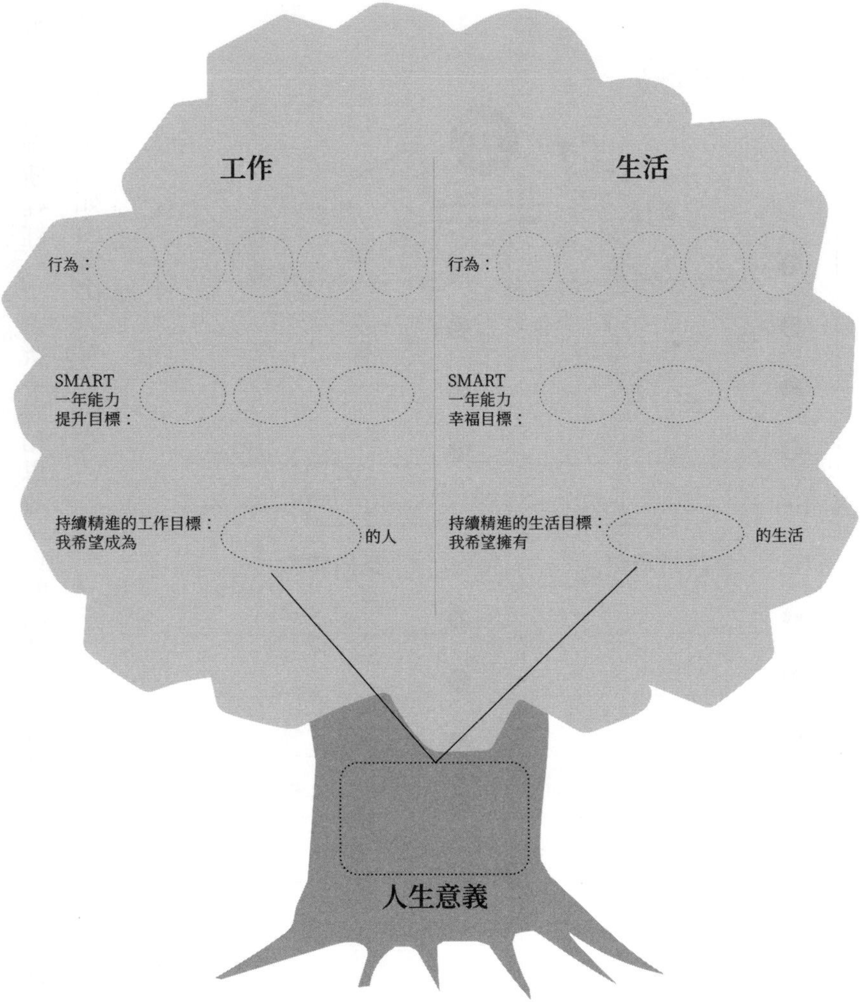
工作
生活
行為：
行為：
SMART
一年能力
提升目標：
SMART
一年能力
幸福目標：
持續精進的工作目標：
我希望成為
的人
持續精進的生活目標：
我希望擁有
的生活
人生意義

第四部分

韌性飛輪之連結

第七章的結尾處分享了我和研究團隊進行的全國性的Z世代職場價值觀調查。調查結果表明，隨著年齡的增長，更多的人更重視金錢之外的意義追尋，其中，對社會有所貢獻是重要的價值訴求之一。人存在於社會之中，社會化的過程貫穿於人的整個生命。我們透過與他人的互動和連結成為家庭、組織、社區和社會的一部分。如本書開篇所述，韌性只有在逆境中才能檢驗。逆境會激發我們自身潛藏的能力，也會改變我們對他人和世界的認知和行為。同樣，逆境也是關係的試金石，讓我們發現能夠患難與共的家人和朋友，還會強化彼此的情感聯結。無論是創傷後成長，還是日常生活，社會支持都不可或缺，是我們重要的心理資源，也是幸福感的主要源泉之一。因此，本書的最後一部分將著重探究韌性飛輪的第三個葉片——「連結」。

第八章的重點是透過拆解信任關係的基本要素來探討一個核心問題，那就是為何有意識地去建立關係並不斷幫助他人是打造我們自身韌性的關鍵因素。人際關係是一個龐雜的系統，我們需要根據具體情境和對象靈活應對和調整。

第九章將由個人韌性轉向組織韌性。組織是一個生命體，透過分析和梳理案例，第九章聚焦不同企業在打造人才韌性方面的共通性挑戰，並提出組織韌性提升的初步框架，旨在為提升韌性的研究和實踐探尋更多的可能性。

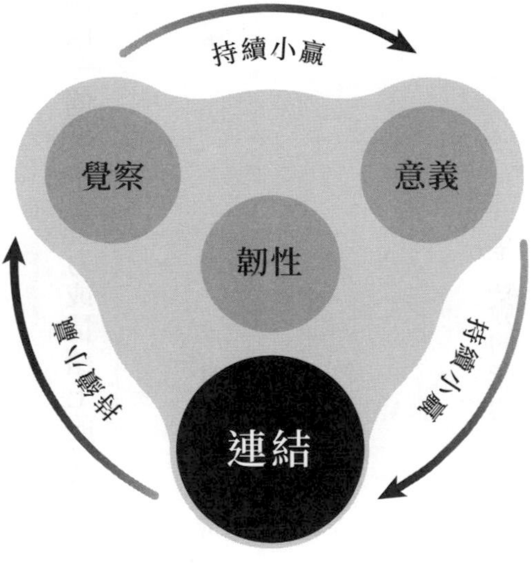

▲ 第四部分飛輪圖

第八章

在關係中提升韌性

享受社交、享受他人的陪伴可能無法令個體產生智力或情緒上的滿足感，卻是能讓個體擁有真正幸福的關鍵。

——馬汀・塞利格曼

人的社會性

在進化史上，人類的勝出離不開集體的能力，也就是社會的能力。美國著名社會心理學家約翰・卡喬波對孤獨問題有著長達十五年的研究。在他看來，相比其他生物，人類在個體的身體條件上有很大的劣勢，但是優勢在於「推理、計畫與合作能力。人類的生存取決於集體能力，即與其他人一起追求某一個目標的能力，而不是依賴於個人的力量」。在漫長的進化過程中，人類不可避免地遭受著各種各樣不幸的打擊，群體層面的凝聚力和韌性對於人類的生存具有重要作用。

社會復原力將不同的個體連結在一起，讓宏大的群體目標超越了一個個孤立的個人，使整個群體團結起來共同面對各種生存挑戰。在動物界，我們也能找到集體能力的重要例證，比如獅群和狼群在捕獵過程中相互分工和配合；螞蟻和蜜蜂建立了等級森嚴的組織，包括工廠、要塞以及通信系統。在電影《企鵝寶貝：南極的旅程》中我們看到，企鵝爸爸們在極度寒冷的天氣中，圍成圓圈緩慢地行走，與此同時進行孵蛋，牠們輪流到圓圈的外圍為同類保暖，等待著企鵝媽媽們覓食歸來，這樣的集體能力是繁衍生存的本能使然。

進入文明階段之後，從個體層面，人的自我認知和意義追尋更加離不開社會連結。大量研究結果顯示，高品質的人際關係對人們的身心健康、能力發展和幸福感受都起著積極作用。[1] 與此相呼應，人際關係和互動受阻則是消極情緒和負向心理狀態的重要來源之一。哈佛大學的研究顯示，即便處於社交孤立的人沒有感受到孤獨感，他們早死的風險也會增加百分之五十～九十，因此和外界建立連結成了我們生存的基本要素。

在個性化的時代，我們每個人似乎都要面對一種平衡：一方面，我們需要個體層面的覺醒，去追求自我認同和意義感；另一方面，價值的評判和意義感的界定又與他人、社會息息相關。一百多年前，社會學家查爾斯・庫利提出了社會角色和社會互動的經典概念——「鏡中自我」[2]，比喻每個人自我形象的形成，就像照鏡子一樣，想像著自己在別人眼中的樣子。

而從大腦機能的角度，神經心理學家賈科莫・里佐拉蒂在二十世紀九〇年代有了重大發現——「鏡像神經元」，其功能為反映他人的行為。鏡像神經元是語言、音樂、藝術等文明活動得以發明的生理基礎，幫助人類從簡單模仿進化到複雜模仿，這也是「共情」這一重要心理機制的基礎。[3]在心理學界，有學者認為，鏡像神經元對於心理學的價值，可以與DNA（脫氧核糖核酸）的發現對於生物學的意義相對應。

我們常說有著高共情能力的人可以迅速換位思考，對他人「感同身受」。事實上，「共情」的極端狀態，是一種叫做鏡反射觸覺聯覺症的病，患病者看到他人被碰觸，自己也會「感覺」到這種碰觸。醫師對他們進行腦部掃描，結果發現，他們由此產生的神經活動和自己真實觸碰是一樣的。[4]正如心理學家威廉・詹姆斯所說：「個人所謂的『我』和『我的』，兩者之間的界限很難劃定。」在一些特定的情境下，每個人都會與他人產生強烈的同感，比如，作為母親，我一直對於拐賣兒童的報道和影視作品比較敏感；看到虐貓的情景也會激發我的強烈痛苦；每當我聽到一首叫作〈玉珍〉的歌曲，思緒就會飄向遠方，因為這是一首寫給外婆的民謠。

大量心理學和行為學的研究告訴我們，人們傾向於低估情境的影響，卻高估性格的影響。[5] 在闡述韌性的過程中，我反覆強調的一個前提是，不要把某人的行為表現過度歸因於「性格」因素。性格歸因暗含了一種天性如此、不可改變的判定。這樣的判定往往是不準確的。如前所述，對不利事件的個人化歸因是悲觀解釋風格的一部分。在我們中國人的文化典籍中，談及情境對人影響的表述不勝枚舉，比如「孟母三遷」，「近朱者赤，近墨者黑」，「物以類聚，人以群分」。儘管有了這樣的認知，下面的研究證據對情境「影響力」的揭示，可能還是會超出很多人的預期。

為了研究幸福如何在人與人之間傳導，英國的兩位研究者進行了一項長達二十年的追蹤調查，研究對象是社區中的四千七百三十九位居民。研究者對社會關係進行了分層，看幸福能夠傳導到哪一層。[6] 結果發現，幸福感最多可以傳導三層，也就是說，如果一個人是幸福的，他朋友的朋友的朋友都會受到「感染」。假設你有一位住在一英里[*1]範圍內的朋友，當他變得開心的時候，你的幸福感增加的可能性會提高百分之二十五。如果是你的鄰居變得開心，你受到感染的可能性會提高百分之三十四。如果是同住的配偶或是一英里範圍內的兄弟姊妹變得開心，你受到感染的機率則為百分之八和百分之十四。

隨著時間的延長和距離的疏遠，幸福感的傳導也在衰減。研究給我們的啟示是，人們的幸福感受到關係連結的影響。在研究者看來，幸福感和健康一樣，是一個群體現象。英國的這項研究和更早的一項美國麻薩諸塞州的研究形成了呼應：孤獨和憂鬱的情緒感染力與地理距離成正相關關係，如果你和孤獨的人住得近，你感到孤獨的可能性就會增加，憂鬱情緒也是同樣的道理。[7]但讓人欣慰的是，幸福感比孤獨感或憂鬱更具感染力，甚至還能超越時空。如果某人的幸福感在某個時刻上升，受其感染，鄰居的幸福感也會在另一個時刻上升，而這種情緒會繼續傳導給鄰居的鄰居，只是程度有所下降。

心理學家利維・維果斯基說過：「所有高級的心理功能都是外部社會關係在個體內部內化的結果。」韌性的建立也是如此。在個人層面，能夠擁有相互扶持、相互信任的關係，並在此基礎上擁有可以獲得廣泛支持的社會網絡，對於韌性的打造和提升極為重要。在飛輪模型中，覺察和意義兩部分更多地聚焦於個體層面，連結則更側重於社會層面。對強大自我的追尋不代表韌性是一種孤立的「個人主義」的顯現。韌性需要在關係中建立和強化。心理學家認為，並不存在所謂的「韌性基因」，在重大逆境中能夠良好適應的關鍵是至少有一種可靠的人際關係。[8]

疫情之後，我在和企業家學員交流的過程中，不斷聽到他們對提升組織韌性、重新凝聚士氣應對挑戰的訴求。基於我們在企業調查中對組織韌性的研究，我們發現，組織韌性並不是組織內各個成員個人復原力的簡單疊加，而是在互動中不斷促進的三個要素：第一個是每個個體擁有復原的能力和技巧，這些能力可以幫助個人和組織適應環境變化；第二個是個體在組織內擁有正向的體驗，包括人崗匹配、戰略同頻、個人目標與組織目標的相對協同、和組織一起成長、可預見的發展空間和前景等；最重要的是第三個，即個體在組織內擁有相互信任、相互支持的人際關係（第九章將對組織韌性做詳細闡述）。

在組織中，關於樂觀態度對士氣影響的研究也表明，積極的人際關係能夠提升整個團隊的幸福感與表現。對ＮＢＡ（美國職業籃球聯賽）的研究發現，教練的樂觀性會直接影響球隊隊員的樂觀性，從中能夠預測球隊能否從失敗中快速恢復。[9] 同理，透過分析美國陸軍坦克車組的團隊表現，研究發現具有樂觀文化的團隊在表現不佳的境況下復原力更強，這說明當組織提倡樂觀文化時，其團隊更具韌性。[10] 幸福感具有感染性，團隊領導者的情緒能夠影響整個團隊。因此在領導力領域，近年來越來越多的學者強調應該把幸福感的培養和激發作為管理者的能力要素之一。在新冠肺炎疫情爆發期間，我和研究團隊對五千八百三十五位受試者進行了社會調查。其中一個研究結果顯示，在受訪者看來，「企業負責人和高階主管親自鼓舞員工士氣」是企業在幫助員工提升確定感方面最有效的三個方法之一（另外兩個是「完善防疫措施」和「明確戰略目標」）。

對於韌性的打造，掌控感是根基，而對於人與人之間的連結也是如此。失控引發焦慮，能夠給他人確定感的人更受歡迎，也更能得到信任。這一點在組織的領導者身上得到了集中體現。無論是在生活中還是工作中，信任的建立都是通往高品質關係的必經之路，而信任的維持也往往是考驗關係的困難點。大量研究揭示，對於個人韌性的提升，建立高度信任的支持性關係同樣是不可或缺的一部分。換言之，只有在關係中持續強化信任連結，才可能積累更多的正向體驗。當不利事件發生時，這樣的信任關係和能夠信任的對象才能帶給你持續的支持，共度危機。這樣的情感連結，可以是親情、友情和愛情，也可以是工作中的同事、合作夥伴、上下級或者師徒關係。

信任並非感覺

信任是一種看上去非常主觀的感受，我們會對信任有基本的認識——「路遙知馬力，日久見人心」。信任是人與人之間在長期的互動交流中逐步建立起來的，但是，一次失信的表現就足以讓長久積累起來的信任重新歸零。在信任的研究中，行為學者和心理學家們要透過研究將其拆解，提供可行的框架，給我們提出行動建議。全球著名的企業服務管理諮詢專家大衛・梅斯特在《值得信賴的顧問》[11]一書中，基於對信任感在理性和感性層面的諸多案例研究，提出信任的公式：

信任＝勝任力×可靠性×親密性／自私度

勝任力代表資質，即你是否擁有完成某項任務或者處理某起緊急事件的能力，比如，面對困境或者危機時，你能否冷靜沉著地看清複雜問題或者情境的本質；你是否善於協調上下級關係或者夫妻、親子關係，並透過溝通給出具有建設性的反饋和意見；你是否擁有足夠的專業知識和能力，從而有條不紊地開展工作，而不是輕易被他人影響等。

可靠性意味著個體以身作則且言行一致，是一種不會過度承諾、落實於行動並敢於承認錯誤的行為表現，也就是你是不是一個可靠的人。勝任力和可靠性這兩點要求是職業人的準繩。在個人層面，信任的贏取要靠持續地學習專業技能和改善工作方法來讓自己不斷進步；在團隊層面，如果進入一個新的業務領域，要想贏得客戶的信任，可以聘請相關專家，彌補在新領域專業性缺失的短處。除此之外，對於建立信任，更為重要的兩個維度是親密性和自私度。親密性代表一個人的親和感。在很多人看來，人們在工作中應去除感性，保持理性，因此在工作中不需要和主管、同事建立私交，工作關係應該就事論事，不去分享自己的私人話題，更不會和同事成為朋友，這也遵循了所謂工作和生活的平衡原則。實際上，工作占據了人們工作日甚至休息日的大部分時間，遠距工作的便利也讓工作和生活更難從時空的維度進行切割。研究表明，百分之五十四的心流狀態發生在工作中，而只有百分之十八的心流狀態發生在休閒中。[12] 因此，同事之間、上下級之間的親密性，在很大程度上決定了我們在工作中的愉悅感和成就感。就像在第四章中提到的，在認知學派心理學家的眼中，人類個體並不是一種理性的動物，偶爾有情緒，而是一種感性的動物，偶爾會有一些思考。人在組織中有工作理性之外的情感需求，包括獲得尊重、認可、友善的對待等。建立適度的情感連結需要人們有一定頻率的彼此接觸，在此過程中，主動關注對方以找到共同的興趣、愛好或價值觀，在能夠友善分享資訊、資源的基礎上互相幫助。

研究表明，完全沒有工作任務之外的接觸，是同事之間建立信任的減分項。我和團隊在進行企業調查的時候發現，很多企業會把工作時間外的聚餐作為團隊建設的重要形式之一。這是因為在這樣的場合中，一部分人會卸下職場人的「面具」，還原成一個更為完整的人，有一些真情流露，在工作中產生的矛盾和問題往往會得到一定程度的化解。我們在組織韌性的調查中，曾深度採訪過一家生產製造企業的負責人，他的企業有幾千名員工，但他依舊在每次出差去到不同城市的生產基地時，在一天繁忙的工作後，和當地分公司的中高階主管、核心員工一起去喝酒、踢球、釣魚。他這樣說：「這些球可以踢也可以不踢，酒可以喝也可以不喝。我不是僅僅為了高興和玩去的，這是一個交流情感的過程。」

曾為美國海軍陸戰隊戰士的丹尼斯・珀金斯，在退役後長期致力於個人與團隊在不確定性環境中（尤其是在極端的逆境中）如何提升領導力的研究。他在《危機領導力：領導團隊解決危機的十種方法》一書中指出，上司以無私、不求回報的心態去幫助下屬，打造兄弟情誼文化是十大危機領導力的第一大策略。[13] 當然，我們並不能由此簡單地得出結論：經常和下屬吃飯對信任的提升有好處。不同的行業、不同的企業性質都不能一概而論。兄弟情誼文化在某些行業、某些企業行得通，但在其他行業或者企業就未必適合。其中有一點尤其值得我們關注，根據全球範圍內行為測評的數據，在沒有具體情境約束的前提下，百分之八十五以上的被測者的決策風格都是感性的、憑藉直覺的，而工作情境會幫助人們適度收斂感性傾向，對環境做出更為客觀的評價。因此，過多的非工作接觸也可能會產生角色認知衝突，由此帶來情感綁架的風險。

信任公式中勝任力、可靠性和親密性三個分子的各自得分範圍是一～十分，程度越高，得分越高。信任公式中的分母為自私度，代表人們自我利益導向的行為表現。當人們在工作或者生活情境中的關鍵時刻能夠換位思考、關注他人的利益得失、做事謹慎但有擔當、願意承擔風險的時候，信任的建立便有了堅實的基礎。反之，當一個人過度自私，以犧牲他人利益為代價獲取個人利益、凡事找藉口以推卸責任的時候，人與人之間的信任關係是無從建立起來的。

自私度的分值範圍是一至一百分。與三個分子的正向關係不同，自私度的分值越低越好。一分代表的是完全無私狀態，是一種理想情況，即便父母對子女也不是絕對無私的。一百分代表一個人絕對自私，這也是一個理論分值。這樣的賦值是為了表明四個變量對信任建立的影響。理想狀態下，人與人之間百分之百的信任可以得到的最高值是一千分（即勝任力十分×可靠性十分×親密性十分／自私度一分），最低值是〇・〇一分（即勝任力一分×可靠性一分×親密性一分／自私度一百分）。

在決定信任的三個分子因素中，親密性受到環境的影響最大。目前科技正在以指數級速度發展，網路技術驅動辦公方式發生了重大的變化。受到新冠肺炎疫情的衝擊和影響，對很多企業而言，遠距辦公、彈性工作時間已經從剛開始應對疫情的臨時舉措變成了日常的標配，線上辦公的工具也日臻完善。二〇二〇年五月，臉書CEO馬克・祖克伯公布了一項決定：在未來的幾年之內，臉書將向其所有員工推出永久性居家辦公的選擇。[14]在臉書的全體員工大會上，馬克・祖克伯還預測道，不到十年內，全球臉書員工中會有一半以上的員工選擇永久性居家辦公。工作方式的轉換讓信任公式中的親密性變量受到了一定程度的影響。因此，面對面交流的減少對團隊的信任和凝聚力會產生怎樣的影響，值得今後的研究進一步探討和關注。

這個公式為我們對信任度進行評估以量化的方式提供了指導框架。根據影響信任的四個因素，我們了解到，在實際情境中人們之間的信任關係不是坐在那裡想當然的一種感覺；相反地，信任是在一件又一件的事情中積累起來的一種相互關係。在過往的團隊干預中，我們經常看到的一類現象是，兩個無法合作共事的同事在分析原因時把精力過度聚焦在互相詆毀上。從前文中，我們已經非常清楚地了解到，情緒源於想法。人們在分析對方存在的問題時，往往會把不同時間點所發生的事件做無序關聯，並加上自己帶有偏見的解釋，從而陷入自己的情緒，把想像等同於現實。因此，在評估人與人之間信任關係的時候，建議大家首先限定情境，就像焦慮拆彈法中所講到的，客觀記錄事實是將情緒有效剝離的第一步。因此，對於信任關係的評價需要人們把影響信任的四個因素放在具體的情境中進行拆分評估，以找到問題所在（見表8-1）。

在影響信任的四個因素中，從分值範圍的比重來看，一個人是否自私、能否換位思考去幫助他人達成對方的利益，對於信任的影響最大。在人際關係中，利他的重要性不言而

表 8-1 信任的公式情境分析

情境	A. 勝任力得分	D. 可靠性得分	D. 親密性得分	D. 自我取向得分	信任值
情境一：					
情境二：					
情境三：					

喻（這部分內容將在本章最後重點展開）。除此之外，在決定信任的三個分子因素中，有關人與人之間親密性的重要性在不同文化背景下所受到的重視程度是不一樣的，甚至在有些情境和企業文化中，親密性被刻意低估。親密性的提升，始於良好的溝通。在建立情感連結的過程中，無論是資訊分享、彼此接觸還是互相關注，都涉及我們選擇如何回應。溝通學是一個龐大複雜的體系，涉及不同的情境、關係類型、技巧和心理機制。這方面的著述已然卷帙浩繁，從提升信任的角度來說，溝通中的正向回應尤為重要。

溝通中的正向回應

人是在互動中彼此認知的，而情緒和看法都是相互感染的。渴望得到認可和讚賞，是人的重要需求，人們也更傾向於和喜歡自己的人交往。當發現他人身上的閃光點，看到了好的行為時，我們要及時進行回應，經常性地表達出來。[15]「己所不欲，勿施於人」，如果希望自己變得受人歡迎，就不要經常盯著對方的缺點。在進行企業調查訪談的過程中，我們發現，哪怕是元老級的高階主管，也非常渴望老闆的認同，有的人在訪談中表示：「別人誇自己十句，也比不上老闆的一個字。」一項針對離職原因的調查顯示，直屬主管的不認可是離職的重要原因之一。[16]由此可見在溝通中表達認可的重要性。遺憾的是，在我們的文化傳統中，對於語言表達存在一種負面偏見。在一項針對全球十三種語言有關正面和負面表達頻率的研究中，清華大學的正向心理學研究中心發現，在過去二百多年間，中文的負面表達在世界上十三種主流語言中是最為明顯的。多數人習慣性地呈現出消極的表達傾向。[17]

不少人片面地認為正面表達是一種虛偽的表現，甚至有些人對「行勝於言」的解讀是行動可以替代語言的表達。但是情感的表達只存在於自己的心裡，對方是感知不到的。在企業訪談中，我們發現了這樣的溝通難題：一方面，核心團隊成員覺得老闆對自己不認可；另一方面，老闆卻是「愛你在心口難開」，看似用很多方式挑戰高階主管，實則是倒逼高階主管不斷自我突破和成長。可是這樣的苦心，如果長期不表達，會造成很多的誤解，高階主管會認為老闆對自己不認可，如果這時候再疊加「空降」高階主管夾在其中，新舊融合會面臨巨大的衝突。在職場中，要想成為一個同事可以信賴、團隊中不可或缺的人，需要積極地表達善意和讚美。當然，這種表達的發心應該是不求回報的。一旦抱有目的性而對他人抱有過多期待，即便不被對方發覺，也會造成失落，內心逐漸失去積極回應的動力。

心理學家雪莉・蓋博教授在研究中發現，從積極／消極和被動／主動的角度來看，人們在溝通中往往呈現出四種不同的回應方式，包括：積極主動，即真誠熱情的支持（正面的語言回應，並結合適當的身體語言和積極情緒的表達）；積極被動，即低調支持（只對事件表達知曉，但沒有任何積極情緒的流露）；消極主動，即指出事件的消極方面（只看到事件不好的一面，而忽視正面回應，並同時表達消極情緒）；消極被動，即忽視該事件（完全不理會或者非同頻回答）。[18] 在這四種回應方式中，消極被動是一種「冷暴力」。無論是在工作中還是在親密關係中，冷漠都是一種情緒上的虐待，使對方陷入孤獨，逐步走向崩潰。

人們在日常工作和生活中負面表達的頻率要遠遠超出我們的覺察範圍。很多時候，下意識的惡語相向貌似能讓人們在剎那間發洩情緒，但「良言一句三冬暖，惡語傷人六月寒」，事實上，一句惡語的殺傷力遠遠不是一句良言可以撫平的。在溝通方面著名的「洛薩達比例」來自巴西心理學家馬塞爾・洛薩達教授。洛薩達教授的研究先在企業中進行，他對六十家公司內部會議的錄音進行了整理。[19] 以經營表現進行分類，這六十家公司中，有三分之一業績突出，三分之一運轉良好，其餘的三分之一面臨破產。研究者以句子為單位對其中的正面表達和負面表達分別進行編碼。結果顯示，當正面表達與負面表達的比例低於二・九：一的時候，企業就會面臨破產倒閉的風險。由此簡單地推導，為了維持良好的溝通，每說一句負面的話，至少需要用三句正面的話來補償。

當然，這並不意味上述比例越高越好，好話並非越多越好。如果正面表達過多，很可能會導致團隊成員的危機感不足，很多潛在問題會被忽略。在此需要關注的是，洛薩達比例和企業經營狀況之間只存在相關性，並無因果性，很可能是企業的經營不善導致了溝通中的負面表達增多。此外，正面表達並非要管理者採取只表揚、不批評的做法。適度樂觀，同時善於發現並關注那些取得進步的場景，對於團隊和企業應對高度不確定性的環境極為重要。[20]清晰界定小贏，並在日常工作上保持努力發現小贏的意識，鼓勵員工之間、團隊之間採用積極的、主動樂觀的對話方式，對於營造良好文化並實現業績指標的達成有明顯的助力作用。

在洛薩達之後，約翰・戈特曼把同樣的研究方法擴展到婚姻關係中，透過溝通中的回應方式和溝通內容預測離婚率。從二十世紀七〇年代開始，他帶領研究團隊進行了長達幾十年的追蹤研究。研究在被稱為「愛情實驗室」的公寓中進行。公寓坐落在美國西雅圖的海邊，盡可能地模擬現實中的生活場景。一九八五年的一次研究中，有八十五對夫妻受邀參加。每對夫妻在八個小時沒有見面後，到達實驗室。實驗人員要求這些夫妻就三個話題進行十五分鐘的交談：當天發生的事情、夫妻關係中好的方面、可能引發衝突的想法。當他們交談時，隱藏攝影機會記錄下他們的生理反應，比如交談中的面部表情等。每次觀察完成後，研究人員就把錄影帶中的對話轉寫成文字並進行編碼。

大多數受試夫妻在一九八七年再次參與了研究，然後每年觀察一次，直到一九九七年。二○○二年，研究人員對這些夫妻進行最後一次觀察。截至二○○二年，這八十五對夫妻中有二十一對已經離婚（約占比百分之二十五）。戈特曼根據在追蹤研究中總結出來的方法在另外七十多對夫妻中進行了驗證，從而提出婚姻中的洛薩達比例為五：一。這就意味著，幸福的夫妻在溝通中，每說一句負面表達，會對應五句以上的正面表達。戈特曼的研究結果顯示，婚姻交流中有四種毒藥：批評、蔑視、防禦和冷漠。有這四種回應方式的夫妻平均會在婚後五至六年內離婚。而其中一項研究顯示，六年後感情依舊良好的夫妻在百分之八十六的情境下會選擇積極主動回應對方在情感方面的「懇求」，比如嘗試獲得關注、愛或者支持。[21]從這些研究中我們可以獲得這樣的啟發：日常溝通中我們所選擇的回應方式，對於人與人之間親密性的建立和信任的打造至關重要。如果希望他人成為自己韌性的同盟，獲得持久健康的關係，就需要雙方積極投入日常交流。

積極的回應不僅僅限於同事之間、夫妻之間或者是互相熟知的人之間，也可以發生在不相識的人之間。實際上，積極的回應能夠讓我們體內一種被稱做「愛的激素」的神經傳導物質更好地發揮作用，從而促進自身從壓力導致的損傷中得到恢復。從進化心理學的角度來看，我們腦部這種讓人們去愛的物質叫作催產素，是一種神經激素，直接作用於腦部神經的功能和運作，由腦下垂體後葉分泌。催產素的作用由英國神經科學家亨利・戴爾在一九〇六年首次發現。一九五三年，美國生物化學家文森特・迪維尼奧將催產素分離出來，並憑此獲得了一九五五年的諾貝爾化學獎。催產素在希臘語中被譯為「快速生產」。它能刺激乳腺分泌乳汁，在分娩過程中起到加快子宮平滑肌的收縮、促進母愛的作用。此外，催產素還能減少人體內腎上腺酮等壓力激素，以降低血壓。但催產素並非女性專屬的荷爾蒙，男女均可分泌。實際上，中樞神經系統的催產素能夠調節人們社會行為的諸多方面，比如共情、信任和對社會相關線索的記憶，並且能夠減少焦慮和其他與社會壓力相關的反應。

因此，催產素可以很好地調節大腦的社交本能，促使人們與別人交往。催產素可以促進人們享受社會交往本身，以及在此時此刻所經歷的簡單的快樂，因此是「當下」神經導物質的一種。每當我們積極回應他人，無論是給予對方善意的眼神交流、點頭、握手、擁抱，還是表達關注、贊同、理解和喜愛等多種情緒線索，體內的催產素都會被激發，這種相互鏈接的行為促使人們更願意參與社交活動，更具合作精神，更為大方慷慨。催產素是一種令人們更加「社會化」的荷爾蒙，對於人體的益處透過社交聯繫和人際支持發揮作用。催產素讓人渴望擁抱或接觸，希望主動幫助他人；人與人之間的接觸和互動促進催產素的進一步分泌，心臟產生催產素受體，幫助個人從壓力中復原。

回想這樣一個場景：當空姐走到你身邊，蹲下並禮貌地詢問本次航班你希望用哪個套餐，喝什麼樣的茶飲時，你頭也不抬地盯著自己的手機，漫不經心地回答著。也許下次再進入這樣的場景，你能夠嘗試暫時放下手機，給空姐兩分鐘的積極回應，無論眼神還是言語，這不僅是對他人的尊重，而且能幫助自己激發催產素的分泌。當我們有意識地進行選擇時，神經通路會不斷得到強化，積極的本性會在內心深處扎根。久而久之，我們的整個社會會更加溫暖。也許數年後，大數據的統計中，中文就不再是那個負面表達最多的語言了。

在建立信任關係的過程中，積極回應是需要我們特別關注的一個行為原則，尤其是在我們身處的這個個性化時代。個性化時代中的精準觸達，能夠從另一個角度幫助我們理解如何提升人與人之間的親密度。也許你可以從下面的案例中得到啟發。

幾年前，我的一位企業家學員在準備公司兩週週年年慶，冥思苦想什麼樣的禮物能夠引起絕大多數九〇後員工的喜愛。最後，公司沒有按照慣例給大家發紅包、聚餐喝酒，而是給每一位年輕的員工送了一張刻有他們自己形象的木刻雷射肖像畫。這樣一個成本只有二十元的小禮物，使得公司中的九〇後員工紛紛發朋友圈。這類木刻雷射畫如今已經到處都是，在幾年前卻頗為新潮。這就是「個性訂製化」的神奇力量。試想一下，當你出差入住酒店時，一張開頭寫著「親愛的 ××× 女士／先生」的小卡片肯定要比一張印著「親愛的貴賓」的通用卡片帶給你更親切的感受。

很多場景中，你也許並不會非常在意這些小細節，但個性化時代已經來到我們的身邊。在前文中我曾經論述過個人的崛起和每個人對自我的關注，也透過大量的研究梳理說明了「覺得自己特別」是普遍存在的心理特徵。在與他人之間加強親密性以建立信任的過程中，我們要逐漸放下對自我的執著，給予他人更多個性化的關注、肯定和讚美，這對於陌生人之間的破冰、新關係的建立和深化、矛盾的化解等，都會產生遠超預期的積極影響，可謂是「小成本、高回報」的溝通和人際互動原則。

自我的覺察永遠都是在關係中進行的。人與人之間的共情，讓我們的情緒相互感染，觀念相互影響。韌性的打造既需要獨處時的自修，也需要與他人共修。雖然總結起來很簡單，但踐行起來面臨各種各樣複雜的情況，深層的靈魂聯結總是世間可遇而不可求的事。儘管如此，我們仍然可以從小處開始修行。共修和自修一樣，都需要在日常下功夫，從每天相處的細節開始，哪怕能夠有幾分鐘的專注聆聽和正向回應，對於關係的深化都有重要的作用。我們總說「見面三分情」，這是非常有智慧的經驗總結。與其他任何欲望相比，人們最渴望的就是被傾聽。西方有句諺語，「就連魔鬼都想被傾聽」。只有深入地傾聽才會帶來真正的溝通，正如管理大師彼得・杜拉克所說：「溝通中最重要的事，就是聆聽那些未說出口的話。」在你真正聽到對方所表達內容背後的情緒，並給予積極回應時，你付出的是「一對一」的注意力。每一次交流都是「一期一會」，你和對方分享了一段生命。在下一次和他人交流時先想到這一點，想到自己和對方都是獨一無二的存在，帶著好奇和期待，也許一切就會不一樣了。

自利並利他

信任公式中，三個分子的分值範圍都是一至十分，唯有作為分母的自私度的分值範圍是一至一百分。由此可見，一個人的利他性對於建立人與人之間的連結至關重要。過往的研究告訴我們，利他是給自己帶來持久幸福感的最高階元素。每個人對幸福的定義千差萬別，然而對幸福的渴望仍是生而為人最終極的追求。從古到今，先賢學者和大成就者都在以各自的方式，從不同的角度解析幸福這個宏大命題。隨著一百多年來心理學和跨學科研究的發展，我們對幸福有了更為微觀具體的認知。在《持續的幸福》一書中，正向心理學家馬汀・塞利格曼提出了人類的幸福有五大關鍵要素，可以理解為五層幸福，包括愉悅的感受、成就感、做喜歡並擅長的事、溫暖而持久的親密關係以及幫助他人。其中最高層級的幸福感來自利他，這是我們持久幸福感的源泉。

從生理和心理作用機制的角度來說，幫助他人對於我們的身心健康有著不可忽視的作用。腦科學專家研究發現，在人們幫助他人時，大腦中會釋放兩種影響我們情緒的重要神經傳導物質，一種是我們在第三章中提到的多巴胺，另一種是被稱為「大腦冷靜指揮官」的血清素（5－羥色胺）。[22] 在這兩種神經傳導物質的共同作用下，我們的情緒會得到強化，令我們從心底感到快樂。

和催產素類似，血清素也屬於「當下」神經傳遞質的一種。血清素神經元的神奇作用在於它可以「管理」可能因過度興奮而大量分泌的多巴胺神經元和去甲腎上腺素神經元，從而確保大腦保持冷靜。這種平衡作用能夠幫助人們在保持適度緊張的同時發揮個人最大潛能。在血清素能神經正常運轉的情況下，即使有壓力，個人也能很好地進行調適。當我們體內能夠有規律地釋放血清素能神經時，我們不僅能夠在早上爽快地醒來，體驗到大腦被快速喚醒的清明，而且可以享受安穩的深度睡眠，這是因為血清素是製造褪黑素的原料。當我們體內血清素能神經功能低下時，那些有「早起困難症」的人所體驗到的則是明明睡了一個晚上，醒來後大腦仍然昏昏沉沉。研究表明，血清素的釋放與人們的韌性以及抗壓能力都直接相關，而幫助他人和有氧運動（比如冥想時的腹式呼吸、散步、慢跑等）都能夠啟動人體內的血清素能神經。此外，當我們付出的時候，大腦還會分泌腦內啡，這種物質能緩解壓力和焦慮，帶給我們興奮感。助人行為會刺激大腦的獎賞中心，讓多種美好的荷爾蒙充滿人體機能的各個系統，產生一種被稱為「助人高潮」的愉悅感，是我們身體裡天然的「青春源泉」。科學研究證實了「助人為樂」所言不虛。腦部掃描顯示，僅僅是在腦中計畫捐款幫助他人，都會給當事人帶來快樂。[23] 助人為樂還能降低認知障礙風險，使人長壽。

因此，有意識地實踐感恩，不斷去幫助他人，不僅能夠確保我們大腦中的情緒「指揮官」發揮穩定的作用，而且能夠反覆強化我們的神經通路。認知行為學派的基本假定是：每個人都可以透過自己的行為改善自身的心理狀態，而且行為的強化會加強心態的轉變。以尋善的作用機制為例，研究表明，壓力、憤怒、沮喪和焦慮等負面情緒會導致不連貫的心率模式，其特點是不規則、鋸齒狀的波形。當一個人持續感恩、利他並表達欣賞、同情和愛時，他的心率模式展現出來的是連貫的、規則的、類似正弦波的波形。[24] 美國加州大學柏克萊分校的研究團隊曾做過一項長達五年的追蹤研究，研究對象是兩千〇二十五位老人。[25] 五年中，每年參與一項志願服務的老年人，其死亡比例比完全不做公益的老年人低百分之四十四；如果每年參與兩項志願服務，這些老人的死亡比例會比不做志願服務的老人低百分之六十三。

上述從生理機制角度的研究解釋，並不是要讓我們去功利地把助人行善作為壓力和焦慮的「解藥」。恰恰相反，這些看似「功利主義」的認知的最終目的，是讓我們擺脫助人的功利性。了解人類對掌控感的迷戀後，我們會知道付出不是一個等價交易，「真心換真心」本身就是對他人抱有不切實際的期待。一旦有了期待之後，很可能結果讓人失望，即便是恰好滿足期待，我們的驚喜和感恩之情也會衰減。

在某個利他行為的開始階段，從生物學功能的角度，我們可以看到感恩和助人給自身帶來的益處，這些利他行為激發的正向情緒，能夠增強我們的免疫力，保護心血管系統免受壓力的過度侵害，進而幫助我們從挫折和逆境中復原。了解了這樣的機制，我們要有意識地去創造良好的人際關係，用直接接觸、面對面溝通、非語言交流去啟動我們的積極感受。我們不斷強化這些行為，不斷重複對自己和他人的感恩、欣賞和愛的積極表達，重複得越多，企圖心就會越弱，情感連結就會越強烈，對生理和心理的積極影響就越大。這會讓我們逐漸跳出個體目標導向的限制，不斷拓展自身的認知，獲得意想不到的豐厚回報，最終在我們內心深處留下的是一種積極的本性。

當然，助人行為不僅在順境中發生，逆境中的助人行為更考驗信念和智慧，如美國黑石集團創始人蘇世民所說：「處於困境中的人往往只專注於他們自己的問題，而使自己脫困的途徑通常在於解決別人的問題。」[26] 大量的心理學研究都得出了一個重要結論：幫助別人是提升韌性和幸福感最可靠的方法。[27] 利他與人們的幸福和健康都直接相關。研究甚至指出，幫助他人能夠延緩我們自身的衰老。凱斯西儲大學的研究者發現，利他主義可以給人們帶來「更深層次、更積極的社會融合，將注意力從個人問題和專注於自我的焦慮上轉移出去，增強生活的意義和目的，促進更積極的生活方式。」

所謂利他，換位思考是根本，但這一點在實踐過程中容易被人們忘記。因為授課中涉及心理干預，多年來我結識了很多視障朋友，從他們身上我學到了很多，也反思到了健全人群常會有的偏見。一位視障朋友和我分享過，他經常遇到這樣的尷尬情況：他用導盲杖貼著路邊走得好好的，突然有「好心人」看到他的導盲杖總打到「馬路牙子」，就會把他扶到路的中間。這時候他其實會面臨更為困難的情況，因為他的盲杖無法探到任何的參照物（好心人眼中的障礙物），真的是茫然無措。

另一位視障朋友分享了更為有趣的經歷。一天他安靜地站在馬路邊，突然被一位好心大哥拉住左手，一路小跑帶到了馬路對面。大哥微微喘著氣說：「兄弟，這回你安全了，放心吧。」這位視障朋友只能哭笑不得地說：「大哥，我在馬路對面等朋友，沒有打算過馬路。」類似於這樣的例子在弱勢群體中經常會發生。因此，聰明的利他，是要從他人的需求出發，我們自以為的善行，可能是給對方的干擾。「甲之蜜糖，乙之砒霜」就是這種情況的集中體現。利他是情感和理智的結合，設身處地地從他人的需求出發，可以幫助我們跳出自身的「已知障」[*2]，認知的迭代也會在生活的其他方面給我們新的洞察和啟發。

利他和自利之間的關係，一直是學術界辯論的焦點。從個體角度來看，利他並不意味著總要犧牲個體的利益，事實上，利他和自利是可以同時實現的。長期自我犧牲式的利他，會導致心理資本的損耗甚至枯竭。意志力是一種有限的資源，它消耗得很快，完全依賴意志力去完成一件事情是糟糕的策略。「做一件好事很簡單，一輩子做好事很難」就揭示了這一點。所以，利他的行為起點可以是「自利」的，自利並不等於自私，而是對自我的關懷。

從進化的角度，有一種觀點認為，人類的本質是自私的。[28] 如果說自然設計的法則是優勝劣汰，那麼每個個體需要在競爭中從自身出發趨利避害。塞利格曼認為，利他主義是自私基因理論中的一個障礙。自私基因理論無法解釋人們對陌生人的利他主義，以及英雄的利他主義，例如二戰時期，在被德軍占領的歐洲國家，基督徒讓猶太人藏在自家閣樓上以躲避逮捕。在塞利格曼看來，達爾文的「種群選擇」[*3] 是解釋利他的真正答案。「愛、感激、敬仰和寬恕等合作性的蜂巢情感，使該種群擁有了生存優勢。一個合作的種群比不合作的種群更容易擊敗龐然大物。」

心理學家阿德勒指出，人類最偉大的共同點是，人們對價值的評判最終建立在相互幫助和相互合作的基礎上，因此，人們對於行為和目標的要求，都應該有助於人類的合作。[29]阿德勒認為，只有當人們把自身的價值與社會價值聯繫在一起時，人們才有可能超越自卑對人類的負面影響。換言之，人們需要透過與他人的合作、關愛他人、為超越自我所存在的更大的社會群體解決問題，才能得以實現和增長自身的價值。最新的研究也同樣表明，試圖讓別人快樂比試圖讓自己快樂更能讓我們快樂。這是因為幫助別人的過程強化了我們與他人之間的連結需求，從而增強自身的幸福感，即使我們幫助的是陌生人，這樣的效應同樣存在。[30]

在第五章中，我提到冥想就是訓練我們將無意識意識化的過程。利他的行為則是把有意識無意識化的過程。一開始我們的利他總是有理性的驅動力，比如要求回報、愉悅自己等。但隨著善行的積累，利他就會逐漸成為一種行為習慣和思維模式。利他的境界應該是既無社會性也無政治性的，而且是一種自然流露，就像真愛是不需要理由和目的的，亦如佛教說的「不住相布施」，做好事的動機不應執著於「福報」。利他不是提升韌性和獲得幸福的手段，而是目的本身。亞里斯多德在其代表作《尼各馬科倫理學》中，以全書近五分之一的篇幅詳盡地論述了友愛。與友誼一樣，友愛指的是任何共同體之間的互相關愛和連結。其核心思想是人們是在幫助他人的過程中成就自我的，這種真正意義上的愛和融合是我們要尋找的快樂，被稱為奉獻的快樂。正如稻盛和夫所說：「自利則生，利他則久。」

*1 1英里＝1.6公里。——編者注。

*2 已知障，此處指執著於自己掌握的知識，放不下我執、我見，造成的認知障礙。

*3 達爾文的進化論最初認為自然選擇的單元是個體，而利他行為明顯與自然選擇相矛盾。為了解釋利他現象，達爾文擴展了他的自然選擇概念，認為自然選擇不僅可以作用於個體，還可以作用於群體，即利他行為可能透過群體間的選擇過程而進化。

韌性認知

- 在個人層面，能夠擁有相互扶持、相互信任的關係，並在此基礎上擁有可以獲得廣泛支持的社會網絡，對於韌性的打造和提升極為重要。
- 一個人是否自私、能否換位思考去幫助他人達成對方的利益，對於信任的影響最大。
- 在與他人之間加強親密性以建立信任的過程中，我們要逐漸放下對自我的執著，給予他人更多個性化的關注、肯定和讚美。
- 利他是情感和理智的結合，設身處地地從他人的需求出發，可以幫助我們跳出自身的「已知障」，認知的迭代也會在生活的其他方面給我們新的洞察和啟發。

韌性練習

1. 填寫表8-2，嘗試反思一下：在工作和生活的不同情境中，是哪些因素幫助你和他人建立了良好的信任關係，又是哪些因素導致了你和他人信任的折損？該如何補救？未來當你希望和別人建立信任關係時，你會選擇從哪個方面入手？為自己拆解的「俄羅斯娃娃」。重新審視和思考：你的內核到底是什麼？你給自己穿上了幾層套裝？接下來該如何做出調整和改變？

表 8-2 信任情境分析

獲得信任的情境	信任分數的分析	如何繼續強化
工作情境 1：	勝任力______分 可靠性______分 親密度______分 = 總分______ 自私度______分	
生活情境 2：	勝任力______分 可靠性______分 親密度______分 = 總分______ 自私度______分	

失去信任的情境	信任分數的分析	如何補救
工作情境 1：	勝任力______分 可靠性______分 親密度______分 = 總分______ 自私度______分	
生活情境 2：	勝任力______分 可靠性______分 親密度______分 = 總分______ 自私度______分	

* 通過以上分析，未來在建立信任的關係時，我應該注意：

1.
2.
3.

2. 在工作和生活情境中嘗試積極主動的回應方式，比如：

- 當空姐來詢問你訂餐意向時，有意識地放下手中的手機，注視空姐並禮貌地回答。
- 當你的下屬彙報工作時，在情況不緊急的前提下，多留給他們幾分鐘去表達，讓他們把話說完，並給予他們真誠的回應、肯定或反饋。
- 當你的孩子拿著考了一百分的試卷興奮地跑向你分享這個快樂時刻時，記得不要說類似於「別驕傲，繼續努力！」或者「你們班一共幾個一百分？」這樣的話，真誠地和孩子一起享受這個快樂時刻，並給孩子一個擁抱和一句肯定。

3. 在和他人進行交談時，嘗試努力傾聽。你能否真正聽到對方所表達的內容背後希望你注意到的情感需求？嘗試在交談過程中收起你的手機。艾塞克斯大學的研究發現，即便你不去看它，僅僅是放在桌面上的手機就足以給人們的談話帶來消極的影響。

4. 去參與一次公益活動，和受助人深度交談半小時以上，了解對方真正的需求。嘗試記錄自己的感恩清單（見表8-3），不要忘記先「問問對方的需求」，提供他人需要的幫助才是利他的根本。

表 8-3 感恩清單

最值得感激的人		對方的需求	我的行動	完成情況
1				
2				
3				
4				
5				
6				
7				
8				
9				
10				

第九章　韌性：從個人到組織[1]

在我的心理韌性課程中，內容主要聚焦於自我認知與個體韌性的提升。參與課程的學員們多是企業的負責人和高階主管，他們很希望把韌性學習的心得體會帶到自己的團隊和企業中，實現從個人韌性到組織韌性的傳導。因此，在課堂之外，我和團隊密切關注心理韌性在組織層面的最新研究和趨勢。我們發現，隨著新冠肺炎疫情、全球性氣候變化、政治經濟事件等一系列事件的暴發，「韌性」概念跳出了心理學的範疇，在社會經濟領域特別是組織變革層面成為快速升溫的概念和議題。二〇二一年三月，國際權威研究機構高德納發布預測稱：二〇二五年前全球百分之七十的CEO將建立「韌性文化」，以應對新冠肺炎疫情、網路犯罪、惡劣天氣、內亂和政治動蕩的威脅。報告指出：百分之九十的全球商業領袖認為，組織韌性將是未來商業中的首要思考內容；百分之八十的企業家認為，有韌性的組織才能基業長青、蓬勃發展。國內企業界也有同樣的呼聲，華為輪值董事長徐直軍在二〇二一年九月的一次發言中說道：「面對日趨複雜的全球營商環境，『韌性優先』成為企業的重要發展戰略。」組織韌性的重要性已成為全球商界的共識，也是企業進化的新趨勢。

組織韌性的核心

相較於個人韌性，組織韌性的研究還處於初步階段。本書的韌性飛輪模型聚焦於個人層面。個人是社會的最小單元，而個人韌性是組織韌性、經濟韌性和社會韌性的構成基礎。和個人韌性相比，組織韌性的定義更為宏觀，根據英國標準協會所發布的《組織韌性報告》，組織韌性是指一個組織為了生存和持續發展乃至繁榮而不斷預測、準備、應對和適應日益加劇的變化和突發破壞性干擾的能力。組織韌性持續改進的模型包括六個重要部分，首先是三個核心要素：產品和服務的卓越性、工藝和流程的可靠性、人才和行為的可塑性。企業需要注重產品和服務的卓越性，因為這是能為企業持續帶來收入的根本，在此基礎上，依靠一定的規章制度和流程管理才能保障企業的穩定運行。在三個核心要素的基礎上，組織韌性商業模型還包括三個核心功能領域。一是運營的韌性，包括產品、工藝流程和企業自身管理等方面的迭代升級。二是供應鏈的韌性。二〇二一年發布的《全球組織韌性研究》中提到，受新冠肺炎疫情影響，全球百分之八十八的企業或多或少經歷過供應鏈中斷的危機，這將是未來企業面對不確定性時打造組織韌性很關鍵的元素。三是資訊韌性，包括實體資訊、知識產權資訊和電子資訊的安全管理等。英國標準協會將組織韌性進一步分解為四個維度中的十六個衡量因素，包括領導力維度（願景、使命、價值觀，戰略與目標，財務管理，資源管理，聲譽風險管理）、人的維度（認知與能力培養、文化認同、資訊一致性、企業責任與社會責任）、流程維度（治理和責任、資訊和知識管理、供應鏈管理、業務可持續性）和產品維度（市場掃描——變化與機遇、適應能力、創新）。[2]

在本書前面的八章中，我們從個人的韌性飛輪出發，經歷了自我覺察，步步深入地去認知自己的認知，深入探索內心秩序的形成機制；而後，我們面向外部世界，去挖掘生活的意義和熱愛的目標；最後，我們透過與他人的連結，在關係中自利並利他，實現韌性的傳導。從個體韌性到組織韌性的傳導是個複雜的體系，在本章中，我們聚焦於組織韌性三個要素中人才和行為的可塑性這個維度，把組織看作一個由個人的飛輪組合而成的大飛輪，在明確組織韌性概念的基礎上，建立組織韌性的分析框架，從組織韌性打造的角度，對人才挑戰的主要問題進行梳理，並提出改善的建議，為組織韌性的提升提供可參考的認知框架。人是企業最重要的資源，以人為本去提升組織能力，並營造文化和價值觀，是企業行穩致遠的關鍵因素。

過去的兩年中，我帶領長江商學院領導力與行為心理研究中心團隊，專注於中國企業和企業家的韌性研究。在個體層面，我們關注在不確定性衝擊影響下中國企業家的心理健康狀態變化；在組織層面，我們探究在不斷變革的外部環境下，企業面臨哪些共通的人才挑戰以及如何有效應對。在研究中，企業經常被看作一個生命體。美國著名管理學家伊查克・愛迪思用二十餘年研究了企業的整個發展週期，提出了和人的生命週期相對應的企業生命週期理論。[3] 在我們的組織韌性分析框架中，我們把研究的企業看成一個整體，但同時，企業也是一個包含複雜內部關係和互動的組織。從員工的角度看企業，企業又變成了客體，組織的管理者要應對和處理員工和企業之間的關係。因此，組織的韌性並不是個體成員韌性的簡單疊加，而是個體透過深層連結以整合的能力，組織韌性就是組織的底層能力。

為了梳理和中國企業的實踐更為相關和有效的組織韌性框架，我和研究團隊對過往的大量研究文獻進行了分析回顧，結合個人韌性的模型和企業調查的發現，提出了「共識」「共事」「共情」的三階段框架。「共識」，包括人與人之間、團隊與團隊之間，以及職級與職能團隊之間的多維認知，達成「共識」的關鍵是溝通機制；「共事」是組織的連貫性目標，以及為達成目標而建立的業務模式、流程、機制和方法，「共事」的關鍵是激勵機制；「共情」則是價值觀層面的一致性，也是員工和企業之間深度的連結，包括創新容錯機制和專業主義的傳承，「共情」的關鍵是信任機制。

打造人才韌性的五大痛點

根據個體韌性到組織韌性（人才維度）的模型，我帶領研究團隊對過去兩年深度調查的十四家企業進行了分析，這些企業所在行業包括建築業、人力資源行業、醫療健康行業、農貿業和網路行業等，企業成立年限跨度從九年到二十六年不等。從生命週期的角度來看，很多被訪企業雖然經營業績表現達到了盛年期的水準，但其組織的發展階段依然處於青春期，面臨著很多「青春期煩惱」，包括企業目標不夠清晰、戰略迷失、負責人管理風格頻繁調整、由擴張帶來的授權問題、新老融合等問題。在這樣一群「早熟」的青春期企業中，我們梳理出了組織韌性、人才方面的五大共通性問題，分別可以從共識、共事和共情的角度進行分析並給出改善建議。

一是戰略同頻。高階主管對於企業所制定的戰略背後的原理、戰略存在的原因，以及戰略將會引導企業走向哪裡略知一二，並不深究，導致的結果就是在戰略向下傳導的時候出現衰減。從共識的角度來看，會出現負責人與高階主管團隊溝通不充分，甚至認為可以沒有戰略，「我們農民洗腳上田不用想那麼遠」，「西瓜皮滑哪兒算哪兒」（引言來自企業調查訪談口述原文，下同）；從共事的角度來看，戰略分解與打法之間的連結普遍欠缺，很多高階主管表示，戰略都在負責人的腦子裡，很多事情老闆拍腦袋安排下去之後，往往「雷聲大，雨點小」；從共情的角度來看，戰略制定更多地聚焦於短期的業績目標，缺乏與業務戰略相匹配的人才戰略，很多負責人都對高階主管的能力和潛力不滿意，覺得他們只是在執行，但高階主管的反饋是「我們一說出自己的想法就會被打斷」，覺得老闆並不相信他們的判斷，也沒有認真聽取他們的意見。

二是人才引入。百分之七十以上的受訪企業在過去十幾年間都想過採用空降兵的方法，雖然也有個別企業找到了非常優秀的空降高階主管，但整體來說空降高階主管的「存活率」都較低。共識層面，企業負責人對空降高階主管的能力認知往往會因為期望值過高、「大廠」光環而有所偏差；共事層面，空降高階主管會遭遇體系打法不兼容的問題，一些從網際網路大廠引入空降高階主管的企業認為，大廠的打法並不適合，哪怕是通用的人力資源等職能崗位，也會有「隔行如隔山」的差異；共情層面，高階主管從空降兵轉為子弟兵需要長期的投入與磨合，導致短期內難以交心，有的負責人甚至認為「空降高階主管主要發揮『鮎魚效應』，用一用就行了，讓高階主管知道人外有人。」

三是高潛力打造。團隊中的老員工們擁有極高的忠誠度和對企業的認同度，但同時他們在認知和能力方面的發展也遭遇較為明顯的瓶頸。共識層面，負責人認為原有核心團隊的能力跟不上企業發展的腳步，和老團隊「談不了未來」，對他們的歷練可能是在「揠苗助長」；共事層面，很多企業的原有業務缺乏高潛力人才的培養機制，同時上級因為擔心下級能力水準不足而難以真正授權，新人無法脫穎而出，而新業務團隊的激勵機制仍待探索，一些企業在嘗試合夥制，但實際推行過程中在出資和占股比例上僵持不下；共情層面，負責人普遍對HR的人才培養計劃不滿意，自己擔當高階主管教練的角色。同時，高潛力被「挖角」和「出走」的風險仍然存在。

四是梯隊建設。企業在人才選用與預留方面的機制亟待完善，大部分核心知識與實踐經驗都掌握在老員工手中，如果不能得到很好的萃取與傳承，一旦核心員工離開企業，企業的核心知識特別是實踐中總結出的「隱性知識」就會出現明顯的斷檔現象。共識角度，員工普遍認為企業的核心競爭力是負責人，人才短缺但又缺乏自主培養體系是普遍現象；共事角度，基層的流失率居高不下，老員工成為中流砥柱，知識經驗的萃取手段缺失；共情角度，由於師父擔心徒弟自立門戶而在傳授時束手束腳，師徒制在許多企業遭遇了滑鐵盧。

五是企業文化。多數企業文化打上老闆的烙印，利弊共存。多數主要負責人能夠意識到需要提升文化的包容性和激勵作用，為未來擴張做準備。共識角度，多數企業的使命、願景、價值觀仍停留在紙上，或者排序靠後，重要不緊迫，但長期缺位會產生影響，負責人普遍意識到柔性激勵的重要性；共事角度，文化會影響團隊的效能，良好的企業文化能夠讓員工有更好的工作狀態和表現，反之亦然；共情角度，多數主要負責人能夠給予員工在工作之外的支持與關懷，同時負責人也在「精神領袖化」，「人人都在複製老闆的舉手投足」，更有不少受訪者把企業文化概括成「老闆文化」。

針對以上五大共通性挑戰，我們從共識、共事、共情三個角度給出改善建議，詳見表9-1。

表 9-1 組織韌性共性問題改善建議總結表

	共識（溝通）	共事（激勵）	共情（信任）
組織韌性提升框架（人才維度）	**多維認知** 人與人之間的認知 各職級、職能團隊之間的認知 組織對自身的認知 心理、行為、能力、價值	**連貫目標** 個人職業發展目標 職能、業務團隊目標 組織頂層目標 業務模式、流程、機制、方法	**熱愛共振** 核心競爭力進化 創新容錯機制 專業主義傳承 有意義感的文化
戰略同頻：驅動「上下同欲」	在核心層建立定期深入的溝通機制	戰略制定和執行方案有機結合	戰略制定涵蓋對人才團隊的長期激勵
人才引入：解碼「空降難題」	與空降人才進行全面的溝通和認知	釐清內部管理現狀和空降高管的適配性，清晰界定權責邊界	避免價值觀判斷偏差，通過多種途徑，增進新舊融合
高潛力打造：助推「第二曲線」	將高潛人才的發掘和培養列為一把手和 HR 的優先議程	處理好授權和督導的關系，新老業務團隊建立防火牆	為高潛力人才做好時間、精力和情感（信任）投入的充分準備
梯隊建設：升級「選用育留」	人才儲備成為所有層級管理的任務	知識經驗持續萃取，建立高效的內部學習系統	多種形式激勵老帶新傳承，關注全體員工特別是 Z 世代的職業發展
企業文化：蓄力「韌性之源」	系統進行根植於企業發展史的組織文化梳理	將企業文化轉換成日常行為原則和考核維度	讓各級員工都有經營者意識，激發心理共鳴的員工關懷和公益活動

組織韌性的打造

自新冠肺炎疫情爆發以來，企業都在採取行動應對產品和流程上受到的衝擊。麥肯錫二〇二一年年初發布的企業調查結果顯示，為應對新冠肺炎疫情的衝擊，企業主要在成本結構、客戶體驗、新產品研發和新商業模式上發力。那些成功度過危機的企業，相較於那些未能有效應對危機的企業，前者進行商業模式創新的可能性是後者的一・五倍。企業探索新商業模式主要聚焦在五個方面：打造適應用戶新行為、新需求的數字化體驗、產品和服務，建立行業內外新的夥伴關係，調整供應鏈和運營模式以管控風險，變革銷售模式，以快速迭代加快產品研發。

在組織和人才層面，透過企業調查我們發現，那些能夠禁受住不確定性破壞的企業家，大多把企業的韌性歸因於「非實體資產」——包括員工、客戶、品牌和組織能力。這也印證了全球範圍的一項主流預測——ESG（環境、社會和公司治理）在二〇二一年迎來爆發。在危機中，很多企業需要重新審視自身的初心和價值主張。我們正在進行的新生代員工職場狀態和雇主選擇的調查也發現，越來越多的新一代年輕員工，特別是九五後們，更多地偏向於在符合自身價值取向和發展規劃的企業中工作，對於那些能夠清晰規劃職業發展路徑和前景的企業，他們甚至可以接受一定程度的薪資損失，「共識」的重要性可見一斑。

與此同時，科技與全球大變局的快速迭代使得工作模式更加靈活，遠距辦公和彈性工作時間成了可選項，但同時也是「雙刃劍」：靈活模式可以提高員工的自主性和滿意度，但在遠距辦公模式下，員工的敬業度、溝通和運營的效率、團隊的績效可能受到不利影響。疊加企業數字化的變革趨勢，在多種靈活的工作模式下的高效「共事」，是企業要面臨的常規考驗。受訪的多位企業家學員表示，在複雜多變的環境中，管理層的快速決策需要多元化的視角，其中年輕人才的洞見非常重要。在危機中既能集思廣益、快速應變，又能在做出決策後上下同欲、團結一心，這樣的「共情」是高韌性組織的特質之一。從「共識」到「共事」，再到「共情」，打造組織韌性是日積月累的「內功」，透過梳理有關組織韌性的過往的研究和企業家的經驗，在個體韌性到組織韌性的傳導過程中，企業可以從如下角度進行思考。

第一，高韌性領導者特別是主要負責人應該成為韌性文化的打造者。組織韌性不等於個體韌性的加總，組織韌性也不完全取決於高韌性的領導者和員工，但在人才層面，應發揮高韌性個人在組織中的傳導和引領作用。企業的管理者應定期、持續、準確地和員工就工作前景進行溝通，傾聽員工對企業決策的反饋，盡量提供「確定感」以緩解團隊壓力。

第二，企業需要進行初心回顧並明確價值主張，在全員範圍內進行深入溝通。為應對危機，企業在戰略層面應「志存高遠」，以更快的變革行動和更高的業績目標推動轉型和升級，進一步明確自身對於客戶、行業和其他利益相關方的核心價值所在。企業的價值主張不能只停留在字面上，一定要和員工的職業發展相互契合，實現雙贏。

第三，組織韌性不是取捨，而是在不同目標之間的權衡。高韌性企業能夠在（也需要在）多個二元目標（預防、行動、優化、創新）之間進行靈活的調整和平衡，而不是簡單地進行取捨。企業的戰略應是不同策略的組合，並根據外部環境的變化快速進行回顧和調整。

第四，決策層需要有多元化視角，重視年輕人才的想法和訴求。在瞬息萬變的環境中，經驗和慣性可能成為桎梏，新生代員工的洞察可以幫助決策層打開思維。戰略制定可以更加「情境化」，在各種極端情境下推演「壓力測試」，盡可能涵蓋不同層級、不同職能員工的視角。

第五，韌性的打造永遠在進行時，需要長期戰略定力。高韌性不是終點，而是一種持續存在的狀態。一個有韌性的組織不是單指企業能夠度過危機、恢復正常，而是企業能夠隨著環境的變化而轉型，將新的態度、信念、敏捷性和變化的組織架構不斷植入企業的DNA，從而推動組織快速迭代和發展。

「共識」、「共事」、「共情」三個階段，對應了溝通、激勵和信任三大機制，從領導力的角度來看，要想打造高韌性組織，需要 在三個「法」上面發力——「說法」（對應共識）、「做法」（對應共事）和「心法」（對應共情）。我把領導力看作從洞見自我到激勵他人的過程，從這個意義上說，人人都可以成為領導者，透過自身的韌性修鍊去影響自己身邊的人。作為企業的領導者、團隊的負責人，韌性修鍊的不止於個人，還要成就組織。在本章中，我們從組織韌性的框架出發，梳理了企業調查中發現的五大問題，我們希望不僅僅是呈現問題，還能更清晰地定位問題，讓改善建議更具針對性，跳出頭痛醫頭、腳痛醫腳的局部短視，建立正向的系統性思維，持續推動組織向著更高韌性進化。今後我們將持續追蹤、比較不同行業、不同規模企業在經歷疫情前後的組織變化，深度挖掘生動豐富的企業案例，萃取可借鑑的共性經驗，助力組織和個人的韌性成長，共同穿越危機，實現基業長青。

韌性認知

- 組織韌性不是目標取捨，而是多維權衡。
- 組織韌性不是變革終點，而是持續精進。
- 組織韌性不是機械反彈，而是靈活迭代。

韌性練習

在你的企業中，你認為本章總結的五大問題中最突出的是哪一點，（假設）你作為領導者有怎樣的改善建議？

企業測評

第十章　寫在最後：「覺察—意義—連結」的統合

世界衛生組織於二〇二〇年指出：「建立復原力是保護和促進健康和福祉的關鍵因素。」韌性的打造，歸根結柢是要還原人的完整性。就像治癒的英文單詞「heal」本意代表的是「使完整」一樣，無論是覺察（自我與自我）、意義（自我與世界）還是連結（自我與他人），其目的都是將自我的內核與外部合二為一，感受自身的完整性。

這種自我改變和統合注定是一條「少有人走的路」，因為我們大多數人很容易陷入思維牢籠：人既是自身認知的囚徒，又是自己的獄卒，就像牢籠裡的囚犯，不停地搖晃著牢籠的欄杆，想要出去享受外面的陽光和美景，但其實這個牢籠兩邊是沒有欄杆的，門戶大開，他只需要往左或往右轉身一走，就可以出去了。但他還是相信自己被囚禁了，瘋狂地搖著眼前的欄杆。由此反觀自身，我們很多人都經歷過這樣的囚禁錯覺，覺得自己被困住了，不管是情緒還是認知，都無法擺脫。但事實上，出口就在那裡，關鍵在於我們是否願意去發現、去看見。現實中確實有很多枷鎖，但更多的時候我們是在畫地自限，不相信自己擁有一樣珍寶——自由。

其實，自由就在我們的內心深處，但我們往往視而不見，就像我們看不到「牢籠」的出口一樣。史蒂芬·柯維曾分享道，他人生中最大的發現就是在每一個外部因素與我們採取的行動之間，都存在著一個空間，這個空間就是選擇。[1] 而我認為這個空間應該是有意識的自主選擇，包括持續學習和行動改變兩個方面。

學習是指個體和組織主動而持續地透過適應環境、改變環境甚至創造環境來改變自身行為的過程。《論語》中講道，「古之學者為己，今之學者為人」。實際上，我們需要把持續學習變成自己的內在需求，而不是為了迎合需要、迎合他人。人們總會有各種各樣的嚮往，比如對預見未來的嚮往、對解決問題的嚮往、對緩解焦慮的嚮往、對確定性的嚮往、對更快更好的嚮往，唯有持續的學習可以幫助我們在不斷的變化和打擊中迅速滿血復活。成年人總是容易陷入達克效應，自負而錯誤地認為，只要我們了解了某件事，就代表我們已經學會了這件事。然而，事實並非如此，人們的大腦和行為的改變只有在我們不斷地練習學到的技能時才會發生。[2] 因此，我們還需要在學習和改變之間啟動行為。提升心理韌性沒有立竿見影的靈丹妙藥，而是要靠個人堅持不懈的努力實踐和階梯式的行為改變。

行動改變不應採取自我逼迫式。我們在第六章中已經了解到，意義源自熱愛。沒有熱愛的盲目堅持是很多人在習慣養成中痛苦掙扎，最終半途而廢的重要原因。萬事開頭難。

在心理層面，每一個行動的開始都是最消耗心理資本的。恰如飛機的起飛，據估算，中型飛機在起飛和上升的二十分鐘過程中需要消耗掉一噸燃油，而在高空中平穩飛行時阻力變小，耗油量也會顯著減少。[3] 過去所有的習慣和慣性就像是飛機起飛階段需要克服的空氣阻力，而在這個關鍵性的起飛階段，最佳應對方式就是直接去做、去調整自己的興奮感。

德國精神病學家埃米爾・克雷佩林把這種立刻開始行動的概念稱做「行動興奮」。[4] 簡言之，這是一種一旦開始行動，狀態就會漸入佳境，注意力也能集中的狀態。這種讓人興奮的「幹勁」來自腦部的伏隔核（獎賞中樞）。伏隔核的喚醒需要一定的時間，且必須給予它一定程度的刺激。只要你開始行動，就能夠刺激伏隔核。開始時可能進度較慢，但人們會越做越熟練，逐漸沉浸其中，甚至進入「心流」的狀態。

是否經常採取行動也是高自尊者和低自尊者的重要分水嶺。[5] 人的自尊水準是和心理狀態強相關的變量。自尊水準是社會化的產物，而社會化包含個人的行動和人際互動，是一個循環的過程。穩定的低自尊者會長期處於消極心態，不去嘗試努力擺脫困境，從而導致他們患憂鬱症的風險加大。而低自尊型的憂鬱症患者大多表現為自尊低下，容易陷入極度消極的心態，禁受持續而強烈的悲傷。低自尊者在很少的行動中一旦失敗，就會歸因於自身，加劇自我貶低；高自尊者則經常採取行動，失敗後不陷入悲觀的解釋風格，不論成敗，自尊都會保持或進一步提升。

由此，我們可以看出，行動力同樣也是高韌性和低韌性的區別因素。在同等程度的挫折面前，高韌性者恢復得更快，因為他們不斷總結、上路、繼續行動，試錯的週期縮短，頻度增高，成功的機率大大提升，人生經驗益發豐富。在對比世界網球頂尖選手和普通選手在比賽中的心率模式後，研究者發現，頂尖選手可以利用短暫的走動在回到發球點時迅速恢復正常心率，普通選手卻無法在短時間內將因上一個回合激烈的比賽而造成的過快心率帶回到平穩區間。恢復心率的時間是區分頂尖選手和普通選手的一個重要指標。同理，在仔細掌控的基礎上，能否冷靜、迅速地從挫折中恢復過來也是衡量一個團隊是否擁有高韌性適應力的關鍵要素。[6]

新的思維模式、習慣的養成，需要在大腦中產生新的路徑，這條路徑需要不斷加固，才能覆蓋原有的路徑，變成默認模式運行的潛意識。這種將新的思維模式變成習慣和「本能反應」的過程，對個人和組織應對危機至關重要。全球頂尖組織心理學家卡爾・維克教授分析認為：「充分的證據顯示，當人們處於壓力之下時，往往會轉而採用最習慣的應對方式，生死攸關之際，人們最不可能發揮的就是創造力。因此，雖然規章和制度讓某些公司看上去顯得有些制式，實際上，卻能讓企業在真正的混亂中擁有最強的復原力。」

對個人而言，同樣也是如此。當我們遇到突發情況和危機時，人的生存本能會在頃刻之間控制住我們的大腦，從而快速挾持住我們的情緒和行為。此時，人們通常會以自動化的方式做出反應（比如戰鬥模式、逃跑模式、僵持模式），使我們在面對威脅時失去冷靜。人生中會面臨很多關鍵考驗的時刻，每個人在巨大的壓力下的第一反應，一定是長期積累強化的習慣。只有當人們能夠覺察並意識到自己正處於什麼狀態的時候，才有可能選擇正確的方法將自己帶回到平衡點。

因此，我們需要不斷練習本書中所講到的各種方法。每個工具都有其特點。雖然這些工具已經在大量不同群體身上得到過驗證，但這並不代表每個工具在你身上都會發揮同等的效用。就像能夠在市面上流通的藥品一樣，得了同樣感冒的人，對於同樣藥品的敏感度會有很大的差別。因此，學習的本質是理解每個工具和方法背後的原理，然後變通地將不同工具中適合你自己的部分進行拆分和再組合，為自己量身訂做韌性工具包。

在為自己打造韌性工具包的初始階段，有幾個小的建議你不妨考慮。第一，任何新習慣的養成和新行為的改變，都應該始於簡單。工具是否簡單因人而異，找出那個你認為對你自己最簡單的方法，然後集中精力反覆嘗試。剛開始的時候，不用著急進階、加大難度，僅僅最簡單的重複就足以讓我們產生行動興奮。一個非常有趣的案例足以說明重複的魔力。美國一所大學的教授將他學習攝影的學生隨機分成兩組，採用不同的標準衡量整個學期的成績。其中，被隨機分到「數量」組的學生得知，他們學期末的成績與提交的攝影作品數量成正比，數量越多，分數越高；被分到「質量」組的學生被要求在學期末提交一張他們自認為最完美的照片。經過一個學期的學習，在期末提交的多張作品中，教授發現優秀的作品基本都是來自「數量」組的。

實際上，數量和質量之間有著密不可分的關係。對一萬五千部古典音樂作品的研究揭示出，一位作曲家在任意五年之內所創作的作品越多，他寫出經典作品的機率就越大。[7]著名的倫敦愛樂樂團選出了影響人類的最偉大的五十部古典音樂作品，其中包含六部莫札特的作品、五部貝多芬的作品和三部巴哈的作品。這些耳熟能詳的音樂大師都創作了大量作品。在他們的一生中，莫札特創作了超過六百部作品，貝多芬創作了六百五十多部作品，而巴哈寫了一千多首曲子。因此，在剛開始學習一項技能或者改變一種行為時，不要忽視簡單的「量」的巨大作用。但與此同時，一旦習慣開始形成，我們就要給自己設立延展性小目標，也就是在保證量的基礎上，不斷加大難度，持續進步。後續持續性進階式的小贏和不斷上升的挑戰，才能保持我們的行動與奮度。

第二，在明確了自己打算先嘗試哪種行為改變後，最重要的是讓自己的大腦像「傻瓜相機」一樣直接進入執行模式。你只需要給自己制訂一個非常簡單的計畫，明確「時間＋地點＋具體行為」，也就是你將在何時何地做什麼。寫下它，記住它，實踐它。任何需要讓我們的大腦耗能的思考，都有可能成為人們採取行動的障礙。因此，不要等到準備做的時候再想我今天什麼時候嘗試，做哪個，做多久，在哪兒合適。這樣的思維鏈條越長，結果就越有可能是「要不然算了，明天再說吧」。明確起始點可以幫助我們降低兩次決定的風險，釋放出更多的精神空間去聚焦更為重要的事情。

第三點是在第五章強調過的，為自己設立行動承諾。任何你嘗試的改變都很快就會失去「新鮮感」，作為天性喜新厭舊的物種，在意識中植入承諾能夠最大限度地幫助我們聚焦。因為行動承諾會幫助我們避免把時間浪費在無用的內心掙扎上，從而不會輕易被變幻莫測的感覺「帶跑偏了」。當然，行動承諾並不意味著你每天必須完成一個小時的某種計畫。任何時候都要記住，靈活變通是幫助我們達成持續小贏的關鍵。

一個非常好用的輔助手段，就是為自己希望改變的行為創造一個濃縮版本，無論五分鐘還是十分鐘，只要能夠做完它，都對持續性有所助益。你可以選擇今天不再做二十分鐘冥想，而只做三分鐘的專注訓練；你可以選擇今天不記錄三個幸福時刻，寫下一個幸福時刻也很有意義。不要小瞧這五分鐘，所謂持續小贏，其關鍵在於「持續」和「小」。當然，需要提醒大家，濃縮版本就像復活卡，可以成為你今天的「理由」，但濃縮版本不建議三次連續進行。要知道，任何連續三次的行動就啟動了一個新習慣的養成。這表明，今天偷懶一次完全沒問題，偷懶兩次也情有可原，但連續偷懶三次就變成了你啟動大腦中養成「偷懶習慣」的按鈕。承諾是有目的的毅力，為了獲得最大限度的心理自由空間，每天留出一定時間去完成提升韌性的練習是完全可以達成的。禁錮我們的不是外界，而恰恰是我們自己的意識，是我們本身。

納粹集中營的倖存者法蘭克認為，一個真正積極主動的人是不會輕易放棄自己的選擇權。這種有意識的自主選擇，也是我們成為積極主動的人的起點。韌性不是一種天賦或者基因，而是我們一生中可以持續進行的自我塑造。在認識到選擇的自由時，我們還需要防範另一種由選擇造成的困境——「布里丹之驢」。這是以十四世紀法國哲學家布里丹的姓氏命名的一個悖論。試想一頭毛驢站在兩堆數量、品質和與牠的距離完全相等的乾草之間。牠雖然享有充分的選擇自由，但由於兩堆乾草完全相等，對於到底先吃哪邊，牠無法進行理性的決策，最後被活活餓死了。

當然，這種情況在現實中並不會發生，但這個思想實驗告訴人們在決策過程中過度追求確定性，反而會錯失時機。很多人在選擇行為改變的時候，容易陷入這種猶豫不決、瞻前顧後的狀態。以運動為例，我們面對多種運動類型，每一個門類深挖下去都有很多資訊和知識，如果以絕對確定作為出發點，我們會陷入資訊的汪洋中無所適從。這種情況比布里丹之驢更加糟糕，我們相當於面對著很多堆乾草盲盒，餓死在掌握資訊的路上。要想中止彷徨，需要一個助推力。在本書介紹的所有韌性工具中，你無須糾結於先用哪個，再用哪個。工具包猶如一根環環相扣的鏈條，無論你解開其中哪一環，鏈條的其他部分會自己慢慢打開，這終將是一個持續小贏的過程。

水滴1：打開行動盲盒

每週在不影響其他人的前提下，選擇做一件「任性」的事讓自己獲得滿滿的掌控感，比如吃一頓自己喜歡但和別人一起時沒法點的美食、開車去郊外一個鮮為人知的旅遊景點。每週嘗試一件自己曾經想過但還沒有試過的新鮮事（繪畫、攝影、園藝、烹飪、木工……），慢慢去嘗試一些自己連想都沒有想過的事（給自己錄首歌、寫一首小詩、穿一件從來沒有試過的顏色的衣服出門），看看你是什麼感受，記錄下來。這些創作性的活動也許不會為你帶來金錢和名譽，但它們會給你帶來快樂。

水滴2：跳出思維牢籠

去發現我們以為的「常識」的真相，視情況和同事、家人、朋友分享，比如：羅馬在北京的南面還是北面？離心力存在嗎？太空中能看到萬里長城嗎？每天午餐時間問問熟悉的同事或下屬最近在看什麼書，交流啟發與收穫。

水滴3：享受此時此刻

每天給自己留出不被打擾的幾分鐘，嘗試冥想，並不斷把「此時此刻」的正念思維帶入自己的生活；工作時嘗試專注地完成一項事務後，再切換到另一項事務。

水滴4：嘗試數位排毒

每週留出一個上午為自己進行「數位排毒」，關閉所有電子產品，到大自然中去。如果可能，和同事、下屬到戶外散步或吃工作餐，盡量不談論短期的工作事務。

水滴5：開啟運動寶盒

養成規律的運動習慣，你不必大汗淋漓，有氧運動同樣有益。放一對啞鈴在你的辦公桌上、嘗試去跳跳廣場舞，或者跟著影片學一段森巴舞，你會有意想不到的收穫。

水滴6：抓住生活瞬間

在手機相簿裡建立一個專門的文件夾，隨時隨地留下那些微小的美好瞬間畫面。你可以嘗試每月在朋友圈分享一次，也可以嘗試與你在乎的家人和朋友經常分享，每個月末，都記得為自己在這個月中取得的任何變化、進展小小地慶祝一下。

水滴7：繪製意義樹

嘗試畫出自己的意義樹，看看樹上都是什麼果實。每三個月回來關懷一下你的意義樹。可能的話，與愛人、摯友和可信賴的導師交換對各自意義樹的感想。

水滴8：實踐感恩利他

把焦點從僅僅關注自己擴大到關注自己以外的世界。每週有意識地做一件幫助別人的小事，如果有可能，盡量先充分瞭解對方的需要；對於幫助過你的人，嘗試去正面表達你的感激之情。「讓世界變得更好」的價值觀和意義感更能讓你體驗到自身的價值。

水滴9：強化正向回應

感覺孤獨的時候，去擁抱孩子、愛人或者親密的朋友，跟他們說：「有你真好！」同時，當他們有任何表達時，別忘了去積極主動地回應，告訴自己不再忽視他人的細小感受。

水滴10：重啟關係連結

弄清楚公司保安或清潔人員的姓名，下次親切地用帶姓氏的稱呼表示感謝；嘗試和很久沒見面的朋友聯絡，哪怕只是發一句問候或者一個段子給他，試著這樣開頭：「我想起了我們在……一起的時光，很懷念。」

讀到這裡的你，是否已經躍躍欲試、願意做出積極的嘗試去改變自我？在你行動興奮之前，請先翻回到本書第一章的第四十三頁，回顧一下你在閱讀本書最開始

滴水穿石

時寫下的答案，然後重新思考，再次回答這些問題。所謂知行合一，「知是行之始，行是知之成」。王陽明在《傳習錄》中說道：「知之真切篤實處，即是行；行之明覺精察處，即是知。」知與行的過程相伴始終。現在，請啟動你的韌性飛輪，去開啟自己的精進之旅吧。為你點讚！

致謝

作為「公然致你的私語」，首先我要感謝你的堅持和陪伴，不管你是讀完全書還是翻看到這裡，儘管素未謀面，我仍能想像你我在文字世界裡，一起走過了一場不可思議的旅程。

對我而言，這本書本身就源自「韌性」。二〇二〇年年初新冠肺炎疫情爆發，長江商學院所有的線下課程都處於停滯狀態，轉戰線上成為不得已的選擇。同事王丹娜和竇春欣找到我，希望討論如何能夠做一門幫助企業家學員心理復原的線上課程。這無疑是倒逼自己「破圈」，由此，我以全新的視角和思路，迭代了原有課程近乎百分之七十的內容。兩年多以來，這門課程吸引了三千餘位企業家的參與，在此感謝所有學員的聆聽、分享和真誠的反饋。同樣，我也歡迎學員繼續就此書的內容和我交流、探討。

我帶領研究團隊在書中原創了大量的工具和方法，並經過了十幾輪的反覆驗證、打磨。感謝所有深度參與過調查和工具研發的CEO項目的企業家學員，在此恕不能一一列舉姓名和所在企業。感謝我在長江商學院共事的小夥伴，他們從不同維度對工具研法提出了寶貴的改進意見。

感謝中信出版社的陳輝女士對於本書框架邏輯的啟發。她和團隊排除萬難，推動了本書更快、更好地呈現在你的面前。她本人的激情和嚴謹，我想就是「做喜歡並擅長的事」的生動範例。感謝我的兩個孩子，哲哲和嘉嘉姊弟二人利用課餘時間為本書繪製了所有的手繪插圖。讓十幾歲的他們理解複雜艱深的研究內容，進而轉化為一幅幅充滿童趣和幽默的畫作，是一個艱辛的過程。砥礪前行，皆是成長。

在這裡，我要特別感謝我的研究團隊，我的姊妹們：曹理達和付靜儀。在無數個共同奮戰的日日夜夜，我和理達彼此亦師亦友，在打破課程原有邏輯、跳出自己的舒適圈、重新螺旋式梳理並建立韌性飛輪的過程中，理達給到了我無限的鼓勵和支持、永續的信任，以及充滿智慧的挑戰。在共同孕育本書的兩年中，我們已經高度精神合體，一切盡在不言。我還要感謝全能達人靜儀，為本書參考文獻的整理、測評問卷的製作、音頻的錄製貢獻了高效的解決方案。她還是我們首個提升韌性的筆記產品——《韌性手冊》的專案負責人。

最後，感謝所有專業推薦人、師長和學者朋友的垂青，我常常對此誠惶誠恐，但和團隊相互勉勵：不違心，有價值。

無論本書能否常伴你的手邊，韌性之路，我一直都在，滿懷著歡喜與感恩，與你同行。

人生顧問 489

韌性：不確定時代的精進法則

作者 張曉萌、曹理達
責任編輯 龔穗甄
校對 劉素芬
封面設計 兒日設計
內頁排版 江麗姿

總編輯 龔穗甄
董事長 趙政岷
出版者 時報文化出版企業股份有限公司
一〇八〇一九 臺北市和平西路三段二四〇號四樓
發行專線 （〇二）二三〇六六八四二
讀者服務專線 〇八〇〇二三一七〇五
（〇二）二三〇四七一〇三
讀者服務傳真 （〇二）二三〇四六八五八
郵撥 一九三四四七二四 時報文化出版公司
信箱 一〇八九九 臺北華江橋郵局第99信箱
時報悅讀網 www.readingtimes.com.tw
法律顧問 理律法律事務所陳長文律師、李念祖律師
印刷 家佑印刷有限公司
初版一刷 二〇二三年七月十四日
定價 新台幣四三〇元
（缺頁或破損的書，請寄回更換）

時報文化出版公司成立於一九七五年，並於一九九九年股票上櫃公開發行，於二〇〇八年脫離中時集團非屬旺中，以「尊重智慧與創意的文化事業」為信念。

韌性：不確定時代的精進法則 / 張曉萌，曹理達著 . -- 初版 . --
臺北市：時報文化出版企業股份有限公司，2023.07

面； 公分 . -- (人生顧問 ; 489)

ISBN 978-626-353-938-9(平裝)
1.CST: 自我實現 2.CST: 情緒管理

177.2 112008251

ISBN 978-626-353-938-9
Printed in Taiwan

參考文獻

第一章 何為韌性，何以堅韌

1. Thomas Friedman. Our new historical divide: B.C. and A.C.—the world before corona and the world after[N/OL].*The New York Times*. [2020-03-17].https:// www.nytimes.com/2020/03/17/opinion/coronavirus-trends.html.

2. 《哈佛商業評論》，〈在病毒面前，焦慮帶來的傷害真的不值一提嗎？〉 [EB/OL]. [2020-08-24].https://mp.weixin.qq.com/s/ua4bR6pw08-Lzn_Wz8rYJw.

3. ARLINGTON. *Diagnostic and statistical manual of mental disorders*[M]. 5th ed. American Psychiatric Publishing. 2013: 21.

4. JORDAN H T, OSAHAN S, LI J, et al. Persistent mental and physical health impact of exposure to the September 11, 2001 World Trade Center terrorist attacks[J]. *Environmental health*, 2019, 18(1): 1-16.

5. ALISON ABBOTT. COVID' s mental-health toll: how scientists are tracking a surge in depression[J/OL]. *Nature*, 2021, 590: 194-195. https://doi.org/10.1038/ d41586-021-00175-z.

6. American Psychological Association. Stress in America ™ 2020: a national mental health crisis. [R]. Washington D.C.: APA, 2020.

7. TANAKA T, OKAMOTO S. Increase in suicide following an initial decline during the COVID-19 pandemic in Japan[J/OL]. *Nature human behaviour*, 2021,5:(2)229-238 [2021-01-15]. https://doi.org/10.1038/s41562-020-01042-z.

8. TAQUET M, GEDDES J R, HUSAIN M, et al. 6-month neurological and psychiatric outcomes in 236 379 survivors of COVID-19: a retrospective cohort study using electronic health records[J/OL]. *The Lancet Psychiatry*, 2021,8(5)： 416-427. [2021-04-06] .https://doi.org/10.1016/S2215-0366(21)00084-5.

9. 這項研究以新冠肺炎疫情爆發前的憂鬱症和焦慮障礙病例情況作為基線數據進行建模，模擬 2019 年未爆發疫情時的患病率，並與 2020 年全球實際患病率進行對比分析，結果顯示憂鬱症和焦慮障礙的患病率均出現大幅升高的情況。

10. HUANG L, YAO Q, GU X, et al. 1-year outcomes in hospital survivors with COVID-19: a longitudinal cohort study[J/OL]. *The Lancet*, 2021, 398(10302): 747-758. [2021-08-28].https://www.thelancet.com/journals/lancet/article/ PIIS0140-6736(21)01755-4/fulltext.

11. Feeling Blah During the Pandemic? It’ s Called Languishing. *The New York Times*[N/OL]. [2020-12-03.] https://www.nytimes.com/2021/04/19/well/mind/ covid-mental-health-languishing.html.

12. FREDRICKSON B L, LOSADA M F. Positive affect and complex dynamics of human flourishing[J/OL]. *American Psychologist*, 2005, 60(7): 678-686. https:// psycnet.apa.org/doiLanding?doi=10.1037%2F0003-066X.60.7.678.

13. GRNT A. Feeling blah durirg the pandemic it’ s called languishing. *The New York* Times[N/OL]. [2020-12-03].https://www.nytimes.com/2021/04/19/well/ mind/covid-mental-health-languishing.html.

14. IACURCI G. 4.3 million people quit their jobs in January as the Great Resignation shows no sign of slowing down[EB/OL].[2022-

03-10].https://www. cnbc.com/2022/03/09/the-great-resignation-is-still-in-full-swing.html.

15. American Psychological Association. Building your resilience[EB/OL].(2020- 01-01)[2022-02-10].https://www.apa.org/topics/resilience.

16. GARMEZY N. *Competence and adaptation in adult schizophrenic patients and children at risk*[M].New York: MSS Information, 1973.

17. National Scientific Council on the Developing Child. Supportive relationships and active skill-building strengthen t he foundations of resilience: working paper no.13[J/OL]. Center on the Developing Child at Harvard University. https://developingchild.harvard.edu/resources/supportive-relationships-and-active-skill- building-strengthen-the-foundations-of-resilience/.

18. Posttraumatic Growth Research Group. What is PTG? [EB/OL]. [2013-02-14]. https://ptgi.charlotte.edu/what-is-ptg/.

19. GRANT A. *Think again: the power of knowing what you don' t know[M]. Penguin*, 2021.

第二章 提升韌性的阻力和原力

1. 村上春樹《舞！舞！舞！》賴明珠譯，時報出版。

2. GRANT A. *Think again: the power of knowing what you don' t know*[M]. Penguin, 2021.

3. DUCKWORTH A. *Grit: the power of passion and perseverance* [M]. New York, NY: Scribner, 2016.

4. HIROTO D S. Locus of control and learned helplessness[J/OL]. Journal of Experimental Psychology, 1974, 102(2): 187.https://doi.org/10.1037/h0035910.

5. RODIN J, LANGER E J. Long-term effects of a control-relevant intervention with the institutionalized aged[J/OL]. *Journal of Personality and Social Psychology*, 1977, 35(12): 897.https://doi.org/10.1037/0022-3514.35.12.897.

6. SCHULZ R. Effects of control and predictability on the physical and psychological well-being of the institutionalized aged[J/OL]. *Journal of Personality and Social Psychology*, 1976, 33(5): 563. https://doi. org/ 10.1037/ 0022-3514.33.5.563.

7. GLASS D C, REIM B, SINGER J E. Behavioral consequences of adaptation to controllable and uncontrollable noise[J]. *Journal of Experimental Social Psychology*, 1971, 7(2): 244-257.

8. 雪柔・桑德伯格，亞當・格蘭特《擁抱 B 選項 》，齊若蘭譯，天下雜誌出版。

9. RAMEY C T, STARR R H, PALLAS J, et al. Nutrition, response-contingent stimulation, and the maternal deprivation syndrome: results of an early intervention program[J/OL]. *Merrill-Palmer Quarterly of Behavior and Development*, 1975, 21(1): 45-53.http://www.jstor.org/stable/23084585.

10. 羅傑・霍克 ，《改變心理學的 40 項研究》 [M]，白學軍等譯，北京：人民郵電出版社，2010。

11. 馬汀・塞利格曼《活出最樂觀的自己》 [M]，洪蘭譯，瀋陽：萬卷出版公司，2010：28。

12. 里克・漢森 ，福里斯特・漢森《復原力：擁有任何挫折都打不倒的內在力量》[M]，王毅譯，北京：中信出版社，2020。

13. AMABILE T, KRAMER S. *The progress principle: using small wins to ignite joy, engagement, and creativity at work*[M]. Harvard Business Press, 2011.

14. 特蕾莎・阿馬比爾，史蒂文・克雷默，《激發內驅力：以小小成功點燃工作激情與創造力》[M]，王華譯，北京：電子工業出版社，2016。

15. 詹姆斯・克利爾，《 原子習慣：細微改變帶來巨大成就的實證法則》，蔡世偉譯 ，方智出版。

第三章 後設認知─對認知的認知

1. KRUGER J, DUNNING D. Unskilled and unaware of it: how difficulties in recognizing one' s own incompetence lead to inflated self-assessments[J/OL]. *Journal of Personality and Social Psychology*, 1999, 77(6): 1121. https://doi. org/10.1037/0022-3514.77.6.1121.

2. FLAVELL J H. Metacognitive aspects of problem solving[J]. *The Nature of Intelligence*, 1976.

3. 丹尼爾・吉爾伯特，《哈佛最受歡迎的幸福練習課》，郭曉燕譯，一起來出版。

4. HAM C, SEYBERT N, WANG S. Narcissism is a bad sign: CEO signature size, investment, and performance[J/OL]. *Review of Accounting Studies*, 2018, 23(1): 234-264.https://doi.org/10.1007/s11142-017-9427-x.

5. 海藍博士，《不完美，才美 II：情緒決定命運》[M]，廣州：廣東人民出版社，2016：32。

6. SPITZER R L, KROENKE K, WILLIAMS J B W, et al. A brief measure for assessing generalized anxiety disorder: the GAD-7[J/OL].

Archives of Internal Medicine, 2006, 166(10): 1092-1097. https://doi:10.1001/archinte.166.10.1092.

7. 來源同上。

8. GILBERT D. *Stumbling on happiness*[M]. Vintage Canada, 2007.

9. 珍妮佛・夏農，《別讓猴子控制你的情緒大腦：打破焦慮迴圈，找回人生掌控權》，蔡宗翰譯，如果出版。

10. 李振綱 ，生命的哲學：《莊子》文本的另一種解讀 [M]， 北京：中華書局，2009。

11. 亞當・格蘭特 ，《給予：華頓商學院最啟發人心的一堂課》譯，平安文化出版。

12. 阿爾伯特・埃利斯，《控制焦慮》 [M]，李衛娟譯，北京：機械工業出版社，2014。

13. NEFF K D, KIRKPATRICK K L, RUDE S S. Self-compassion and adaptive psychological functioning[J/OL]. *Journal of Research in Personality*, 2007, 41(1): 139-54.https://doi.org/10.1016/j.jrp.2006.03.004.

14. GILBERT D. *Stumbling on happiness*[M]. Vintage Canada, 2007.

15. MCAULIFFE, K. If modern humans are so smart, why are our brains shrinking?[EB/OL].[2011-01-20].https://www.discovermagazine.com/te- sciences/if-modern-humans-are-so-smart-why-are-our-brains-shrinking.

16. LIU D, GU X, ZHU J, et al. Medial prefrontal activity during delay period contributes to learning of a working memory task[J/OL]. *Science*, 2014, 346(6208): 458-463.https://doi.org/10.1126/science.1256573.

17. GILBERT D. *Stumbling on happiness*[M]. Vintage Canada, 2007.

18. NobelPrize.Org. The Nobel Prize in Physiology or Medicine 1949[EB/OL]. [2022-04-09]. https://www.nobelprize.org/prizes/medicine/1949/summary/.

19. JANSSON B. Controversial psychosurgery resulted in a Nobel Prize[J/OL]. Nobelprize. org, 2007. https://www.nobelprize.org/prizes/medicine/1949/moniz/ article/.

20. 里克・漢森 ，福里斯特・漢森，《復原力：擁有任何挫折都打不倒的內在力量》[M]，王毅譯，北京：中信出版社，2020：48。

21. LIM S. Research suggests stress only damages your health if you think it does[EB/OL].[2018-09-16].http://www.businessinsider.com.

22. PETRY N M. Contingency management: what it is and why psychiatrists should want to use it[J/OL]. *The Psychiatrist*, 2011, 35(5): 161-163. https://doi. org/10.1192/pb.bp.110.031831.

23. 凱利・麥格尼格爾，《自控力：斯坦福大學最受歡迎心理學課程》[M]，王岑卉譯，北京：印刷工業出版社，2012。

24. CLOTFELTER C T, COOK P J. The「gambler' s fallacy」in lottery play[J/ OL]. *Management Science*, 1993, 39(12): 1521-1525. https://doi.org/10.1287/ mnsc.39.12.152.

25. 丹尼爾・吉爾伯特，《哈佛最受歡迎的幸福練習課》，郭曉燕譯，一起來出版。

26. 彭凱平，《活出心花怒放的人生：寫給中國青年的幸福枕邊書》[M]，北京：中信出版社，2020。

27. KAHNEMAN D, DEATON A. High income improves evaluation of life but not emotional well-being[J/OL]. *Proceedings of the National Academy of Sciences*, 2010, 107(38): 16489-16493.https://doi.org/10.1073/pnas.1011492107.

28. KILLINGSWORTH M A. Experienced well-being rises with income, even above $75,000 per year[J/OL]. *Proceedings of the National Academy of Sciences*, 2021, 118(4):e2016976118.https://doi.org/10.1073/pnas.2016976118.

29. PATTERSON J, KIM P. *The day America told the truth: what people really believe about everything that really matters*[M]. Prentice Hall, 1991.

30. GRANT A. *Think again: the power of knowing what you don' t know*[M]. Penguin, 2021.

31. 阿爾伯特・埃利斯，《控制焦慮》 [M]，李衛娟譯，北京：機械工業出版社，2014。

第四章 你為何經歷這一切

1. 馬汀・塞利格曼，《 活出最樂觀的自己》 [M]， 洪蘭譯，瀋陽：萬卷出版公司，2010：33–50。

2. 來源同上。

3. BROMBERGER J T, MATTHEWS K A. A longitudinal study of the effects of pessimism, trait anxiety, and life stress on depressive symptoms in middle- aged women[J/OL]. *Psychology and Aging*, 1996, 11(2): 207.https://doi. org/10.1037/0882-7974.11.2.207.

4. 馬汀・塞利格曼 ，《活出最樂觀的自己》 [M]， 洪蘭譯，瀋陽：萬卷出版公司，2010。

5. SCHEIER M F, CARVER C S. Effects of optimism on psychological and physical well-being: theoretical overview and empirical update[J]. Cognitive *Therapy and Research*, 1992, 16(2): 201-228.

6. 馬汀・塞利格曼，《活出最樂觀的自己》 [M]，洪蘭譯，瀋陽：萬卷出版公司，2010。

7. NOLEN-HOEKSEMA S. Responses to depression and their effects on the duration of depressive episodes[J]. *Journal of Abnormal Psychology*, 1991, 100(4): 569.

8. 馬汀・塞利格曼 .《活出最樂觀的自己》 [M]，洪蘭譯，瀋陽：萬卷出版公司，2010。

9. 蘿蕊・葛利布，《也許你該找人聊聊》，朱宜康譯，行路出版。

10. 阿爾伯特・埃利斯 .《控制焦慮》 [M]，李衛娟譯，北京：機械工業出版社，2014。

11. ELLIS A. Expanding the ABCs of rational-emotive therapy[M/OL]// *Cognition and psychotherapy*. Springer, Boston, MA, 1985: 313-323. https://doi. org/10.1007/978-1-4684-7562-3_13.

12. 謝冬冬、楊寅、程臨靜，新冠疫情期間居家隔離與體育鍛鍊對心理健康的影響 [J]，《中國臨床心理學雜誌》，2021，29(6)：1343–1347。

13. 趙麗寧 ，李君軼，疫情期間居住環境對城市居民焦慮情緒的影響 [J]，《浙江大學學報》（理學版），2021，48(5)：642–650。

14. 保羅・史托茲 ，《逆商：我們該如何應對壞事件》 [M]，北京：中國人民大學出版社，2019。

15. 馬汀・塞利格曼 ，《活出最樂觀的自己》 [M]，洪蘭譯，瀋陽：萬卷出版公司，2010。

16. HILL P L, ALLEMAND M, ROBERTS B W. Examining the pathways between gratitude and self-rated physical health across adulthood[J/OL]. *Personality and Individual Differences*, 2013, 54(1): 92-96.https://doi.org/10.1016/ j.paid.2012.08.011.

17. RIPPSTEIN-LEUENBERGER K, MAUTHNER O, SEXTON J B, et al. A qualitative analysis of the Three Good Things intervention in

healthcare workers[J/OL]. BMJ open, 2017, 7(5): e015826.http://dx.doi.org.proxy.unimib. it/10.1136/bmjopen-2017-015826.

18. 張宏杰 ，《曾國藩的正面與側面》 [M]，北京：民主與建設出版社，2014。

19. PENNEBAKER J W. Writing about emotional experiences as a therapeutic process[J/OL]. *Psychological Science,* 1997, 8(3): 162-166.https://doi. org/10.1111/j.1467-9280.1997.tb00403.x.

20. 培根，《新工具》 [M]，許寶騤譯，北京：商務印書館，1984。

21. KUMAR S, HANCOCK O, COPE T, et al. Misophonia: a disorder of emotion processing of sounds[J/OL]. *Journal of Neurology, Neurosurgery & Psychiatry,* 2014, 85(8): e3-e3.https://jnnp.bmj.com/content/85/8/e3.32.

22. HENSCH D. *Positively resilient: 5 1/2 secrets to beat stress, overcome obstacles, and defeat anxiety* [M]. Weiser, 2016.

23. 鍵山秀三 ，《掃除道》 [M]，陳曉麗譯，北京：企業管理出版社，2018。

第五章 在正念冥想中重新遇見

1. 馬汀・塞利格曼，《教出樂觀的孩子》 [M]，洪莉譯，瀋陽：萬卷出版公司， 2010。

2. 有田秀穗，《減壓腦科學》 [M]，陳梓萱譯，北京：國際文化出版公司，2021。

3. BOURNE E J. The anxiety and phobia workbook[M]. New Harbinger Publications, 2011.

4. ALIDINA S. *Mindfulness for dummies*[M]. John Wiley & Sons, 2014.

5. GOTTLIEB L. *Maybe you should talk to someone: a therapist, her therapist, and our lives revealed*[M]. Houghton Mifflin, 2019.
6. KABAT-ZINN J. *Wherever you go, there you are: mindfulness meditation in everyday life*[M].10th ed. Hachette Books, 2005.
7. DIENSTMANN G. *Practical meditation: a simple step-by-step guide*[M]. Penguin, 2018.
8. European Values Study. Religion[EB/OL].[2018-01-13]. https:// europeanvaluesstudy.eu/about-evs/research-topics/religion/.
9. PUDDICOMBE A. *The headspace guide to meditation and mindfulness: how mindfulness can change your life in ten minutes a day*[M]. St. Martin' s Griffin, 2016.
10. 一行禪師，《正念的奇蹟》 [M]，丘麗君譯，北京：中央編譯出版社，2010。
11. 有田秀穗，《減壓腦科學》 [M]，陳梓萱譯，北京：國際文化出版公司，2021。
12. DIENES Z, LUSH P, SEMMENS-WHEELER R, et al. *Hypnosis as self- deception; meditation as self-insight*[M]// RAZ A & LIFSHITZ M. Hypnosis and meditation: towards an integrative science of conscious planes. London: Oxford University Press, 2016: 107-125.
13. BERKOWITZ L, LEPAGE A. Weapons as aggression-eliciting stimuli[J/OL]. *Journal of Personality and Social Psychology*, 1967: 7(2p1), 202-207. https://doi. org/10.1037/h0025008.
14. BRIDGES W. *Managing transitions: making the most of change*[M]. Da Capo Press, 2009.
15. Duckworth A. *Grit: the power of passion and perseverance*[M]. New York, NY: Scribner, 2018.

第三部分 韌性飛輪之意義

1. 喬納森・海德，《象與騎象人：全球百大思想家的正向心理學經典 》，李靜瑤譯 ，究竟出版。

第六章 專注的熱愛

1. WEBER M. Science as a vocation[M]// Gerth H H, Mills C W. *From Max Weber: Essays in Sociology*. New York: Oxford University Press, 1946: 129-156.

2. 劉擎 ，《做一個清醒的現代人》 [M]，長沙：湖南文藝出版社，2021：27—28。

3. WALZER M. The communitarian critique of liberalism[J/OL]. Political Theory, 1990, 18(1): 6-23. https://doi.org/10.1177/0090591790018001002.

4. YUKHYMENKO-LESCROART M A, SHARMA G. The relationship between faculty members' passion for work and well-being[J/OL]. Journal of Happiness Studies, 2019, 20(3): 863-881. https://doi.org/10.1007/s10902-018-9977-z.

5. 芭芭拉・奧克利 ，《跨越式成長：思維轉換重塑你的工作和生活》[M]，汪幼楓譯，北京：機械工業出版社，2020。

6. 斯科特・派克，《少有人走的路》 [M]，於海生譯，長春：吉林文史出版社， 2007。

7. 愛德華・L・德西，理查德・弗拉斯特 .《內在動機》 [M]，王正林譯，北京：機械工業出版社，2020。

8. VENKATESH A, EDIRAPPULI S. Social distancing in covid-19: what are the mental health implications? [J/OL]. BMJ. 2020: 369. https://doi.org/10.1136/bmj.m1379.

9. 亞當・格蘭特，《反叛，改變世界的力量：華頓商學院最啟發人心的一堂課 2》，姬健梅譯，平安文化。

10. KALE S. Skin hunger helps explain your desperate longing for human touch[J/ OL]. Wired UK, 2020. https://www.wired.co.uk/article/skin-hunger-coronavirus- human-touch.

11. HARLOW H F, DODSWORTH R, HARLOW M K. Total social isolation in monkeys[J/OL]. *Proceedings of the National Academy of Sciences.* 1965, 54. https://www.ncbi.nlm.nih.gov/pmc/articles/PMC285801/pdf/pnas00159-0105. pdf.

12. MCCABE C, ROLLS E T, BILDERBECK A, et al. Cognitive influences on the affective representation of touch and the sight of touch in the human brain[J/OL]. *Social Cognitive and .Affective Neuroscience*, 2008, 3(2): 97-108. https://doi. org/10.1093/scan/nsn005.

13. SHARIF M A, MOGILNER C, HERSHFIELD H E. Having too little or too much time is linked to lower subjective well-being[J]. *Journal of Personality and Social Psychology*, 2021, 121(4): 933-947.

14. TONIETTO G N, MALKOC S A, RECZEK R W, et al. Viewing leisure as wasteful undermines enjoyment[J]. Journal of Experimental Social Psychology, 2021, 97: 104198.

15. HELLIWELL J F, LAYARD R, et al. *World Happiness Report 2022* [R]. New York: Sustainable Development Solutions Network. 2022.

16. DUCKWORTH A. *Grit: the power of passion and perseverance* [M]. New York, NY: Scribner, 2018.

17. 安琪拉・達克沃斯，《恆毅力：人生成功的究極能力》，洪慧芳譯，天下雜誌出版。

18. CHEKROUD S R, GUEORGUIEVA R, ZHEUTLIN A B, et al. Association between physical exercise and mental health in 1.2 million individuals in the USA between 2011 and 2015: a cross-sectional

study[J/OL]. *The Lancet Psychiatry*, 2018, 5(9): 739-746. https://doi.org/10.1016/s2215- 0366(18)30227-x.

19. 詹姆斯・克利爾，《原子習慣：細微改變帶來巨大成就的實證法則》，蔡世偉譯，方智出版。

20. 丹尼爾・利伯曼，邁克爾・E・朗，《貪婪的多巴胺》 [M]，鄭李垚譯，北京：中信出版社，2021。

21. LALLY P, CHIPPERFIELD A, WARDLE J. Healthy habits: efficacy of simple advice on weight control based on a habit-formation model[J/OL]. *International Journal of Obesity*. 2008, 32(4): 700–707. https://doi.org/10.1038/sj.ijo.0803771.

22. 安德斯・艾瑞克森，羅伯特・普爾，《刻意練習：原創者全面解析，比天賦更關鍵的學習法》，陳繪茹譯 ，方智出版。

第七章 意義樹：連貫目標體系

1. ROBBINS A. *Unlimited power: the new science of personal achievement* [M]. Free Press,1997.

2. 史蒂芬・柯維，《與成功有約：高效能人士的七個習慣》，顧淑馨譯，天下文化出版。

3. 韓炳哲，《倦怠社會》 [M]，王一力譯，北京：中信出版社，2019。

4. ADAMS G S, CONVERSE B A, HALES A H, et al. People systematically overlook subtractive changes[J/OL]. *Nature*, 2021, 592(7853): 258-261.https:// doi.org/10.1038/s41586-021-03380-y.

5. TWENGE J M. More time on technology, less happiness? Associations between digital-media use and psychological well-being[J/OL]. *Current Directions in Psychological Science*, 2019, 28(4): 372-379. https://doi. org/10.1177/0963721419838244.

6. FANG Y, FORGER D B, FRANK E, et al. Day-to-day variability in sleep parameters and depression risk: a prospective cohort study of training physicians[J/OL]. *NPJ Digital Medicine*, 2021, 4(1): 1-9.https://doi.org/10.1038/ s41746-021-00400-z.

7. 史蒂芬・柯維，《與成功有約：高效能人士的七個習慣》 [M]，顧淑馨譯，天下文化出版。

8. 愛德華・德西，理查德・弗拉斯特，《內在動機》[M]，王正林譯，北京：機械工業出版社，2020。

9. 安琪拉・達克沃斯 .《恆毅力：人生成功的究極能力》，洪慧芳譯，天下雜誌出版。

10. MILYAVSKAYA M, GALLA B M, INZLICHT M, et al. More effort, less fatigue: the role of interest in increasing effort and reducing mental fatigue[J]. Frontiers in Psychology, 2021, 12.

11. 詹姆斯・克利爾 .《原子習慣：細微改變帶來巨大成就的實證法則》，蔡世偉譯，方智出版。

12. 珍妮・西格爾，《感受愛 》[M]，任楠譯，北京：機械工業出版社，2018。

13. 彼得・杜拉克，《管理的實踐》[M]. 齊若蘭譯，北京：機械工業出版社，2006。

14. MCLEOD S. Maslow' s hierarchy of needs. [J/OL]. *Simply Psychology*, 2020. https://canadacollege.edu/dreamers/docs/Maslows-Hierarchy-of-Needs.pdf.

15. 青山資本 2021 年中消費報告，Z 世代定義與特徵 [R/OL][2021-07-14]. https://36kr.com/p/1310331587281670.

第八章 在關係中提升韌性

1. ZEE K S, WEISS D. High-quality relationships strengthen the benefits of a younger subjective age across adulthood[J/OL]. *Psychology and Aging*, 2019, 34(3): 374.https://doi.org/10.1037/pag0000349.
2. COOLEY C H. *Human Nature and the Social Order* [M]. New York: Scribner, 1922：352.
3. 賈科莫・里佐拉蒂，安東尼奧・尼奧利，《我看見的你就是我自己》[M]，孫陽雨譯，北京：北京聯合出版公司，2018。
4. 羅伯特・賴特 ，《洞見： 從科學到哲學， 打開人類的認知真相》 [M]，宋偉譯 ，北京：北京聯合出版公司，2020：211。
5. 羅伯特・賴特，《洞見：從科學到哲學，打開人類的認知真相》 [M]，宋偉譯 ，北京：北京聯合出版公司，2020。
6. FOWLER J H, CHRISTAKIS N A. Dynamic spread of happiness in a large social network: longitudinal analysis over 20 years in the Framingham Heart Study[J/OL]. BMJ, 2008：337.https://doi.org/10.1136/bmj.a2338.
7. 馬汀・塞利格曼，《持續的幸福》 [M]. 趙顯鯤譯， 杭州：浙江人民出版社，2012。
8. Center on the Developing Child at Harvard University. 8 Things to Remember about Child Development[EB/OL].[2020-10-29].https://developingchild.harvard. edu/resources/8-things-remember-child-development/.
9. 馬汀・塞利格曼，《持續的幸福》 [M]，趙顯鯤譯，杭州：浙江人民出版社，2012。
10. ADLER A B, BLIESE P D, BARSADE S G, et al. Hitting the mark:

the influence of emotional culture on resilient performance[J]. Journal of Applied Psychology, 2022, 107(2): 319.

11. MAISTER D H, GALFORD R, GREEN C. The trusted advisor[M]. Free Press, 2021.

12. 米哈里・契克森米哈伊 ，《心流：高手都在研究的最優體驗心理學》，張瓊懿譯，行路出版。

13. 丹尼斯 ·N·T· 珀金斯，吉莉安 ·B· 墨菲，《危機領導力：領導團隊解決危機的十種方法》 [M]，鄧峰譯，北京：中信出版社，2014。

14. KORAN, M. Facebook expects half of employees to work remotely over next five to 10 years[N/OL]. [2020-07-01]. The Guardian. https://www.theguardian. com/technology/2020/may/21/facebook-coronavirus-remote-working-policy- extended-years.

15. 埃倫・亨德里克森 ，《如何克服社交焦慮》 [M]，馮曉霞譯，北京：中信出版社，2020。

16. Lighthouse Case Studies. Why People Leave Managers, not Companies (and what to do about it)[EB/OL].[2021-12-28].https://getlighthouse.com/blog/ people-leave-managers-not-companies/.

17. 彭凱平，《活出心花怒放的人生》 [M]，北京：中信出版社，2020。

18. GABLE S L, GONZAGA G C, STRACHMAN A. Will you be there for me when things go right? Supportive responses to positive event disclosures[J]. *Journal of Personality and Social Psychology*, 2006, 91(5): 904.

19. FREDRICKSON B L, LOSADA M F. Positive affect and the complex dynamics of human flourishing[J]. American Psychologist, 2005, 60(7): 678.

20. 丹尼斯 ·N·T· 珀金斯，吉莉安 ·B· 墨菲・《危機領導力：領導團隊解決

危機的十種方法》[M]，鄧峰譯，北京：中信出版社，2014。

21. GOTTMAN J M, COAN J, CARRERE S, et al. Predicting marital happiness and stability from newlywed interactions[J]. *Journal of Marriage and the Family,* 1998, 60: 5-22.

22. 辛迪・戴爾，《同理心：做個讓人舒服的共情高手》[M]，鏡如譯，北京：台海出版社，2018。

23. The Denver Post. Philanthropy benefits the giver too, with「helper' s high」 and「giver' s glow」[EB/OL].[2013-08-09]. https://www.denverpost. com/2013/08/09/philanthropy-benefits-the-giver-too-with-helpers-high-and- givers-glow/.

24. SILAPIEJ. Rethinking health: how heart rate variance predicts our health[EB/ OL]. (2016-09-22) [2016-10-22]. https://mountainsagemedicine.com/medical- articles/rethinking-health-heart-rate-variance-predicts-health-2/.

25. OMAN D, THORESEN C E, MCMAHON K. Volunteerism and mortality among the community-dwelling elderly[J]. *Journal of Health Psychology*, 1999, 4(3): 301-316.

26. 蘇世民，《蘇世民：我的經驗與教訓》[M]，趙燦譯，北京：中信出版社，2020。

27. EVERLYGS.「Reciprocal resilience」: the unexpected benefit of helping[N/ OL].Psychology Today.[2020-10-20].https:/www.psychologytoday.com/us/blog/ when-disaster-strikes-inside-disaster-psychology/202010/reciprocal-resilience- the-unexpected.

28. 理查・道金斯，《自私的基因》，趙淑妙譯，天下文化。

29. 阿爾弗雷德・阿德勒 ，《 自卑與超越》 [M]，曹晚紅譯，北京：中國友誼出版公司，2017。

30. TITOVA L, SHELDON K M. Happiness comes from trying to make others feel good, rather than oneself[J]. *The Journal of Positive Psychology*, 2021: 1-15.

第九章 韌性：從個人到組織

1. 組織韌性的打造：從「共識」到「共情」[EB/OL].[2022-01-18].https:// www. hbrchina.org/2022-01-18/8982.html.
2. DENYER D. Organizational Resilience: a summary of academic evidence, business insights and new thinking[J]. BSI and Cranfield School of Management, 2017: 8-25.
3. ADIZES I. Organizational passages—diagnosing and treating lifecycle problems of organizations[J]. Organizational dynamics, 1979, 8(1): 3-25.

第十章 寫在最後：「覺察—意義—連結」的統合

1. 史蒂芬・柯維，《與成功有約：高效能人士的七個習慣》，顧淑馨譯，天下文化出版。
2. 珍妮・西格爾，《感受愛》 [M]，任楠譯 ，北京：機械工業出版社，2018。
3. 飛機起飛時耗油量是多少？簡直不敢相信！ [EB/OL]. [2020-07-14]. http:// www.360doc.com/content/20/0714/22/65060706_924260124.shtml.
4. MIKICIN M, ORZECHOWSKI G, JUREWICZ K, et al. Brain-training for physical performance: a study of EEG-neurofeedback and alpha relaxation training in athletes[J]. *Acta Neurobiologiae Experimentalis*, 2015, 75(4): 434- 445.

5. 克里斯托弗・安德烈，弗朗索瓦・勒洛爾，《恰如其分的自尊》 [M]，周行譯 ，北京：生活・讀書・新知三聯書店，2015。
6. 丹尼斯 ·N·T· 珀金斯，吉莉安 ·B· 墨菲 ，《危機領導力：領導團隊解決危機的十種方法 》[M]，鄧峰譯，北京：中信出版社，2014。
7. 亞當・格蘭特，《反叛，改變世界的力量：華頓商學院最啟發人心的一堂課 2》，姬健梅譯，平安文化。